회계는 어떻게 경제를 바꾸는가

추천의 글

내가 저자를 처음 알게 된 건 2011년 대검 중수부 산하 저축은행비리합동수사단에서 함께 일을 할 때였다. 당시 저자는 금융감독원 소속 회계전문가로 합수단에 합류한 후 탁월한 능력을 발휘하여 저축은행 경영진의 수많은 분식회계, 횡령, 배임 혐의를 적발해 내었다. 이 책을 읽어보니 그 때 느꼈던 저자의 전문성과 열정이 또 다시 느껴진다.

동서고금을 막론하고 회계부정은 존재한다. 앞으로도 크게 달라지는 않을 것이다. 회계부정을 최소화하기 위해서는 그 원인을 파악하고 이를 효과적으로 적발할 시스템을 구축하여야 한다. 또한, 부정행위자에 대하여는 형사처벌, 손해배상, 행정제재 등 엄격한 책임을 물을 필요도 있다. 이 책에는 회계부정을 최소화하기 위한 구체적인 해답이 들어 있다. 이 책이 건전하고 투명한 회계제도의 정착과 더 나아가 우리 경제발전에 기여할 것으로 믿는다.

_박성훈(서울중앙지방검찰청 검사)

이 책은 저자가 오랜 기간 회계감독의 과정에서 경험하고 느낀 회계감독의 산 역사에 기초한다. 학자나 기자가 이러한 저술을 간행한 경우는 있어도 규제 당국의 실무 담당자의 저술을 접하기는 처음인 듯하다.

제3자가 외부에서 문헌과 간접경험에 의해서 이슈를 파악하고 저술을 하는 경우와 달리 현업의 감독 실무자의 경험에 기초한 내용이라 무척이나 생생하다. 대우조선해양의 분식 건으로 회계업계가 복잡한데 회계 실무와 규제 관련된 좋은 지침서라고 판단한다.

_손성규(연세대학교 경영대학 회계학 교수, 한국회계학회장)

기업의 회계부정은 그 기업에 속한 노동자뿐만 아니라 전 국민에게 피해를 입힌다는 사실을 우리는 과거의 회계부정 사건에서 알 수 있다. 대우그룹, 기아그룹, 한보그룹, SK그룹, 최근의 대우조선해양까지 회계부정의 역사가 증명한다. 공적자금이라는 명목 하에 국민의 혈세로 대형 회사의 회계 부정을 감당해야만 했다. 회계부정이 국민에게 얼마나 직간접적으로 영향을 미치는지를 안다면 그냥 쉽게 간단한 기사거리로 취급해서는 안 된다고 본다.

회계부정은 회계업계에도 상당한 타격이라고 본다. 회계법인의 감사 권한은 국민이 전문가에게 잠시 맡겨 놓은 권한이다. 그런데 부정한 회사와 결탁한 회계법인의 도덕적 해이도 지적받고 있다. 신뢰할 수 없는 감사보고서를 보고 국민이 어찌 생각할까 돌아보아야 할 것이다.

자본주의의 꽃이라 할 수 있는 주식시장을 보면 이 문제의 심각성이 정확하게 드러난다. 거래소에서 유통되는 대한민국 주식의 50% 이상을 외국인이 거래하고 있다. 주식시장은 회계투명성에 민감하게 반응한다. 당장도 중요하지만 미래가 더 중요하다. 어느 외국인 투자자가 회계투명성 순위가 50위권 밖인 나라에 투자하고 싶겠는가?

자원 하나 없는 대한민국! 4차산업혁명으로 돌파구를 마련하려고 많은 사람들이 노력하고 있다. 4차산업혁명을 향해 일구어 놓은 기반이 회계부정이라는 덫에 걸려 무너진다고 생각하면 아찔하다. 대한민국의 미래가 보이지 않는다.

이제부터는 기업의 회계투명성 문제를 관찰하고 감시해야 할 몫이 국민에게 주어져야 한다. 반드시 국민이 기업을 정확하게 보고 감시해야 한다. 국민들이 회계에 대한 감식안을 갖는 데 이 책이 도움이 되리라 믿는다.

_이오영(㈜인사이드정보 ICT 사업본부장)

기업인이 정치인에게 상납하는 뇌물은 어디서 났을까? 대우그룹 도산, 저축은행 사태, 동양그룹 사태 등 몇몇 기업이나 기업집단의 경영부실이 금융시장을 뒤흔들고 사회를 혼란시킬 정도로 심각해지는 이유는 무엇인가. 주범은 회계부정이다. 불법로비를 위한 비자금 조성, 경영부실을 덮어 점점 더 손쓸 수 없는 상황으로 몰고 가는 것, 둘 다 회계부정을 통해 이루어진다.

실적을 부풀려 투자자를 속이거나 반대로 매출을 줄여 세금을 덜 내고 비용을 부풀려 회사 돈을 빼돌리는 회계부정은 대한민국의 만성질환이다. 회계부정으로 만든 돈은 정경유착의 자금이 되어 한국을 특권층을 위한 나라로 만들었다.

대기업의 부실경영과 분식회계, 금융기관의 부실대출로 국가경제가 파탄 위기에 몰렸던 IMF 사태 20주년, 한국경제는 어디로 나아갈 것인가. 국제경쟁력을 상실한 산업에 대한 대대적인 구조조정을 앞둔 지금, 개인과 기업, 국가의 자원을 효과적으로 재분배하기 위한 투명한 기준을 확립하지 않는다면 우리는 다시금 어려운 시절을 겪게 될 것이다.

회계는 경제적 의사결정의 기준이다. 그런데 왜 우리나라의 회계투명성 수준은 '코리아 디스카운트' 현상을 염려할 정도로 심각한 것일까? 시민들의 관심과 참여가 절실한 상황이다. 회계투명성 문제도 다른 우리 사회의 구조적 문제와 마찬가지로 소수의 이해관계자들이 좌우하지 못하게 시민이 나서서 여론을 형성하고 정부와 국회, 관계기관이 함께 움직여야 해결의 실마리가 보일 것이다.

이 책은 회계부정이 그동안 한국경제에 어떤 영향을 미쳤는지, 우리의 현재와 미래에 어떤 걸림돌이 되고 있는지 종합적으로 분석한다. 시장에서 공정한 경쟁을 정착시키고 기업 관계자와 투자자의 정보 비대칭성을 해소하기 위한 선진 각국의 노력과 현황을 소개한다.

여기서 한걸음 더 나아가 공인회계사와 감사인, 기업경영진 등에게 어떤 인센티브와 패널티를 적용할 것인지, 금융감독 당국과 법원은 어떤 역할을 해야 하는지 구체적이고 실천적인 방안을 총망라하고 있다. 금융감독 현장을 속속들이 꿰뚫고 있는 저자만이 내놓을 수 있는 장점이다.

자본주의의 언어인 회계가 오염되지 않고 정확한 투자 관련 의사소통 기제로 작동할 때, 우리는 새로운 대한민국의 방향을 제시할 나침반을 갖게 될 것이다.

_정관용(시사평론가, 한림국제대학원대학교 교수)

'회계투명성 당연히 필요하지'라는 단순한 생각으로 읽기 시작한 이 책은 경영학 전공자인 나로 하여금 정말 중요한 문제를 제대로 인식하게 해주었다. 그동안 뉴스를 통해 접해온 많은 실제 사례들과 여러 학자들의 연구결과들에 대한 소개는 저자의 명쾌한 통찰과 함께 안전한 주식투자를 위해 어떤 노력이 필요한가에 관한 분명한 깨달음을 준다. 깨끗한 자본시장을 열망하는 정부와 기업의 관계자들뿐만 아니라 회계투명성이 나와는 동떨어진 문제라고 생각해온, 주식에 관심이 있는 모든 이들에게 필요한 책이다.

_정환(건국대학교 경영대학 경영학과 마케팅 교수)

지금 우리나라는 2015년 여름부터 온 나라를 시끄럽게 했던 대우조선해양의 구조조정 문제가 해결되지 못하고 정부, 주주와 채권자들이 서로의 이해를 위해 갑론을박하는 상황이다.

2014년 조선사 중 유일하게 흑자를 기록했다는 대우조선해양은 그 이후 3년 동안 약 7조 원의 손실을 기록하며 국가경제를 휘청거리게 하고 있다. 2014년 대우조선해양의 대차대조표상 미청구공사 항목 금액이 10조 원에 조금 못 미치는 수주였다. 그 미청구공사 금액이 대부분 손실로 나타나고 있는 것이다. 그리고 비단 대우조선해양뿐만 아니라 GS건설 등 해외건설 비중이 높았던 건설사들도 해외부문에서 큰 손실을 보이면서 수주산업의 회계처리에 대한 신뢰가 위협받고 있는 것이 현실이다.

나는 오랫동안 채권 관련 업무에 종사하면서 부실한 회계자료에 기반한 투자로 어려움을 겪는 사람들을 많이 보아 왔다. 국내 굴지의 회계법인과 금융감독원에서 장기간 근무한 저자는 탁월한 전문적 식견으로 우리나라 회계 관행의 문제점을 지적하고 앞으로 나아가야 할 바른 해결책을 이 책을 통해 제시해 주고 있다. 이러한 저자의 노력이 회계투명성을 강화하고 기업 신뢰도를 제고하여 투자행위를 포함한 경제활동 활성화에 크게 기여할 것으로 기대한다. _정헌기(신영증권 FICC 트레이딩 본부장)

금융시장은 실물경제가 원활하게 돌아가도록 자금을 공급하는 혈맥의 역할을 한다. 우리 몸의 혈맥이 새로운 세포에 양분을 공급하고 죽은 세포를 쓸어가듯 금융은 신성장기업에는 필요자금을 공급하고 쇠퇴하는 기업에는 구조조정을 통해 새순이 나게 하거나 회생 가망이 없는 기업에는 자금공급을 중단한다. 이를 통해 기업의 탄생과 죽음, 성장과 쇠퇴가 자체적으로 순환하는 지속 가능한, 건강한 경제 생태계가 유지되어야 한다.

회계부정은 기업의 실적을 왜곡해서 엉뚱한 곳에 자금을 흘려보낸다. 고속성장을 하던 시절에는 그런 비효율이 묻혀 지나갔으나 지금 우리에게는 그런 여유가 없다. 회계투명성이 확보되어야 금융이 실물경제를 떠받치는 제 역할을 하게 된다. 또한 회계투명성의 확보는 지배구조개선과 함께 코리아 디스카운트를 해소하기 위해서도 꼭 해결해야 할 과제이다.

이 책은 관련업계 종사자는 물론 경제활동을 하는 모든 사람들에게 회계는 어떤 의미이며 회계가 바로서기 위해 우리 각자가 구체적으로 무엇을 해야 할지 진솔하게 말하고 있다. 한국금융과 자본시장이 세계적 경쟁력을 갖추는 날을 꿈꾸는 분들에게 이 책을 권한다. _하영구(전국은행연합회장)

위기의 한국경제 구조개혁과 성장의 조건

회계는 어떻게 경제를 바꾸는가

ⓒ 조권, 2017

초판 1쇄 인쇄 2017년 5월 20일
초판 1쇄 발행 2017년 6월 1일

지은이 조권
펴낸이 유정연

주간 백지선
기획편집 장보금 신성식 조현주 김수진 김경애 **디자인** 김소진
마케팅 임충진 이진규 김보미 **제작** 임정호 **경영지원** 전선영

펴낸곳 흐름출판 **출판등록** 제313-2003-199호(2003년 5월 28일)
주소 서울시 마포구 홍익로5길 59 남성빌딩 2층
전화 (02)325-4944 **팩스** (02)325-4945 **이메일** book@hbooks.co.kr
홈페이지 http://www.nwmedia.co.kr **블로그** blog.naver.com/nextwave7
출력·인쇄·제본 (주)현문 **용지** 월드페이퍼(주) **후가공** (주)이지앤비(특허 제10-1081185호)

ISBN 978-89-6596-218-2 03320

이 도서의 국립중앙도서관 출판예정도서목록(CIP)은 서지정보유통지원시스템 홈페이지(http://seoji.nl.go.kr)와 국가자료공동
목록시스템(http://www.nl.go.kr/kolisnet)에서 이용하실 수 있습니다.(CIP제어번호: CIP2017010319)

살아가는 힘이 되는 책 흐름출판은 막히지 않고 두루 소통하는 삶의 이치를 책 속에 담겠습니다.

AUDiT

BAD GOOD

EXCELLENT

Level

회계는 어떻게 경제를 바꾸는가

**위기의 한국경제
구조개혁과 성장의 조건**

조권 지음

흐름출판

회계투명성이 한국경제의 미래를 바꾼다

2015년 7월 29일 원유 시추선, LNG 운반선, 초대형 유조선 등을 제조하는 대우조선해양은 2조 5천억 원의 당기순손실이 발생했다고 공시했다. 그 이전에 분식회계 루머가 나돌았다. 회사에 큰 영업손실이 예상된다는 소문이 시장에 퍼졌고 대우조선해양 주식 가격은 급격히 떨어졌다. 2015년 7월 14일 종가는 1만 2,500원이었으나 다음날 7월 15일에 주가는 하한가, 즉 30%가 내린 8,750원을 기록했다. 주주들은 하루 사이 주식투자 손실 30%를 경험했다. 회사채 가격은 19.60% 하락하였다. 끔찍했다. 정기예금 이자율이 연 2~3% 수준인 것을 감안하면 투자자들은 그날 잠을 이루지 못했을 것이다.

대우조선해양은 1999년 11월 대우그룹 워크아웃 결정에 따라 2000년 10월 23일 대우중공업에서 분리된 회사다. 분리 당시 자산은 3조

775억 원, 부채 3조 5,580억 원이었다. 산업은행 등 채권단은 2001년 6월 워크아웃 종료 후 8월에 보유지분을 매각할 계획을 발표했다. 2001년 8월 대우조선공업은 워크아웃을 졸업하고, 2002년에 현재의 상호인 대우조선해양으로 명칭을 바꾸었다. 그간 출자전환 채권 9,879억 원을 포함하여 2조 9천억 원의 공적자금이 투입되었다.

이후 정부는 공적자금 회수를 위하여 2008년 포스코-GS 컨소시엄에 매각을 추진했으나 불발되었다. 이어 한화그룹을 상대로 한 매각 추진도 매각가액과 한화의 자금준비 계획에 대한 의견 차이로 다시 무산되었다. 이후 회사는 세계 최고의 중공업그룹을 목표로 사업에 매진한다고 발표했었다.

2015년 반기 영업실적 공시 이후 언론은 회사의 분식회계 의혹과 계속기업으로서의 불확실성을 계속 제기해왔다. 2016년 3월 29일 대우조선해양은 2015년 영업실적을 발표했는데, 영업손실이 5조 5천억 원이었다. 외부감사를 맡았던 안진회계법인은 이중 2조 원 정도는 2013년과 2014년에 걸쳐 발생한 손실이라면서 과거 실적을 수정할 것을 요구하였고 회사는 받아들였다고 전해졌다.

검찰은 회사에 분식회계 행위가 있다고 보아 수사에 나섰고 금융감독원은 회계감리, 즉 회계부정 유무 조사에 착수했다. 회사 주가는 지속적으로 하락했고 2016년 7월 14일 증권거래소는 거래정지 처분을 내렸다. 거래종가는 4,480원이었다. 2015년 7월 14일자의 1만 2,500원 대비 36%에 불과한 금액이었다. 이에 따라 2017년 3월말 투자자들이 회사와 감사인에 대해 손해배상소송을 제기했고 소송가액은 1,600억 원에 달했다. 앞으로 더 증가할 수도 있다.

검찰은 2016년 7월 27일 이후 대우조선해양 전 대표이사 고재호, 남상태에 대해 분식회계, 배임, 뇌물, 횡령 등의 혐의로 기소했다. 대우조선해양은 2008년부터 2016년 3월까지 시추선과 유조선 등의 총제조원가 예상액을 각 연도말 당시 상황에 비추어 훨씬 낮게 잡는 방식으로 회계를 처리했다. 이런 경우 매출액, 공사미수금, 당기손이익은 회계처리 기준을 준수한 경우보다 부풀려지게 된다.

　서울중앙지방법원은 2017년 1월 18일 5조 원가량의 분식회계에 대해 유죄를 인정하고 고재호 전 대표이사에게 징역 10년을 선고했다. 법원은 그가 회사 대표이사 연임을 도모하면서 동시에 성과급을 수령할 의도가 있었다고 판단했다. 그는 21조 원 상당의 사기 혐의로도 기소되었다.

　고재호 전 대표이사의 전임자인 남상태 전 대표이사도 연임을 위해 실적을 조작한 것으로 알려졌다. 그는 2009년 초 연임을 위해 2008년 영업실적을 2,029억 원 조작했다. 조선업 경기가 악화되는 상황에서 대주주인 산업은행에 제시한 영업목표를 달성한 것으로 보고해야 한다면서 직원들에게 분식회계를 지시한 것으로 알려졌다. 2009년에는 3,108억 원 조작했다. 2017년 1월 그는 분식회계 혐의 이외에 5건 20억 원 정도의 배임수재 혐의, 5억 원 상당의 업무상 횡령과 263억 원의 배임 혐의로도 기소되었다. 남상태 전 대표이사는 이와 같은 범죄혐의를 무마하기 위해 전직 국회의원에게 4천만 원을 쓰려고 했던 것으로 밝혀졌다. 강만수 전 산업은행장은 남상태 전 대표이사의 이런 약점을 이용하여 회사 자금으로 지인이 운영하는 부실회사에 투자하도록 하였다. 강만수 전 산업은행장도 이런 사실이 드러나 구속되었다.

한편 전 대표이사들의 범죄를 수사하는 과정에서 대우조선해양 직원이 허위 거래명세표를 작성하는 등의 수법으로 회삿돈 180억 원을 횡령하여 탕진한 사실이 밝혀져 국민의 공분을 사기도 했다. 자금의 실질 원천은 나랏돈, 즉 공적자금이었기 때문이다.

2016년 12월 27일 검찰은 안진회계법인 전직 또는 현직 공인회계사 4명을 외부감사법 위반 혐의 등으로 기소하고 법인에 대해서도 양벌규정(행위자 외에 그 업무의 주체인 법인도 처벌하는 규정)에 따라 기소했다. 관련 감사담당 파트너 회계사가 회사의 분식회계를 묵인하였기 때문이라고 한다. 금융감독 당국은 2017년 2월과 3월에 걸쳐 대우조선해양 회계부정의 심각성을 고려하여 회사, 감사인 및 관련 공인회계사에 대해 중한 조치를 내렸다. 감사인인 안진회계법인에 대한 영업정지 처분이 타당한지 논란이 많았으나, 결국 금융감독 당국은 12개월 영업정지 처분을 내렸다. 법원은 대우조선해양, 경영진, 안진회계법인과 관련 공인회계사에 대해 양형기준에 따라 벌칙을 내릴 것으로 예상된다.

대우조선해양과 같은 회계 스캔들은 주식 또는 채권 가격 하락, 관련자의 행정처분과 형사처벌에 그치지 않는다. 회사의 분식회계 소식이 시장에 알려지자 투자자들은 불안해하며 투자를 주저했다. 초대형 기업인 대우조선해양은 종합주가지수에서 큰 비중을 차지하고 있었기에 전체 주가에 악영향을 미쳤다. 주가가 하락하며 주식시장과 채권시장이 요동쳤다. 잊을 만하면 터지는 대형 회계 스캔들 때문에 투자자들은 상장회사가 공시하는 영업실적을 믿지 못한다. 그래서 사람들은 아예 주식은 투자대상이 아니라고 외면하거나 주식에 투자할 때에는 소위 '따끈한 내부정보'에 촉각을 곤두세우는 경우가 다반사다. 개인투자자들이 상장회사의 과거 재무실적을 분석하여 투자하는 경우가 얼마나 되겠는가.

회계 스캔들은 우리나라에 대한 국제사회의 인식에도 악영향을 끼쳤다. 우리나라 회계투명성 국제 순위는 오랫동안 최하위권을 맴돌고 있다. 2016년 국제경영개발원(IMD) 회계투명성 순위는 평가대상 61개국 중 꼴찌였다. 이로 인한 손해는 '코리아 디스카운트'로 나타나고 있다. 코리아 디스카운트란 다른 조건이 모두 같음에도 한국기업이기 때문에 기업가치가 낮게 평가되는 것을 말한다. 국제시장에서 자금을 조달할 때 높은 금융비용을 부담하는 것도 해당된다. 이는 세계 10위권인 우리나라 경제규모와 국제사회 위상에 전혀 어울리지 않는다. 코리아 디스카운트는 IMF 시대 이후 한국기업의 아킬레스 건으로 남아 있다.

초대형 회사가 망하는 경우 국가경제에 큰 타격을 주기 때문에 공적자금을 투입하여 정상화하는 경우가 많았다. 경제에 대한 악영향은 대량 실업과 이에 따른 가정경제 악화로 이어지기 때문이다. IMF 구제금융 당시 많은 공적자금을 투입하여 기업들을 정상화한 사례는 잘 알려져 있다. 그러나 대우조선해양의 경우 부실 경영이 심각한 상태에서 정부가 2015년 가을 공적자금 4조 2천억 원을 추가 투입했는데 이는 2016년 가을 정기 국정감사 당시 논란거리가 되었다.

정부는 2017년 3월말 추가 공적자금 2조 9천억 원을 투입하고 대출채권 등의 절반 정도를 주식으로 전환할 계획을 발표하였다. 출자전환하여 받은 주식을 언제 처분하여 공적자금을 회수할지는 알 수 없는 상황이다. 이렇듯 회계 스캔들은 많은 사람들이 체감하긴 어렵지만 정책 혼선을 빚고 막대한 세금을 낭비하게 만든다.

저자는 지난 20여 년간 회계감사, 회계감독 업무를 수행해왔다. 그 과정에서 그간의 수많은 회계부정 사건을 직접 경험하거나 간접적으로 알게 되었다. 이에 우리의 현실을 돌아보고 회계투명성을 강화하기 위해 필요한 조건들을 살펴보고자 한다. 회계부정의 실상을 단순히 알리기보다는 회계투명성 강화를 위해 어떤 부분에 중점을 두어야 할지에 논의의 초점을 맞추었다.

먼저 우리나라의 낮은 회계투명성이 빚어내는 여러 부정적 영향을 살펴보았다. 이어 회계투명성을 훼손하는 주요 요인을 점검한 다음 개선 방안들을 짚어보았다. 회계투명성 개선 방안 중 자주 언급되는 10가지를 정리하였다. 이런 방안들은 비용이 많이 발생하기도 하고 기업과 감사인의 활동에 제약이나 부담이 따르기도 한다. 실제로 그들은 이런 이유로 금융감독 당국이 도입하려고 했던 많은 제도에 반대했으며 도입된 제도도 여러 측면에서 형해화했다. 전문가들이 제시해왔던 개선책이 잘 구현되기만 한다면 회계투명성은 확실히 개선될 수 있다.

많은 경우 공익은 사익에 우선한다. 이것은 사회의 모든 부분에 해당된다. 소수의 전문가 집단과 이익집단보다 이해관계자 전체, 그중에서도 국민경제를 위해 우리나라의 회계투명성 수준을 높여야 한다. 국민 각자가 투명회계를 시장경제의 파수꾼으로 인식하고 특정인이나 특정 집단의 문제가 아닌 모두의 관심사로 여길 때 한국경제는 회계부정의 덫에서 벗어나 올바른 항로를 찾게 될 것이다.

우리나라에 투명한 회계가 정착된다면 투자자들은 기업실적 공시를 믿고 리스크를 합리적으로 판단하여 투자가 활성화되고 희소한 자원이 제대로 쓰여 국가경쟁력이 향상될 것이다. 정부도 신뢰할 만한 경제

지표를 근거로 정책을 집행하여 정책 실패를 크게 줄일 수 있을 것이다. 이는 결국 한국 자본시장이 선진국 수준으로 발전하게 됨을 의미한다.

  우리나라 회계투명성이 하루 속히 세계 1위 수준에 도달하여 국민경제 성장에 주춧돌이 되기를 염원한다.

2017년 5월 9일

목동에서 조권

1부

회계부정의 덫에 걸린
한국경제

기업의 재무상태와 경영성과를 감사하는 공인회계사는 "자본주의의 파수꾼" 역할을 한다. 회계정보는 도로나 교량처럼 언제 어디서나 누구든 이용할 수 있는 공공재의 특징을 지닌다. 도로가 끊기거나 교량이 붕괴하면 불특정 다수가 희생된다. 회계부정은 수많은 투자자와 거래업체, 직원들에게 직접적인 피해를 입히며, 분식회계로 구조조정 시기를 놓친 대기업에 투입된 공적자금 중 상당 부분은 회수되지 않고 전 국민의 부담으로 남는다.

1장

투자자의 분노
신뢰를 잃은 시장

투명한 공시는 사회와 산업의 질병에 대한
구제책으로 정당하게 인정된다.
햇빛은 최고의 방부제이고 전등 불빛은 최고의 경찰관이다.
루이스 브랜다이스[1]

상장회사가 회계부정에 연루된 것이 드러나 공표되면 해당 기업의 이해관계자들은 분노를 금치 못할 것이다. 무엇보다 투자금을 일부 또는 전부 날릴 것이 예측되기 때문이다. 이해관계자는 기업에게 배신을 당했다는 생각에 상당기간 후유증을 앓는다. 인간관계와 마찬가지다.

유한한 자원과 자본을 효율적으로 쓰는 것이 경제의 기본원칙이다. 회계부정이 포함된 재무제표에 근거해 자본을 투자했는데, 손실이 발생했다면 그 자본은 낭비된 것이다. 그런 의미에서 누구나 열람하고 투자판단에 활용하는 회계정보는 그 품질유지가 중요하다. 모든 투자자

1 　미국 대공황시 연방대법관이었고 1933년 증권법과 1934년 증권거래법을 입안하는 데 선구적인 역할을 수행하였다.

에게, 그리고 더 나아가 국민경제 차원에서 자본이 제대로 배분되어야 하기 때문이다. 그러나 한국경제에는 그와 반대되는 현상이 끊임없이 발생해왔다.

저축은행 사태와 동양그룹 사태

투자자는 공시된 감사보고서의 재무제표가 적정하게 작성된 것으로 믿고 투자의사를 결정하게 된다. 의사결정 과정에서 주식투자자는 재무제표상의 성과에 근거해 매수가액, 매도가액, 수량, 투자기간 등을 정한다. 채권투자자는 공시된 재무제표를 근거로 금리의 적정성, 채권원금의 회수가능성 등을 판단한다. 재무제표가 거짓된 것이라면 어떤 일이 발생하게 될까?

상장된 기업이 분식회계를 했다는 사실이 알려지면 주기는 히락한다. 주식 보유자는 갑작스런 주가하락으로 패닉에 빠지고 주식을 팔려고 하지만 사는 사람이 없으니 답답하기만 하다. 그런 상황이 상당기간 지속되면 주가를 회복할 가능성은 멀어져만 간다. 채권투자의 경우 이자는 말할 것도 없고 원금까지 전부 또는 일부 회수 불가능한 사태가 발생한다. 이러한 사태를 미연에 방지하기 위해 금융감독 당국과 정부는 수시로 회계제도를 개선해왔다. 그럼에도 불구하고 회계 스캔들은 지속적으로 반복되어왔다.

최근에도 여러 건의 회계 스캔들로 주식투자자와 채권투자자는 막대한 손실을 경험했다. 회계법인 감사보고서의 공신력은 땅에 떨어지기를 반복했다. 금융시장은 믿을 수 있는 재무제표에 기초한다. 분식회계가 밝혀지면 금융시장 작동 메커니즘에 장애가 발생한다. 이처럼 분식회계에 따른 금융기관과 투자자들의 피해 사례는 이루 말할 수 없을 정도로 많다.

2011년 우리나라 경제의 화두는 단연 저축은행 사태였다. 2011년 1월 삼호상호저축은행이 영업정지 처리되었다. 2월에는 당시 최대 저축은행이었던 부산저축은행 계열 5개 저축은행이 영업정지되었다. 2011년에 전체 16개 저축은행이 영업정지되었다. 2012년에도 8개 저축은행이 영업정지되었다.

저축은행 사태의 원인은 고위험 고수익 사업이었던 프로젝트파이낸싱(PF)대출에 저축은행들이 관련 위험을 고려하지 않고 과도하게 투자했기 때문이었다. PF대출은 2005년경부터 저축은행들의 주요 상품이었는데 많게는 30%의 고수익을 달성할 수 있었다. 2008년 글로벌 금융위기로 PF사업을 유지하기 어렵게 되었음에도 저축은행들은 그 사실을 제대로 공시하지 않고 분식회계를 통해 예금자와 후순위채권자를 모집했다.

영업정지된 저축은행과 관련하여 원리금 기준 5천만 원 이상 예금자와 후순위채권자는 모두 어느 정도 손실을 본 것으로 분석된다. 불완전판매에 따른 일부 보상을 제외하고 피해자는 7만 4천여 명, 피해금액은 2조 6천억 원 정도였다. 예금보험공사는 저축은행 사태 당시 27조 1천억 원을 투입했다. 예금보험공사에 의하면 2016년 말 현재 회수액은 10조 2천억 원 수준이다. 저축은행 사태 당시 실사에 의한 회수예상가액 9조 7천억 원보다 5천억 원 많다. 그 차액은 많은 부분 공적자금 투입

손실로 국민의 부담으로 남는다. 예금보험공사는 정부가 주주이자 채권자이며 정부가 손해를 보면 국민의 세금으로 충당할 수밖에 없기 때문이다.

2013년 10월 동양사태가 터졌다. 동양사태는 2013년 9월 동양그룹 계열사인 동양, 동양레저, 동양인터내셔널 등 3개사의 법정관리 신청과 2013년 10월 다른 계열사인 동양시멘트, 동양네트웍스의 법정관리 신청으로 시작되었다. 법정관리를 신청하게 될 것을 알고 있었음에도 그룹회장인 현재현의 지시에 따라 동양그룹은 2013년 9월 동양증권(현 유안타증권)을 통해 그룹사 회사채와 기업어음을 판매하여 4만 명 이상의 투자자에게 1조 7천억 원의 피해를 입혔다.

동양증권은 이 사건으로 직원 600여 명에 대해 명예퇴직을 실시했고 전 직원에 대해 급여를 삭감하며 구조조정에 나섰다. 부실한 동양그룹 계열사 회사채와 기업어음을 투자자에게 매각하기 위해 회계부정이 있었을 것이라는 판단에 따라 금융감독원은 동양그룹 계열사에 대한 감리에 착수했다.

금융감독 당국은 2014년 7월 23일 동양네트웍스, 동양시멘트, 동양인터내셔널, 동양파이낸셜대부 4개사에 대해 조치하고, 같은 해 8월 20일 동양레저, 동양에 대해서도 조치를 완료했다. 동양증권에 대한 조치는 2016년 7월에 완료되었다. 조치 내용은 과징금 20억 원, 유가증권 발행제한 12개월, 감사인지정 3년, 관련자에 대한 검찰고발·통보 등이 대부분으로 조치기준상 최고 수준이었다. 분식회계 규모는 이에 상응하였다. 현재현 전 동양그룹 회장은 특정경제범죄가중처벌법상 사기 및 배임 등의 혐의로 징역 7년이 확정되었다.

피해자에 대한 보상은 투자금액에 미치지 못했다. 금융감독원은 동양그룹의 기업어음 등의 불완전판매 실태를 조사하였고 2014년 7월 31일 분쟁조정위원회를 개최하여 투자자에 대한 배상비율을 결정했다. 비율은 15~50% 수준으로 평균 22.9%였다. 손해배상액 총액은 625억 원 정도였다. 만족하지 못한 투자자들은 개인소송 또는 집단소송을 제기했다.

회계 스캔들과 투자 손실은 계속된다

저축은행 사태나 동양그룹 사태처럼 사회적으로 큰 물의를 일으킨 사건이 아니더라도 회계 스캔들은 계속되고 있다.

　먼저 2011년 발생한 중국고섬(중국고섬공고유한공사) 사례를 들 수 있다. 이 회사는 원래 PET칩으로 폴리에스터 섬유를 만드는 중국기업이었다. 2008년에 싱가포르 증권거래소에 상장했고, 2011년 1월에는 한국증권거래소에 KDR(Korea Depository Receipt, 한국예탁증서)을 상장하면서 2,100억 원의 자금을 모집하였다. 같은 해 3월 중국 소재 2개 자회사의 예금잔액 1,650억 원에 대한 실재성이 부인되어 거래중지되었다. 한국거래소에서 이 회사 주식은 거래가 정지되고 2년 후에는 상장폐지되었다. 이 사건으로 약 550명의 개인투자자는 주식가격 손해분에 대해 소송을 제기했다. 지금도 손해배상 소송은 진행 중인 것으로 알려졌다. 투자자의 주식투자 손실은 581억 원 정도로 추정되었다.

　중국고섬 상장 주관사였던 대우증권은 투자자와 HMC투자증권,

IBK투자증권이 제기한 손해배상소송에서 패소하여 85억 원 이상을 배상한 것으로 알려졌다. 대우증권과 다른 인수회사인 한화투자증권에 대해 금융위원회는 각각 과징금 20억 원을 부과하였다. 감사인인 한영회계법인은 3,750만 원 과태료 처분을 받았다.

한신공영도 회사 우선주 유통물량 감소로 대규모 분식회계 혐의를 받아오다 2014 사업연도에 대해 삼일회계법인으로 감사인 지정을 받았다. 삼일회계법인은 회사가 공사를 진행한 안산상가 프로젝트가 도급공사가 아닌 자체 분양공사인 것으로 판단하여 시행사의 비용항목을 한신공영 재무제표에 반영하였다. 결과적으로 회사는 2009년부터 2013년까지 재무제표를 재작성하였다. 회사의 부채비율이 상승했고 손익계산서는 적자로 전환되었다. 이후 회사 주식은 2014년 9월 1일부터 2일간 하한가를 기록했다. 한국밸류자산운용 같은 기관들이 148만 주를 무차별하게 매도한 결과였다. 투자자들은 갑작스럽게 큰 손실을 보게 되었다.

코스닥 상장법인인 포휴먼은 자회사를 통해 삼성전자, 일본 신명화 오토엔지니어링에 제품을 납품한 것으로 재무제표에 허위로 계상하였다. 국세청은 회사가 제출한 세금계산서 내용이 거래처의 것과 차이가 남을 알고 소명을 요구하였다. 회사가 제대로 소명하지 못하자 세무조사가 실시되었고, 이로써 분식회계 사실이 밝혀졌다. 2011년 3월말 감사인인 삼일회계법인은 감사 후 의견거절을 표명했고 이 기업은 그해 4월 상장폐지되었다. 투자자들은 2006년부터 2009년까지 적정의견을 표명한 삼일회계법인을 상대로 손해배상소송을 제기했다. 법원은 손해액의 40%인 140억 원을 배상하라는 판결을 내렸다.

검찰은 2014년 5월 STX조선해양이 2008년부터 2012년까지 5년간 누적하여 약 2조 3천억 원 분식회계를 했다고 발표했다. 이에 근거, 금융감독원은 2014년 6월 감리에 본격적으로 착수하여 2016년 2월 감리를 마무리했다. 회사는 2014년 4월 상장폐지되었다. 투자자들의 손실 금액은 2조 원대로 추정되었다. 산업은행 등 금융사는 불법 발행된 기업어음 1조 7,500억 원을 인수하여 상당 부분 손실을 보았다. 소액주주 460여 명이 제기한 100억 원 규모 손해배상소송은 아직도 진행중이다.

해외 사례는 어떤가? 미국의 엔론 사태를 살펴보자. 에너지 회사 엔론은 과다한 부채로 1990년대까지 주가가 5~7달러 선에 머물고 있었다. 경영진은 에너지사업 외에 광섬유통신 네트워크를 구축하여 이를 거래하는 사업으로 다각화를 진행했다. 이런 과정에서 회사 주식은 1996년 후반 23달러로 상승하고, 2000년 중반에는 90달러를 상회하여 시가총액 770억 달러에 달했다. 매출액은 1986년 76억 달러였으나 2000년에는 1천억 달러에 달했다. 미국《포춘》은 2002년 엔론을 세계 16대 기업, 미국 5대 기업으로 선정하기도 했다. 회사는 비약적인 성장을 한 것으로 보였다.

하지만 문제가 있었다. 엔론은 1996년 이후 파이프라인, 발전소 등을 무차별적으로 매입하거나 건설하고 이를 판매하는 사업에까지 뛰어들었다. 이런 분야는 초기에 대규모 투자가 필요하고 단기에 이익을 낼 수 없는 산업적 특징이 있었다. 지속적 성장을 위해서는 대규모 자금을 조달하는 것이 중요했다. 대규모 자금을 자본시장에 조달하기 위해서는 신용등급을 투자등급 이상으로 유지할 필요가 있었다. 그런데 엔론은 1997년 영국 석유회사 제이블랙프로듀서(J-Black Producer)와 천연가스, MTBE(휘발유 혼합제) 거래에서 각각 4억 5천 달러, 1억 달러 손실을 보았다. 월 가는 엔론의 신용등급과 수익전망을 낮추어 잡았다. 그 영향으로 주가가 30% 이상 하락하고 경영진 성과보수도 삭감되자 그들은 신용등급을 유지할 방법에 골몰하였다. 그러기 위해서는 부채비율을 낮은 수준으로 묶어두고 시장전망치를 상회하는 실적이 필요했다.

그들이 찾는 돌파구는 있었다. 그들은 회계규정상 특별목적기구(SPE: Special Purpose Entity)의 지분율을 97% 이하로만 유지하면 연결재무제표 작성 대상에서 제외되는 허점을 이용하기로 한 것이다. 다시 말해 그들은 SPE를 이용하여 자금을 차입하면서도 차입금이 연결재무제표에는 누락되는 점을 이용하였다. 이익조작을 위해서 SPE를 많이 만들어냈고 당초 계획을 실행에 옮겼다. 2000년 10월 엔론이 다수 SPE와의 거래를 통해 막대한 손실을 본 것으로 알려지면서 그간의 분식회계 내역이 모두 알려지게 되었다.

이후 엔론의 재무제표는 재작성되었다. 전체 분식규모는 1조 8천억 원이었다. 2000년 8월 주가는 90달러 선이었으나 2002년 1월에는 1달러 미만으로 떨어졌다. 주식투자 손실 정도가 어느 수준인지 짐작할 수 있다. 회사는 2년 후 세상에서 완전히 사라졌다. 외부감사인 아서앤더슨도 파산했다. 미국 에너지산업의 총아였던 엔론이 갑작스레 사라진 충격은 9·11테러 수준이라는 표현까지 나올 정도였다. 엔론 분식회계 당사자인 케네스 레이 회장은 24년형을 선고받았으나 복역을 시작하기 전 심장마비로 사망했다. 대표이사 제프리 스킬링은 24년형을 선고받아 복역 중이다.

분식회계에 따른 투자자의 손실 패턴은 국내외를 막론하고 비슷하다. 투자자 손실이 어느 정도인지는 정확하게 파악하기 어렵다. 손실이 주관적이기도 하지만 각 투자자의 손실이 보고되지도 않고 집계되기도 어렵기 때문이다. 다만 투자자에 대한 손해배상 규모로 가늠해볼 수는 있다. 분명한 것은 분식회계가 대형사에 의해 자행된 경우 손실이 크고 파급효과가 광범위하다는 점이다.

회계 스캔들은 투자자본 배분을 왜곡시킨다

회계 스캔들은 국가경제에도 나쁜 영향을 끼친다. 가급적 효율적인 기업에 투자가 이루어져야 하는데 분식회계가 발생한 경우, 실제로는 수익성이 낮은 기업에 자금이 흘러들어가 자원배분에 왜곡이 발생하기 때문이다. 외국인 투자자의 반응은 더 극단적일 수 있다. 그들은 한국경제나 한국기업을 믿을 수 없다며 투자금을 회수하려 할 수도 있기 때문이다. 외국인이 투자금을 회수한다면 한국경제에 큰 타격이 아닐 수 없다. 외국인 투자 비중이 크기 때문이다.

이론상 회계투명성은 기업 외부 이해관계자와 기업 내부 경영진 간의 정보비대칭 상태를 어느 정도 해소한다. 이해관계자는 투명한 회계정보를 이용하여 투자의사를 적절히 결정할 수 있다. 그 결과 유한한 자본이 효율적으로 배분된다. 그러나 현실에서는 분식회계 또는 부실감사로 자본이 제대로 배분되지 못하는 경우가 많았다.

2003년 검찰은 당시 SK글로벌의 매출채권 가공계상과 투자주식손실 미반영 등 1조 5천억 원 규모의 분식회계 관련 수사결과를 발표했다.

분식회계는 그 이전 30여 년간의 누적부실을 덮은 것이었다. 2001년 말 기준 분식 내용은 매출채권 가공계상 1,498억 원, 대손충당금 과소계상 408억 원, 예금 등 과대계상 4,440억 원, 매입채무 누락 1조 1,181억 원, 투자유가증권 2,498억 원 등이었다. 가장 큰 규모인 매입채무 누락은 유산스(Usance, 기한부어음)를 이용하였다.

감사인은 감사 수행시 피감회사의 거래은행으로부터 은행 조회서를 직접 회신받아 은행 차입금이 제대로 재무제표에 표시되었는지 확인한다. 당시 감사인인 영화회계법인의 은행 조회서는 은행이 아닌 SK글로벌에 전달되었다. SK글로벌은 은행 조회서에 유산스가 없는 것으로 조작하여 거래은행 지점 인근의 우체국을 이용하여 영화회계법인에 전달했다. 영화회계법인은 이를 특별한 의심 없이 감사에 이용했다. SK글로벌은 이런 방식으로 장기간 분식회계를 지속한 것으로 드러났다.

이후 SK글로벌은 장기간의 워크아웃에 돌입했다. 워크아웃을 위한 채권신고금액은 구조조정촉진법이 적용되는 채권금융기관 6조 6천억 원의 채권과 구조조정촉진법이 적용되지 않는 해외채권 8,300억 원을 포함한 1조 5천억 원의 채권이었다. 2003년 6월 채권금융기관 채권 2조 8,500억 원은 출자전환되고 2조 8천억 원은 현금지급, 나머지는 장기대출로 전환되거나 상당한 금액이 탕감되었다. 해외채권 8,300억 원은 약 43%가 탕감되었고 4,731억 원은 지급되는 것으로 정해졌다. 2003년 9월에는 법원에 등록된 자본총액을 줄이는 감자가 실시되었다. 대주주 주식은 전액 감자되었고, 소액주주는 7대 1로 감자되었다. 자본총액은 기존의 4,913억 원에서 129억 원으로 축소되었다.

이런 채무구조조정은 무엇을 의미하는가? 대형 회사의 워크아웃 프로그램 개시는 바로 큰 규모의 자본이 비효율적으로 투입되는 것을 의미한다. 채권이 출자전환되는 경우 채권자는 의도하지 않은 방식으로 자금이 동결되어 좀 더 수익성 높은 투자기회를 잃는다. 손실처리된다는 것은 더욱 이해하기 쉽다. 수익성을 추구했는데 원금을 완전히 잃어버린 것이기 때문이다. 이러한 손실은 자금이 필요한 곳에 장기간 투입되지 못하는 상황, 즉 자본배분의 비효율을 초래한다.

어느 기업이 좋은 신상품을 개발하여 시장에 판매하기 시작했다고 가정해보자. 판매가 급증하여 공장을 신설할 필요가 있을 정도로 반응이 좋으면 기업은 자금을 융통할 수요를 갖게 된다. 그런데 금융시장에 자금이 한정되어 있어 다른 기업이 왜곡된 재무제표를 이용하여 자금을 가져다 써버린다면 좋은 상품을 개발한 기업이나 상품의 잠재 소비자 입장에서는 손실 또는 효용 감소를 부담하게 된다. 이는 곧 자원배분의 왜곡을 의미한다. 사례를 좀 더 살펴보자.

2010년 8월 네오세미테크의 상장폐지 소식이 한국 금융시장을 강타했다. 회사는 2009년 10월경 죽어가던 코스닥시장 상장법인을 끼고 우회상장하였다. 회사는 상장시 태양광 및 발광다이오드 등을 통한 성장세로 녹색성장의 핵심 종목으로 각광받았다. 회사 주식 시가총액이 6,600억 원까지 치솟은 적도 있었다. 이런 영향으로 회사 주식은 7천명 이상의 소액주주에게 매수되었다. 회사는 2009년 12월 공모로 회사채를 106억 원가량 판매했다. 그러나 코스닥시장 황제주의 면모는 오래가지 못하고 끝났다. 회계감사 후 의견거절 처분을 받아 상장폐지되었기 때문이다. 우회상장 당시 가공매출이 부실감사로 밝혀지지 않은 것이 화근이었다. 상장폐지 결정 후 정리매매 과정에서 시가총액 4천억 원이었던 종목이 96.5% 정도 폭락하였다. 이것은 네오세미테크 경영진과 관련 직원 외에는 아무도 예상하지 못했다.

5년이 경과한 2015년 8월에는 대우조선해양의 빅배스(Big Bath)[2] 사건이 한국경제에 암운을 드리웠다. 대우조선해양은 2015년 결산시 누적 기준으로 과거 10여 년간 최소 5조 4천억 원 규모의 분식회계 사실을 인정한 것으로 알려졌다. 대우조선해양은 분식된 재무제표를 이용하여 누적 기준 45조 원대의 사기대출을 실행한 것으로 언론은 보도하였다. 검찰은 수사 중 회사가 조작된 회계장부를 통해 금융기관에서 10조 원 대출을 받고, 35조 원 대출에 대해 보증받아 전체 45조 원 규모의 사기를 범했다고 보도자료를 내놓았다.

SK글로벌, 네오세미테크 그리고 대우조선해양의 분식회계는 모두 투자자본 배분의 왜곡을 유발하여 경제발전에 악영향을 미친 경우라고 할 수 있다. 이들 회사는 최근 몇몇 경우에 불과하다. 과거 한보철강 6,900억 원, 기아자동차 3조 원, 대우그룹 22조 9천억 원, 동아건설 9천억 원 규모의 분식회계 사태를 경험했던 한국경제는 아직도 분식회계 또는 부실감사에 따른 자본배분의 비효율성에서 자유롭지 못하다.

회계불투명성은 미래 지향적인 관점에서도 자원배분 효율성에 악영향을 끼칠 수 있다. 사회 전반이 재무제표를 믿지 않아 투자가치가 있는 기업임에도 투자를 기피하는 현상이 발생하기 때문이다. 우리나라에서는 2015년 3월부터 연 1%로 기준금리가 내려갔다. 《연합뉴스》 기

---

2   새로운 경영진이 취임 이후 자신의 경영실적이 돋보이도록 이전부터 있던 회사의 부실 또는 잠재부실 등을 일시에 손실처리하여 예전 경영진에게 책임을 돌리는 것. '6장 회계감사의 실상' 참조.

사에 따르면 국내 금융시장에는 유동자금이 넘치고 있으며 2015년 말 기준 국내 단기 부동자금은 931조 원으로 1천 조 돌파를 앞두고 있었다. 글로벌 금융위기가 닥쳤던 2008년에는 539조 원 정도였다고 한다. 저금리가 지속되자 투자자들은 적당한 투자처를 찾지 못해 언제든 필요하면 찾아 쓸 수 있는 요구불예금, 머니마켓펀드(MMF), 양도성예금증서(CD) 등 단기금융상품에 투자하고 있다는 내용이 연일 신문 지면에 실렸다.

이런 영향으로 단기자금 중 많은 부분이 투기성 투자대상을 찾아나섰다. 2015년 말 강남 재건축 시장이 요동치면서 재건축 분양권 전매가 증가하고 서민과 중산층의 자금을 노리는 불법 유사수신업체[3]의 활동이 기승을 부리는 것으로 보도되었다. 이런 자금이 잠재력 있는 기업에 투자되지 못하고 부동산 투기에 유입되는 현실은 한국경제의 장기적 성장에 바람직하지 않다. 부동산 가격에 거품이 끼고, 부동산 과열에 이르면 일본처럼 장기 불황이 발생할 수 있다.

우리나라에서는 일반인들의 주식투자가 활발하지 못하다. 주가가 하락하는 것을 경험한 투자자들은 주식투자를 기피한다. 상장회사가 분식회계를 한 사실이 드러나 상장폐지되는 경우는 더 심각하다. 과거 이런 일들이 많았다. 투자자를 포함한 일반인들로서는 기업이 공시한 재무제표를 믿지 않을 이유가 충분하다.

경제가 전체적으로 활성화되기 위해서는 다양한 기업활동에 투자금이 자연스럽고 균형있게 흘러들어가야 한다. 이런 과정이 순조롭게 이루어

---

3   관련법령에 따라 인허가를 받지 않거나 등록·신고하지 않은 상태에서 불특정 다수에게 자금을 모집하거나 조달하는 행위를 하는 업체.

지지 않으면 투자감소, 고용감소, 경제 저성장의 사이클이 반복된다.

최근 국내 회사채 시장은 자본배분 왜곡현상을 좀 더 여실히 보여준다. 2016년 3월 금융위원회 보도자료에 따르면 2008년 국내 회사채 발행액은 69조 원이었다. 2015년에는 2배 정도 증가하여 151조 원에 달했다. 그러나 발행회사는 저위험 초우량 등급인 회사에 한정된다. 2012년 말 회사채 발행잔고 중 A등급 이하 비중은 40.2%에 육박했지만 2015년 말에는 비중이 22.9%에 불과했다. A등급으로 분류되던 대우조선해양 등 기업들이 분식회계 사태를 일으켜 등급이 낮은 회사의 채권에 대한 자본시장의 선호도가 급격히 하락하였기 때문으로 풀이된다.

언론에 보도된 어느 증권사 임원의 말이다. "대우조선해양 분식회계 사건으로 인해 증권사들은 어지간하면 위험이 잠재된 채권을 모조리 팔아치우는 형편이다." 이러한 이유로 회사채를 자금조달 수단으로 이용하던 비우량기업은 상황이 좋지 않아졌다. 결국 산업은행은 비상계획의 하나로 미매각 회사채를 인수하기로 하였다. 구체적으로는 2016년부터 향후 2년여 동안 트리플 B등급과 A등급 회사채 중 자본시장에서 소화되지 않은 것을 최대 5천억 원까지 산업은행이 인수할 계획인 것으로 전해졌다. 고위험으로 평가되지만 잠재력이 충분하다고 평가되는 기업은 언제든지 투명한 회계정보를 자본시장에 제공하고 이를 근거로 자본을 조달하여 필요한 용도로 쓸 수 있어야 한다.

5조 원대 분식회계 사건을 일으켜 자본시장에 큰 충격은 준 대우조선해양 사태는 감사인인 안진회계법인뿐만 아니라 회계법인 업계 자체의 신뢰도를 파괴하다시피 했다. 업계 2위인 안진회계법인은 2010년 이후 거대 미청구공사 금액이 재무제표에 계상되었음에도 이에 대해 전문가적 시각에서 문제제기를 소홀히 하여 매년 적정의견을 남발한 것으로 판단된다. 이렇듯 분식회계 사건이 시장을 엄습할 때마다 자원의 효율적 배분을 방해하는 요인으로 부실감사가 지목되고 있다.

투자위험을 제대로 평가할 수 있는 환경을 조성하기 위해서는 투자 기업의 위험도를 그대로 보여주는 회계 시스템이 무엇보다 중요하다. 그간 금융감독 당국은 이를 위해 매진해왔으나 현재 구현되고 있는 회계 시스템은 미흡하다는 평가다. 자본시장이 적절하게 작동할 수 있도록 회계투명성 개선을 위한 조치가 중요하다.

'자본주의 파수꾼' 회계정보의 공공재 역할

공인회계사 시험을 준비하는 학생들은 그 역할에 대해 먼저 배운다. 어떤 책이든 공인회계사는 '자본주의(자본시장)의 파수꾼' 역할을 한다고 나와 있다. 그렇게 불리는 이유는 다음과 같이 요약된다. 공인회계사는 기업의 재무제표를 살펴보고 기업의 재무상태, 경영성과, 유동성 변동, 자본의 증감 등에 대해 의견을 표명하며 자본시장, 나아가 자본주의가 원활하게 작동되는 데 일익을 담당하기 때문이다. 따라서 수험생들은 상당한 자부심을 가지고 시험 준비에 임한다.

공인회계사가 생성하는 감사보고서는 누군지 특정할 수 없는 이해관계자들이 이용할 것을 전제하고 있다. 이해관계자가 많은 공개회사와 금융기관의 회계정보는 그러한 특징이 매우 뚜렷하다. 언제 어디서든 누구나 이용할 수 있으며 직접적인 비용부담이 없다는 특징이 있다. 이런 면에서 회계정보는 공공재의 특징을 가지고 있다.

　경제학자들은 시장 메커니즘은 인간이 만든 제도로서 자본주의를 가능하게 하는 요소라고 한다. 즉 시장에서 형성되는 가격은 재화나 용역의 생산자와 소비자에게 신호를 보내 자원을 효율적으로 배분하는 역할을 한다. 그런데 이 가격기구는 실제로 몇 가지 중요한 문제점을 보여주었다. 소득의 공정한 분배, 물가와 실업 문제를 해결하지 못하는 경우가 있는 것이다. 그리고 가격기구는 인간의 경제생활에 필요한 것을 제대로 제공하지 못하는 분야가 있었다. 그것은 바로 공공재 분야였다. 공공재의 쉬운 예로는 도로, 교량, 항만, 치안, 국방 등을 들 수 있다. 이것은 민간이 제공할 수 없는 것이고 사실상 가격을 정하기 불가능한 것들이다. 공공재는 누구나 이용할 수 있고 누군가 이용한다 하여 다른 사람이 이용할 수 없는 것이 아니다. 예를 들어 고속도로를 내가 이용해도 다른 사람이 이용할 기회가 줄지 않는다. 그렇기 때문에 대가를 내지 않고 이를 이용하려는 무임승차 문제가 발생한다. 결국 정부가 나서서 공공재를 공급하고 매출(가격×추정이용자)이 공공재를 공급하기 위한 비용과 동일하되 사회 전체의 효용이 최대가 되도록 결정한다. 불확실한 추정이 개입되고 공공복지정책의 일환으로 실행된다. 고속도로 통행료는 이런 식으로 결정된다.

　이런 관계를 염두에 두면 앞서 말한 바와 같이 상장법인이나 금융기관이 감사받은 재무제표는 공공재의 성격을 그대로 지닌다. 비상장법인이 감사받은 재무제표는 공공재의 성격이 비교적 적다.

　공공재의 특징을 좀 더 살펴보자.

　앞서 말한 도로, 교량 등에 문제가 있다고 가정해보자. 도로가 끊기거나 교량이 붕괴할 가능성을 생각하면 된다. 누군가 도로에서 운전하거나 다리를 건너다 사고를 당할 위험이 있다고 판단되면 도로나 교량의 상태를 미리 점검하고 문제된 부분을 수리하는 것이 당연하다. 마찬가지로 공공재 성격이 있는 회계정보에 흠결이 있다면 누군가는 예상하지 못한 손실을 볼 가능성이 항상 있다. 회계정보의 품질을 높게 유지하려는 노력이 필요한 이유다. 그렇기 때문에 회계정보에 대해 금융감독 당국이 지속적으로 모니터링하는 것이다.

우리나라는 특별법인 외감법에 따라 공공성이 있다고 보이는 회사는 외부감사를 받도록 의무화하고 있다. 자산총액이 120억 원 이상인 회사 위주로 총 2만여 회사가 외부감사를 받아야 한다. 교회 등 종교단체, 사립학교, 공익단체, 자선단체 등도 많은 사람들의 이해관계가 얽혀 있으므로 공공성을 충분히 갖추고 있다. 외부감사 필요성이 제기되는 대목이다. 실제로 이 법인들도 외부감사를 받도록 제도가 개선되어야 한다는 주장이 그동안 제기되어왔다.

금융감독 당국은 공공성 있는 기관의 회계정보가 시장이나 이해관계자에게 흠결 없이 투명하게 공급되도록 외부감사제도 개선 노력을 지속하고 있다. 뿐만 아니라 문제점이 있어 보이는 회사 위주로 선별하여 회계정보의 문제점 유무를 파악하여 필요한 경우 제재조치를 취하고 있다. 이러한 회계정보의 품질유지 노력은 선진국의 경우에도 마찬가지다.

소유와 경영이 잘 분리된 것으로 평가받는 미국의 경우 증권거래법 등에 따라 공개기업과 금융기관은 의무적으로 외부감사인의 감사를 받아 재무제표를 주기적으로 공시해야 한다. 미국은 자산총액 등을 기준으로 외부감사 의무 여부를 규정하지는 않는다. 유럽 선진국의 경우도 다르지 않다. 선진국도 공공성이 큰 회사의 회계정보가 투명하게 공급되도록 제도 개선 노력을 지속하고 있다.

　외부감사인의 감사품질을 높게 유지하려는 노력도 중요하다. 미국의 경우 상장회사회계감독위원회(PCAOB)는 공개기업 외부감사를 수행하는 감사인의 감사품질을 모니터링한다. 즉, 품질감리를 실시하는 것으로 감사인의 내부통제구조를 평가하고 개별기업의 감사절차에 문제가 없는지 점검한다. 품질감리 결과는 개선요구 사항을 제외하고 공개한다. 실제로 PCAOB의 인터넷 홈페이지에 가면 바로 확인할 수 있다. 감리결과 문제점으로 지적된 사항에 대해서는 12개월의 시정기간을 부여한다. 이 기간에 시정되지 않으면 문제점을 공개하여 감사인 선정시 회사들이 참고하도록 한다. PCAOB 홍보책임자 콜린 브레넌은 "부실감사로 인한 문제점을 최소화하기 위해 감사인에 대한 품질감리 결과를 공개할 필요가 있다"고 말한다.

　독일의 경우도 마찬가지다. 2005년 미국의 사베인-옥슬리법을 본떠 회계감독위원회(AOC)를 설립했다. AOC는 회계법인에 대해 정기적으로 품질감리를 실시한다. AOC 사무총장 팀 폴크만은 이렇게 말한다. "공인회계사들이 독립성을 유지하면서 감사기준에 따라 감사를 실시했는지 살펴본다. 감사대상 회사의 주식을 보유하는 등 경제적 독립성 훼손 여부도 주기적으로 모니터링한다. 이와 관련하여 경제적 독립성에 문제가 될 수 있는 컨설팅 수행실적을 면밀히 확인한다."

　이와 같이 공공재인 회계감사 품질유지를 위한 노력이 전 세계적으로 보편적인 현상임에도 우리나라에는 회계정보가 흠결을 가질 수밖에 없는 여러 현실적인 요인이 있다. 우리나라에서도 감사인에 대한 품질

감리를 실시하고 있다. 그러나 품질감리 결과는 공개하지 않는다. 이와 관련하여 2014년 10월 회계 및 컨설팅 전문회사인 독일 KPMG 감사 부문 총괄 대표 자일라 크리스티안은 이렇게 말했다. "외부감사를 받는 회사 입장에서 감사인을 선정할 때 감사보수, 감사품질, 그리고 감사인의 평판은 중요한 요소다. 금융감독 당국의 감사인 품질평가는 평판 고려시 아주 중요하다." 우리나라도 이에 대한 필요성을 인식하여 관련법을 개정하려는 노력이 진행 중이다. 언제 어떻게 어떤 내용으로 개정될지는 예측할 수 없다.

덧붙여 선진국에서는 회계법인 경영진의 연봉이 공개되고 있으나 우리나라 회계법인은 유한회사이므로 이를 공개할 수 없다고 회계업계가 맞서고 있다. 영국 국제회계사회 세무부문 최고책임자 차스 로이초두리는 이렇게 말했다. "회계법인의 사업보고서에는 대표이사의 연봉이 표시된다. 이 정보는 감사인 선정시 감사품질을 판단할 때 중요한 고려 요소가 된다." 회계법인이 공공재를 제공하다보니 투명성이 요구되는 것이다. 예를 들어 영국에 본사를 둔 다국적 회계컨설팅 기업 프라이스워터하우스쿠퍼스(PwC) 사업보고서에는 최고경영자 이언 파월의 2013년 연봉이 360만 파운드로, 다른 임원 전체 연봉은 2,140만 파운드로 기재되어 있다.

어떤 측면에서 우리나라의 감사보수 결정방식은 공공재인 회계정보의 품질을 하향화할 소지가 있었다. 당초 우리나라에서 회계감사는 투자자의 요구에 의해서라기보다는 정부가 요구한 것이었다. 감사보수에도 정부가 관여했다. 투자자들의 이해 또는 필요에 의해 회계감사가 시작되지 않아 수요와 공급의 법칙은 감사보수 산정에 크게 영향을 미치지 않았다는 것이 일반적인 견해다. 감사보수 규정이 1999년 폐지되자, 수요자와 공급자가 보수를 임의로 결정하기 시작했다. 현재 우리나라의 감사보수는 극심한 가격경쟁으로 선진국에 비할 수 없을 정도로 낮다. 회계감사 품질수준을 의심하게 될 수밖에 없다. 일반적으로 가격이 낮으면 그 품질도 낮다는 가설은 우리나라 감사보수와 감사품질 간에도 적용된다는 지적이다.

회계정보 이용자 중 기업 외부의 주주, 채권자, 신용평가사, 근로자, 금융감독 당국, 세무 당국 등은 무임승차자와 다름없다. 회계정보가 보다 적정하고 적절하며 신속히 제공되기를 바라는 무임승차자의 기대를 충족시키는 것은 회계정보를 관리하는 국가의 의무다. 우리나라는 이에 미치지 못하고 있다. 그것은 시시각각 터지는 회계 스캔들로 인해 정보 이용자들이 혼란스러워하는 사실로 입증된다. 상장회사 등의 공시 회계정보는 품질유지가 중요한 공공재임에도 우리나라에서는 그 품질이 전반적으로 의심스럽다.

기업이 회계정보의 신뢰성을 인정받기 위해 감사인에게 감사보수를 지급하는 점에서는 회계정보가 공공재가 아니다. 그러나 회계정보는 수많은 사람들이 필요에 따라 언제든지 이용할 수 있는 대상이며 자본주의 경제가 원활히 운용되게 하는 가장 중요한 핵심 요소라는 점은 부인할 수 없다. 그래서 회계정보의 품질은 강을 가로지르는 교량과 같이 안전해야 한다. 회계정보는 자본주의 경제가 원활하게 작동하는 데 가장 중요한 공공재임에 의심의 여지가 없다. 회계 스캔들이 지속적으로 발생하는 상황에서 회계정보 품질 개선은 기업이나 감사인은 말할 것도 없고 우리 모두가 해결해야 할 중대한 과제다.

2장

그들은 왜, 어떻게
회계부정을 저지르는가

대부분의 여자들은 그들의 화장한 얼굴만큼 젊지 않다.
맥스 비어봄(영국의 수필가 겸 풍자화가)

우리는 회계부정 소식을 자주 접한다. 어떤 기업들이 어떤 부정한 목적을 달성하기 위해 어떤 방법으로 분식회계를 하는 것일까? 분식(粉飾)이라는 말 자체는 실제보다 멋지게 보이려고 거짓으로 꾸민다는 뜻으로 화장의 부정적인 면을 강조한 말이다. 화장을 너무 진하게 하면 실체를 알아보기 어려운 것처럼 말이다. 회사가 사업을 잘해서 이익이 나는 경우보다 사업이 잘되지 않는 경우 분식회계에 대한 유혹이 더 클 것이다. 여러 요인이 분식회계를 유발하는 것으로 알려져 있다. 한편 회계부정을 저지르는 기업들은 어떤 식으로 회계처리를 하기에 감사인의 눈을 속일 수 있는 것일까?

회계부정을 저지르는 이유는 무엇일까

대형 회계 스캔들이 터질 때마다 어떤 상황의 기업이 어떤 동기와 원인에 의해 어떤 방식으로 분식회계를 감행하는지에 관심이 집중된다. 기업이 분식회계를 하는 주요 동기는 다음과 같다.

외부자금 유치

먼저 외부자금 조달을 용이하게 하려고 분식을 한다. 기업이 자금을 조달하는 방법은 자본시장에서 주식과 채권을 발행하거나 금융기관으로부터 차입하는 방법이 대표적이다. 투자자 입장에서 회사가 이익이 나는지 또는 유동성 현황은 좋은지 여부는 중요한 정보다. 이러한 지표들이 양호하게 보이지 않은 경우 투자자들은 외면하기 마련이다. 그러므로 투자자들을 유인하기 위해 회사는 이익이 나는 것으로 또는 유동성 등의 지표가 양호한 것으로 보이기 위해 분식회계를 실행한다. 자금에 여유가 없는 경우일수록 분식회계의 유혹은 클 수밖에 없다.

주식가격 안정과 상승

상장회사 경영진은 주식이 주식시장에서 안정적으로 또는 상승 기조로 거래되기를 바란다. 주식가격은 상장회사의 전반적인 재무상태와 경영실적을 반영하기 때문에 주주 등 투자자들은 지속적으로 주가가 높은 수준을 유지하기를 기대한다. 회사의 수익성이 안정적으로 유지되거나 수익성이 좋아지면 주가는 안정적이거나 상승하는 흐름을 보여준다. 경영실적이 좋지 않은 경우 경영진은 주식가격을 받쳐주기 위한 방안을 강구하는데 이때 분식회계가 손쉬운 선택이 될 수 있다.

구매처와의 신용거래 유지

제품이나 용역을 거래하는 기업들 간에도 재무상태는 중요한 요소가 된다. 물품을 공급하는 회사는 재무상태가 악화된 구매처로부터 물품 대금을 제때 제대로 받지 못할 위험을 염두에 둔다. 예를 들어 재무상태가 악화하는 기업에 대해서는 신용기간을 줄일 수 있고 신용매출, 즉 외상매출 금액 자체를 줄이는 것이 대부분의 거래 현실이다. 재무상태가 악화되어 거래선이 끊길 가능성이 커지면 분식회계를 선택하는 경우가 생긴다.

전문경영진의 이익 극대화

소유와 경영이 분리된 대형 상장사와 대규모 자본이 필요한 은행 등 금융기관은 경영진의 보수를 경영실적과 연동시키는 경우가 많다. 전문경영인은 매출, 영업이익, 당기순이익 등의 단기 경영실적 지표가 좋게 보이도록 조치를 취할 수 있다. 경영진의 연임 여부도 매출 등의 경영성과와 연계되는 경우가 많다. 경영진은 성과 보수와 연임을 위한 분식회계 동기를 갖게 된다.

배당의 안정

배당은 투자에 대한 대가로 주주들에게 정기적으로 지급된다. 배당이 정기적으로 계속 지급된 기업의 경영진은 재임 중 경영실적이 좋지 않아 배당이 지급되지 않을 경우 상당한 부담을 느낀다. 배당 정책은 동서양을 막론하고 일관성을 유지하는 것이 주가관리에 도움이 된다는 것이 정설이다. 주주의 배당 요구를 충족시키기 위해서 또는 배당 지급을 유지하거나 상향하라는 요구 때문에 경영진이 분식회계의 유혹에 굴복할 수 있다.

노사협상용

역분식을 하는 경우도 있다. 영업실적이 좋게 나타나는 경우 근로자들은 그들의 노력에 의해 실적 개선이 이루어졌다고 노사협상에서 임금인상을 요구하는 경우가 있다. 기업 입장에서 미래 실적이 저조할 것으로 예상되는 경우 임금인상은 부담이 될 수 있다. 특히 대주주는 임금인상 요인이 드러나지 않게 재무실적을 조작할 동기가 크다. 이런 경우 경영진은 매출 또는 이익을 축소하려는 분식회계를 벌이기도 한다.

정치권 로비

우리나라의 경우 정경유착 관행으로 말미암아 정치자금을 마련하기 위해 또는 기업에 유리한 규제환경을 조성하기 위해 많은 기업들이 회계부정을 통해 로비 자금을 마련해왔다. 고병우 동아건설 전 회장과 박영일 대농그룹 전 회장, 정태수 한보철강 전 회장, 성완종 경남기업 전 회장 등은 분식회계로 마련한 자금을 정치권 로비에 이용한 것으로 알려졌다.

회사 자금 횡령

전문경영인이나 기업의 대주주 등 소유주가 회사 자금을 횡령하는 경우에는 필연적으로 분식회계가 발생한다. 예를 들어 코스닥 상장법인인 현 유아이에너지는 과거 경영진의 횡령사실을 숨기려고 분식회계를 했다. 2002년부터 약 2년 동안 전 대표이사 횡령금액 71억 원을 메우기 위해 허위 세금계산서를 수수하여 매출과 매출원가를 가공으로 회계처리했다.

절세 등 세무상 목적

역분식하는 다른 예도 생각할 수 있다. 납부할 법인세 등 세금을 축소할 필요가 있을 때다. 경영실적이 좋아지면 납부할 세금도 증가하는데 이를 막기 위해 분식회계를 할 수 있다. 이와 반대로 세무조사를 피하려고 실적을 좋게 보이게 하는 경우도 있다. 세무 당국은 일정 주기(대체로 5년)마다 세무조사를 실시하여 탈세액을 추징하는 절차를 진행한다. 세무 당국은 과거에 비해 납부세액이 급격히 줄거나 납부할 세액이 없을 정도로 경영실적이 악화된 경우 갑작스런 세무조사를 실시한다. 세무조사는 기업에 있어서는 상당기간 기업의 인적자원이 낭비되는 현상을 야기하므로 기업은 이런 상황을 피하고 싶어한다. 경영진의 입장에서는 실제 실적은 나쁘더라도 세무조사를 피하고자 분식회계할 동기가 생긴다.

대부분의 분식회계는 한 가지 동기가 아닌 복합적인 동기들에 의해 발생한다. 그래서 분식회계 사건이 발생했을 때 그 동기를 하나로 특정하기는 사실상 불가능한 경우가 많다.

분식회계의 대표적 유형들

분식회계 기업들은 예측하기 어려운 방식으로 회계부정을 실행하고자 한다. 크게 보아 회계부정은 수익과 자산의 과대계상, 비용의 누락 또는 축소, 계정과목을 사실과 다르게 분류하는 방법, 특수관계자와 공모한 가공거래 계상, 회계처리방법이나 회계추정방법의 변경, 부외항목 이용 등의 방법이 있다. 부외항목에는 여신약정, 신용장, 은행인수어음 등이 포함되는데, 재무제표 안에 기재되지는 않으나 미래 재무상태에 영향을 주고 이해관계자의 판단에 영향을 주기 때문에 재무제표 주석에 기재하는 사항이다.

분식회계 기업의 특징, 동기, 방법 등은 이미 많이 분석되었음에도 실제 투자자들이 투자대상 기업의 분식회계 유무나 분식회계 내용을 파악하기는 불가능에 가깝다. 투자자 입장에서는 아무리 주의를 기울여도 부족하다는 자세가 중요하다.

감사인이 회계감사를 수행하면서 취하는 감사절차에 대해 회사가 잘 아는 경우 분식회계를 하려는 유혹에 쉽게 빠진다. 감사인이 같은 회사에 대해 장기간 감사를 수행하는 경우 회사는 감사인이 어느 정도까지 재무제표 내용을 확인하는지 잘 안다. 그래서 분식회계를 적발 없이 저지를 수 있는 방법들을 여러모로 모색할 수 있다. 실제 발생 가능한 감사절차 회피 유형은 무수히 많다. 몇 가지 실제 양상을 보자.

양도성예금증서를 이용한 외부감사 방해

양도성예금증서는 현금성 자산으로 현금 등을 결산 목적으로 실사할 때 회사가 감사인에게 제시한다. 임직원의 횡령 등으로 손실이 발생했을 때 이를 숨기기 위해 양도성예금증서로 계정대체하고 양도성예금증서를 빌려서 제시한 후 반환하는 방법을 선택하기도 한다. 감사인이 현금이나 양도성예금증서를 실사하고 다른 감사절차를 취하지 않은 채 감사를 마치는 감사 습관을 회사측이 아는 경우 가능한 분식회계 방법이다.

2006년 8월 서울중앙지검은 양도성예금증서를 이용하여 유동자산을 과대계상한 199개 중소 건설업체를 적발하면서 관련자 61명을 사법처리하였다고 발표했다. 그러자 회계업계와 금융감독 당국도 긴장했다. 사건의 전말은 이렇다. 증권사 전 직원들이 브로커로 활동하여 건설사와 은행 그리고 증권사를 연계하여 건설사 명의로 양도성예금증서를 받아주고 수수료를 챙겼다. 브로커들은 1천만~2억 원 정도의 수수료를 챙긴 것으로 밝혀졌다. 건설사들은 양도성예금증서를 증가시켜 자본비율은 높이고 도급 우선순위를 상향 조정했다. 건설사 명의 등으로 2004년 12월부터 2005년 6월까지 발행된 양도성예금증서 금액은 1조 8천억 원에 달한 것으로 보도되었다. 관련 건설사의 외부감사인이 이 분식회계를 적발하지 못했다.

재고자산에 대한 외부감사의 어려움

재무제표상 매출이 증가하고 있음에도 재고자산이 증가한 경우가 있다. 이와 함께 재고자산 보유기간이 늘어나면서 동종업체와 비교해도 월등히 증가한 것으로 나타난다. 이런 경우 재고자산 과대계상 가능성이 있다. 매출총이익이 예외적으로 늘어나기도 한다. 하지만 매출총이익이 증가했다고 해서 꼭 재고자산 분식이 있다고 볼 수는 없다. 재고자산과 관련한 분식회계 상황은 헤아릴 수 없이 많다. 감사인은 발생 가능한 상황을 염두에 두고 감사에 임할 필요가 있다.

그러나 재고자산에 대한 감사인의 감사절차는 그야말로 취약한 형편이다. 먼저 실사 입회에서부터 어려움을 겪는다. 재고실사 입회는 회사가 보유하고 있는 재고자산 수량에 대한 확인절차다. 기말감사는 결산기 이후로 통상 1개월이 지난 후 실시된다. 감사인은 기말결산에 대비해 실시하는 회사의 재고자산 실사절차에 입회하여 재고자산 수량의 적정성에 대해 예비평가한다. 재고자산은 특성상 회사의 창고나 매장에 소재하고 항상 이동한다. 특정하기 어려운 경우도 많다. 재고실사 입회는 회사의 재고자산 실사일정에 따를 수밖에 없다. 말 그대로 입회이기 때문이다.

제조업체의 경우 대체로 제품이 자산 중 큰 비중을 차지하는데 실사 입회는 매우 짧은 시간에 일부 품목을 대상으로 실시되고 있다. 이후 실제 연말 감사에서는 대체로 소수의 실사표본이 재고자산 명세서에 제대로 올라왔는지 확인하는 정도로 감사절차를 실시한다. 재고자산의 특징과 관리 상태를 감안하여 감사위험이 크다고 판단하는 경우 감사인은 감사표본 개수를 늘릴 수 있다. 그러나 이런 식의 실사 입회 절차로는 재고자산과 관련된 분식회계를 불식시키기 어려운 것이 현실이다.

재고자산 수량과 금액의 변동은 회사의 매출원가와 당기순이익의 변동을 가져온다. 금액의 적정성과 관련하여 감사인은 판매가능 여부와 판매가능 금액도 감안해야 한다. 이때 감사인은 회사의 진술에 의존할 수밖에 없는데 재고자산의 판매가능성 및 판매예상가액을 감사 중에 파악하기가 쉽지 않기 때문이다. 이런 점을 이용하여 회사는 쉽게 감사인을 속일 수 있다. 감사인은 재고자산의 이런 특성을 감안하여 감사절차를 계획하지만 회사의 재고자산가액 관련 분식을 예방하거나 적발하기는 쉽지 않다.

　감사인이 재고자산 감사절차에 취약함을 보여주는 대표적인 사례 둘을 소개한다. 2006년 9월 주식시장에는 재고자산 분식 뉴스가 전해졌다. 산양전기가 재고자산을 120억 원 과대계상한 것을 고해성사한 것이다. 산양전기는 연성회로기판(얇은 절연필름에 동박을 붙인 유연성이 뛰어난 기판으로 전자제품 경량화에 적합하다)을 생산하는 회사로 매출의 90% 이상이 삼성전자를 상대로 발생했다. 발표 시점 기준으로 주식 시가총액은 435억 원, 자산 1,038억 원, 재고자산 210억 원, 자기자본 461억 원, 매출액 619억 원, 영업손실 20억 원, 반기순손실 16억 원 정도였던 것을 감안하면 상당한 재고자산 분식이 있었던 셈이다. 회사는 감사인인 삼일회계법인의 재고자산 실사 입회 당시 재고자산의 상당량을 불용품을 가져다놓았음을 인정했다. 그러면서 불용 여부에 대해서 회계법인도 판매가능성 여부를 제대로 심사하지 않았음을 주장했다. 이후 산양전기는 증권선물위원회로부터 과징금 약 3억 원의 조치를 받고 상장폐지되었다.

　대우전자는 1998년 2월초 1997년 가결산을 해보았다. 가결산 결과 자산 3조 2,283억 원, 부채 4조 1,254억 원으로 자기자본이 완전히 잠식된 상태였다. 당기순손실은 1조 6,701억 원으로 대규모 적자가 확실했다. 당시 대표이사는 김우중 회장의 지시를 받았다. 내용은 "대우전자 1997년 당기순이익을 410억 원 정도로 맞추라"는 것이었다. 재무제표

조작은 바쁘게 진행되었다. 다른 분식회계를 제외하더라도 재고자산 수량을 과대 처리하고 매출이 발생한 상품의 원가를 매출원가로 처리하지 않는 수법으로 재고자산이 6,037억 원가량 과대계상되었다. 당시 감사인인 세동회계법인은 이런 사실을 전혀 알아채지 못했다. 감사인이 재고자산에 대한 감사절차를 어떤 방식으로 진행하는지 미리 알고 있었기 때문에 회사는 분식을 도모할 수 있었고 감사인을 속일 수 있었다. 당연히 1997 사업연도 감사보고서에는 적정의견이 표명되었다. 감사보고서가 증권거래소에 공시된 것은 1998년 3월 31일이었다.

금융감독 당국의 입장에서도 재고자산 관련 분식을 자체 적발하여 감리 결과 조치한 경우가 흔치 않다. 재고자산 관련 분식회계는 감독 당국도 적발하기 지극히 어려운 분야다. 그래서 금융감독원의 분식회계 적발 건에서 재고자산 관련된 사례는 매우 드물게 나타난다.

채권채무 조회절차를 이용한 외부감사 방해

채권채무 조회서를 위조하여 제출하는 경우도 있다. 감사인이 채권채무 조회절차상 허점을 보이면 회사가 감사인을 속이기로 결심하기 쉽다. 실무상 감사인은 모든 채권채무 조회서가 회수될 것으로 기대하지는 않는다. 다만 가급적 많이 회수될 것을 기대하고 회사의 거래업체에 우편으로 조회서를 보내고 우편으로 회신을 받는다. 감사인은 매출과 매출채권의 적절성을 판단하는 중요한 근거로 조회서의 입수 여부를 본다. 즉 매출과 매출채권 명세서에서 표본을 추출하여 조회한 결과에 다른 점이 없으면 더 이상 감사절차를 취하지 않은 경우가 대부분이다.

서울중앙지검은 2007년 10월 연예기획사 팬텀엔터테인먼트의 부사장 등이 채권채무 조회서를 위조하여 외부감사인에게 제시하여 외부감사를 방해한 혐의로 관련자를 사법처리했다고 발표했다. 2007년 2~3월경 기말감사 당시 관련자들은 어느 음반사에 대한 선급금으로 처리된 16억 원이 회수불능한 것으로 드러날 경우 회사가 상장폐지될 것을 우려했다. 팬텀엔터테인먼트 부사장은 채권채무 조회서를 위조해 감사인에게 제출한 후 감사현장 회계사가 확인 차원에서 전화를 하자 진짜 채권채무 조회서를 보낸 사람으로 행세했다.

SK글로벌의 외부감사 방해

감사인이 회계감사를 시행할 때 회사가 감사대상 기간에 금융거래를 한 모든 금융기관에 대해 금융거래 조회서를 직접 우편으로 송부하고 직접 우편으로 받는다. 이는 모든 감사인이 취하는 감사절차상 표준이다. 그런데 회사가 이런 감사절차를 어떻게 운용하는지 잘 아는 경우 절차상의 허점을 이용하여 위조조회서가 감사인에 도달하도록 조작하는 사례가 있다.

감사인이 취하는 감사절차상의 허점이 종합적으로 이용된 분식회계 사건은 2003년 8월 검찰이 수사하여 발표한 SK글로벌 사태다. 이 사건은 IMF 외환위기 이후 회계투명성이 어느 정도 개선되었다고 자부하던 금융감독 당국에 큰 타격이었다. 이른바 회사, 감사인, 그리고 거래금융기관의 총체적인 불감증이 그대로 드러난 것이라고 언론은 평가했다.

SK글로벌은 해외 소재 공급업자와 물품수입 계약을 체결하였다. 회사는 해외업체의 요구에 따라 국민은행을 포함한 23개 금융기관에 외화 외상매입에 대한 신용장을 개설하고 유산스(기한부어음)를 이용했다. 장기간에 걸쳐 회사는 1조 2천억 원 정도의 물품을 구입했다. 국민은행 등은 물품구입 대가를 해외업체에 송금하였고 회사는 대금을 국민은행에 조금도 상환하지 않은 상황이었다. 이 금액은 재무제표에 매입채무로 계상되어야 했다.

회사는 은행 조회서를 위조하여 감사인에 제시하는 방법을 연구하였다. 회사는 감사인이 조회서를 직접 회수하는 절차를 소홀히 하는 감사 습관을 이용하기로 했다. 실제 은행 조회서를 입수하는 절차는 시간이 많이 소요되고 잔손이 많이 가는 일이다. 회사가 조회서를 입수하여 전달하겠다고 감사인에게 제안했다. 해당 감사인은 아무런 이의를 제기하지 않았다. 이런 과정을 통해 외화 매입채무 1조 2천억 원을 누락시켰다.

SK글로벌은 또한 회수한 해외채권을 회수하지 않은 것으로 처리하여 채권을 과대계상하고 부도채권에 대해서는 회수가능한 것으로 처리했다. 재무상태가 악화된 협력업체에 대해 SK글로벌이 대지급을 해야 함에도 계열사로 하여금 대지급하도록 하고 원리금 상환시 해당 계열사의 기업어음을 취득한 것으로 위조했다. 재고자산을 과소계상하면서 동시에 부채인 매입채무도 누락하였다. 해외현지법인 주식을 손실처리 하여야 함에도 그대로 장부에 계상하였고 지급보증금액과 매출채권의 회수불능 가능성을 제대로 주석으로 기재하지 않았다.

이런 일들이 가능했던 이유는 감사인인 영화회계법인이 해외거래처에 대한 채권채무 조회절차를 직접 통제하기 어려운 점을 회사가 알고 있었기 때문이다. SK글로벌이 감사절차에 적극 협조하는 태도로 해외

거래처에 대한 조회절차를 돕는 태도를 취하자 이를 거부하지 못했다.

금융거래 조회절차에 대해서도 감사인이 직접 조회하는 절차가 허술한 점을 이용했다. 금융거래 조회서를 감사인으로부터 직접 받아 조회사항을 회사가 직접 기입하고 마치 금융기관이 감사인에게 보낸 것처럼 조작하였다. 감사인의 감사절차상 허점은 여기에 머물지 않았다. 매출채권 조회도 직접 통제한 것이 아니었다. 채권채무 조회서의 확인 및 회수 절차를 사실상 회사에 모두 위탁해버렸다. 해외현지법인 주식가치 평가와 지급보증 등에 대해서도 회사의 주장을 의심없이 받아들였다.

SK글로벌 사건은 회사가 각종 결산서류를 위조하고 회계법인의 감사업무도 방해한 사건으로 요약할 수 있다. 회계법인과 은행, 증권사 등 금융기관도 SK글로벌의 분식회계와 관련된 업무처리를 방관하여 사실상 공범 역할을 한 것이라고 언론 기사는 덧붙였다.

감사인이 어떤 감사절차를 취하는지 알고 감사절차가 일정한 유형을 따르는 경우 회사는 감사인의 적발 없이 분식회계를 실행에 옮기기 쉽다. 감사인 또는 감사팀을 바꾸거나 감사절차를 주기적으로 바꾸는 것도 필요하다.

분식회계 기업의 특징 분석

많은 회계학자들이 분식회계 기업의 특징을 연구해왔다. 미국 인디애나대학교의 대니얼 베니시(Daniel Beneish) 교수는 미국증권거래위원회

(SEC)가 분식회계로 조치한 기업을 대상으로 1994년부터 1999년까지 5년간 이익조작기업의 재무변수 특징을 분석했다. 1994년 연구결과 이익조작기업들은 매출액과 매출채권이 증가하고 자산의 품질이 떨어져 재량적 발생액의 증가율이 높게 나타났다. 재량적 발생액이란 경영자가 임의로 또는 자의적으로 조정한 기업의 이익을 말한다. 예를 들어 물품을 판매하고 채권을 모두 회수한 기업의 이익은 재량적 발생액이 있다고 볼 수 없다. 그러나 외상매출금으로 남아 있는 경우에는 재량적 발생액이 의심된다. 거짓일 수도 있고 회수 불가능할 수도 있기 때문이다. 기업의 이익 중 재량적 발생액 비중이 적을수록 재무제표의 신뢰성은 증가한다는 것이 일반적인 견해다.

베니시 교수의 1997년 추가 연구결과에 의하면 외상매출 증가율, 총자산 대비 재량적 발생액 비율, 주가수익 비율, 현금매출 하락률에 큰 변동이 있는 경우 이익조작 개연성이 큰 것으로 나타났다. 1999년 연구결과에서는 이익조작기업의 경영진이 이익을 조직하면서 보유하고 있는 주식을 매각하고 주식옵션을 행사하는 것을 확인했다. 이는 경영자가 주식을 매매하고 있음을 알게 된 감사인은 이익조작 가능성을 염두에 두어야 한다는 것을 의미한다.

미국 캘리포니아대학교 퍼트리샤 M. 데초(Patricia M. Dechow) 교수 등은 이렇게 주장했다. "미국증권거래위원회가 분식회계로 조치한 기업들이 이익조작을 하는 가장 큰 동기는 이익조작을 통해 부채차입에 따른 제한 요건을 충족하도록 하여 차입비용을 절감하기 위한 것이다."

성균관대학교 경영학부 최관 교수와 백원선 교수도 1998년 베니시 교수와 비슷한 방식으로 금융감독원이 감리 결과 지적한 회사들의 재무적 특성을 연구하여 발표하였다. 연구결과 금융비용이 클수록, 과거 연도의 손익으로 처리했어야 하는 것을 그 이후의 손익으로 처리하는 전기손익수정손익이 클수록, 그리고 재량적 발생액이 클수록 이익을 조작하는 기업일 가능성이 높은 것으로 나타났다.

숙명여대 경영학부 박종성 교수는 재무적 특성에 비재무적 특성까지 추가하여 이익조작기업의 특징을 연구했다. 연구결과 기업의 부채비율이 높을수록, 재량적 발생액 비율이 높을수록, 계속감사기간이 짧을수록 이익조작을 할 가능성이 큰 것으로 나타났다.

이익조작과 기업 지배구조와의 상관관계도 연구되었다. 데초 교수 등의 1996년 연구결과 이익조작기업들은 최고경영자가 이사회에서 영향력이 컸을 뿐만 아니라 창업자인 경우가 많았고, 내부감사위원회가 대체로 없었다.

또한 노스캐롤라이나 주립대학교 마크 S. 비슬리(Mark S. Beasley) 교수는 1996년 분식회계 기업의 이사회 구성에 관한 연구결과를 발표하였다. 연구결과 사외이사의 비중이 높고 사외이사가 기업으로부터 독립성이 강할수록 그리고 독립적인 감사위원회가 활동하는 경우 이익조작 가능성이 낮은 것으로 나타났다. 지배구조상 최고경영자의 독단을 저지할 수 있는 구조가 갖추어진 경우 분식회계 가능성은 그만큼 줄어드는 것을 보여주는 결과다.

비슬리 교수와 동료 학자들은 1987년부터 1997년까지 SEC가 지적한 200개 분식회계 기업의 특성에 대해 연구했다. 분석결과 분식회계 기업은 대부분 회사 규모가 크지 않고 상장되어 있지 않으며 경영실적이 저조했다. 또한 분식회계 규모는 기업 규모에 비해 큰 편이고 여러 회계기간 동안 분식이 이루어졌다. 수익을 조기에 인식하거나 가공의 수익을 인식하는 방식이었다. 결과적으로 이익이 과대계상되었다.

성균관대학교 경영학부 최관 교수와 중앙대학교 경영대학 최국현 교수는 2003년 금융감독 당국이 감리 결과 지적한 국내기업의 특성을 분석하여 「회계부정기업의 특성에 관한 연구: 감리지적기업을 중심으로」라는 논문을 발표했다. 연구결과 지적기업들은 경영실적이 좋지 않고 현금흐름이 미미하며 재무구조가 취약했다. 이들은 대체로 이익을 조작했다. 또한 감리지적기업은 소액주주의 비율이 높으며 특수관계자와의 거래가 많았다. 그리고 감리결과 지적기업의 규모가 컸으며 순손익 대비 전기손익수정손익이 상대적으로 크고 중소형 회계법인에서 회계감사를 받는 경우가 많았다. 매출액순손익률이 1% 내에 있는 경우, 유동부채 대비 현금흐름 비율이 낮은 경우 매출액 대비 금융비용 비율이 낮은 경우, 감사인 변경이 있는 경우 감리지적 가능성이 큰 것으로 나타났다.

금융감독원에서 발표한 최근 분식회계 기업의 특징도 최관 교수 등의 분석과 큰 차이가 없다. 2012년 10월의 「분식회계 기업의 특징과 투자자 유의사항」에 따르면 금융감독원은 그 이전 3년 6개월간 분식회계로 제제를 받은 86개 상장법인의 주요 특징을 분석하였다. 분석결과 분식회계 기업은 취약한 재무구조, 지속적인 손실, 부실한 내부통제구조, 계속기업으로서 존속 불확실성 등의 특징을 보였으며 이후 상당수의 회사가 상장폐지되었다. 금융감독원은 회사의 경영 및 재무상태, 공시사항 등에 관심을 가지고 해당 기업이 분식회계 기업과 유사한 특징을 보이는 경우 신중한 투자 자세를 가질 것을 당부했다.

일반인이 재테크를 할 때 가장 접근하기 쉬운 방법은 주식투자다. 다른 투자 대안인 부동산은 투자 자금이 크고 원하는 시점에 바로 현금화하기 어렵기 때문이다. 반면 주식투자는 적은 돈으로도 가능하다. 하지만 거기에는 많은 위험이 도사리고 있다.

투자대상 기업이 분식회계를 통해 경영실적이 좋아 보이게 포장했을 수도 있다. 또한 주가는 경기를 반영하여 등락을 보이고 투자시점이 좋지 않을 경우 일정 시점에서 큰 손실을 보기도 한다.

그렇지만 주식투자는 좋은 재산증식 방법이 될 수 있다. 투자종목과 관련하여 몇 가지만 주의하면 손실보다 장기적으로 이익을 볼 수 있다. 어떤 종목이 좋다는 주위의 소문에 의존하지 않고 객관적으로 평가하면 일반인들도 투자종목을 선별해낼 수 있다.

워런 버핏과 같은 뛰어난 투자자의 조언들을 종합하여 생각해보면 투자대상 종목은 소수 기업으로 수렴될 것이다. 일반인이 분식회계 기업이나 위험한 회사를 사전에 알기는 어렵지만, 위험을 최소화하기 위해 몇 가지 평가지표를 활용할 수 있다.

경영진 또는 지배주주의 성실성

회사의 경영진 또는 지배주주가 도덕적으로 문제가 있다면 그 회사가 어떤 사업을 운영하든 현재 시장에서 어떤 위치에 있든 투자대상으로 적절하지 않다. 일반인들이 이를 판별하기는 쉽지 않지만 금융감독원 전자공시시스템을 통해 상장회사의 경영진 또는 대표이사에게 배임 횡령 등의 혐의가 있었는지를 살펴볼 수 있다. 학력과 경력도 확인할 수 있다. 인터넷에서 회사 상호 또는 지배주주의 이름으로 검색하여 구설수에 올랐는지 확인하여 성실성을 가늠해볼 수도 있다.

경영실적 또는 재무실적

전자공시시스템을 보면 상장회사의 연도별 재무실적을 확인할 수 있다. 자산, 부채, 자기자본, 매출액, 영업이익, 당기순이익, 연도별 배당액, 배당하지 않고 회사에 남겨둔 유보액(이익잉여금) 등 대부분의 경영실적을 볼 수 있다. 그러나 일반인들이 이것을 일일이 읽어보고 경영실적을 평가하기는 쉽지 않다. 그래서 이러한 경영실적을 평가하는 지표들이 개발되어 이용되고 있다.

인터넷 포털사이트는 전자공시시스템상 개별 회사의 재무제표 수치와 증권거래소의 주식거래 실적을 종합한 것을 토대로 투자관련 지표를 산출하여 보여준다. 투자와 관련하여 일반인들이 간단히 참고할 만한 지표는 매출액, 자기자본이익률(ROE), 유동비율, 영업이익률, 주당배당금, 외국인지분율 등을 들 수 있다. 단, 이 지표들은 분식회계가 없다는 전제하에 산출된 것이다.

우량 회사는 장기적인 관점에서 지속적으로 매출액이 증가하고 자기자본이익률이 크며 유동비율이 높다. 또한 영업이익률이 높고 주당배당금도 많으며 외국인 지분율도 크다. 이런 요건을 모두 충족하는 종목은 모두 주식가격이 높다. 대부분의 투자자들이 우량 회사를 선별하는데 거의 동일한 결론에 이르고 있음을 보여준다.

투자대상 기업이 속한 산업에 대한 이해

투자대상 종목을 선별할 때 해당 회사가 속한 산업의 특징을 고려해야 한다. 회사가 어떤 산업에 속하느냐에 따라 재무실적의 추이에 차이가 있으며 전체적인 경제상황에 영향을 받는 정도도 다르다. 예를 들어 사람들이 일상생활에 쓰는 제품을 생산하는 회사는 경기에 크게 영향을 받지 않는다. 이른바 소비재를 생산하는 회사들은 재무실적이 크게 변하지 않는 특징이 있다. 반면 선박제조업은 세계적인 경기변동에 민감하다. 경기가 후퇴하여 물품이 국가 간에 이동하는 빈도가 낮아지면 선박 운송업체들이 선박제조를 주문하지 않기 때문이다. 그래서 투자 종목을 선별할 때는 산업별 특성에 대해서 꼭 생각해보는 것이 좋다.

포트폴리오의 구성

세계적인 투자자들은 어느 한 종목에 집중해서 투자하기보다는 몇 개의 종목으로 분산할 것을 권유한다. 어느 회사가 아무리 실적이 좋았더라도 향후에도 그렇게 되리라는 보장은 없다. 투자자가 여러 근거에 의하여 향후 가능성을 확신해도 마찬가지다. 최소한 다섯 종목 이상에 분산투자할 것을 권유한다. 각 산업별로 투자대상 종목을 선별하는 것도 좋고 같은 산업에 속하는 우량 종목을 복수로 편입할 수도 있을 것이다. 워런 버핏은 소비재와 재보험 등 전통적인 산업을 운영하는 회사를 위주로 포트폴리오를 구성했다. 포트폴리오를 구성하는 것은 변화무쌍한 환경 속에서 투자자에게 좀 더 정신적 안정을 준다. 어느 종목은 잘나가는 반면 다른 종목은 주가가 하락하거나 현 상태를 유지하는데, 전반적인 투자가치는 크게 변하지 않는 경우가 많기 때문이다.

투자시점의 분산

투자대상 종목을 선별하고 나면 투자시점에 대해서도 고려해야 한다. 전문가들은 투자시점도 다양화할 것을 주문한다. 인터넷 포털사이트는 날마다 주가수익률(PER, 어느 상장사의 주가를 직전 사업연도 주당순이익으로 나눈 값) 지표를 제공한다. PER는 간단히 말해 해당종목의 주가가 주당순이익의 몇 배인지를 보여준다. 뛰어난 투자자 피터 린치는 자기자본이익률이 25%라고 했을 때 PER가 25 이하라면 그때를 투자시점으로 이용할 수 있다고 했다. 결론적으로 성공한 투자자들은 어느 시점에 주가가 저가라고 판단되더라도 특정 시점에 투자금액을 모두 투자하기보다는 여러 시점에 나누어 투자할 것을 권한다.

투자기간

주식에 투자하여 단기간에 일확천금을 노리는 것은 위험하다. 그것은 도박과 같은 위험을 내포한다. 투자에 임할 때는 해당 회사의 사업을 다른 주주들과 함께 경영한다는 자세가 필요하다. 어느 사업가도 단기간에 사업을 일구는 경우는 흔하지 않다. 명망 있는 사업가가 회사를 설립하고 어느 수준까지 올리는 데는 평생이 걸린다. 주식투자는 이런 사업가의 역량에 편승하는 것이다. 좀 더 구체적으로 말하면 사업가가 성공가도에 들어선 시점에 합류하는 것이다. 물론 회계정보가 투명하다는 전제하에서 가능한 얘기다.

포트폴리오의 변화

몇 개 회사 주식에 분산투자를 하더라도 각 종목별 수익률은 시간이 지남에 따라 다르게 나타난다. 어느 시점에 잘나가던 종목이 이후 하락하는 경우도 흔하다. 오랫동안 제자리걸음을 하던 종목이 갑자기 폭등할 수도 있다. 워런 버핏은 40년 이상 주식투자를 하며 투자판단이 잘못되었다고 확인되는 경우에만 과감하게 해당 기업 주식을 처분했다.

대개의 투자자는 매우 한정된 자금으로 투자에 나서므로 언젠가는 일부 종목을 처분해야 하는 시점이 온다. 이런 경우 어느 종목을 팔아야 할까? 어떤 투자자는 그동안 수익률이 좋았던 종목을 판다. 그러나 그보다는 수익률이 저조한 종목을 팔아야 한다는 것이 정설이다. 빗대어 설명하면 FC바르셀로나 구단은 리오넬 메시가 다른 구단에서 뛰도록 선수에 대한 권리를 넘겨주지는 않을 것이다.

3장

IMF 외환위기 이후
우리의 현실

실패 그 자체로는 치명적이지 않다.
하지만 변화하지 못하는 것은 치명적일 수 있다.
존 우든[4]

IMF 외환위기 이후 우리나라는 회계투명성 강화를 위해 부단히 노력했다. 회계기준을 국제적 수준으로 개정하기 위한 작업을 쉬지 않았다. 선진국보다 먼저 국제회계기준(IFRS)을 도입하기로 결정한 것도 그 일환이었다. 회계감독 제도의 하나로 미국의 제도를 차용하여 회계법인 등 감사인에 대한 품질감리 제도도 도입하였다. 이는 수많은 조치 중 일부에 불과하다. 그렇다면 우리나라의 회계투명성은 어느 정도 수준에 도달해 있을까? 안타깝게도 우리나라의 회계투명성은 여전히 국가적 선결과제로 남아 있다. 아직도 우리의 회계투명성 수준이 미흡하다는 근거들은 쉽게 찾을 수 있다.

---

4   미국의 농구선수와 감독으로 경이적인 기록을 세운 신화적인 인물이다. 1910~2010.

IMF 외환위기의 충격 후에도 분식회계는 계속된다

1997년 한국경제는 그 이전에 도저히 상상하지 못했던 상황을 맞이했다. IMF(국제통화기금) 구제금융 사태, 흔히들 IMF 시대라 부르는 당시 상황은 여러 요인이 복합적으로 작용한 결과였다. 대형 회사들을 포함한 기업들의 높은 부채비율, 은행을 비롯한 각종 금융기관의 도덕적 해이에 가까운 대출 관행, 동남아시아 개발도상국의 외환위기, 통찰력 없는 관치 금융, 금융감독 당국의 환경변화 대응 미숙 등이 주요 요인으로 지목되었다.

우리 정부가 IMF에 구제금융을 요청하게 된 이유는 대형 기업들의 분식회계 및 기업도산 건이 지속적으로 발표되었기 때문이라 해도 과언이 아니다. 당시 상황을 돌이켜보자. 1997년 1월 23일 한보철강이, 3월 20일 삼미그룹이, 4월 23일 진로그룹이 부도를 맞았다. 외국인이 국내기업 주식을 대량으로 매도하면서 주가가 하락하는 등 금융시장이 불안해졌다. 그 대책으로 정부는 그해 5월 2일 외국인의 종목당 주식보유 한도를 기존의 20%에서 23%로 올렸다.

이후에도 기업도산 소식은 계속되었다. 5월 20일 대농그룹, 6월 2일 한신공영그룹, 7월 15일 기아자동차그룹 등이 부도처리되거나 사실상 부도 상황을 맞이했다. 8월 15일부터 8월 30일까지 정부는 종합금융사에 대한 외화자금 3억 달러 이상 긴급지원, 금융시장 안정 및 대외신인도 제고 대책, 무역 관련 자본자유화 폭 확대조치, 증시 안정대책 등을 연속으로 발표했다. 이는 불안해진 금융시장을 안정시키기 위한 것이었다. 10월 15일 쌍방울그룹이, 10월 16일 태영정밀이 부도처리되었다.

이런 와중에 타이의 바트화, 인도네시아의 루피아화 등이 폭락하면서 국내외 금융시장은 더욱 불안정한 상황이 되었다. 10월 23일에는 홍콩 증시가 폭락했다. 10월 24일에는 미국 스탠더드앤드푸어스(S&P)가, 10월 27일에는 미국 무디스가 우리나라 국가신용등급을 한 단계씩 하향 조정했다. 10월 28일에는 미국 다우존스지수가 7.2% 폭락한 영향으로 우리나라의 종합주가지수(KOSPI)는 500선 이하로 떨어졌다.

대형 기업이 연쇄 도산하고, 환율이 폭등하고, 주가가 폭락하는 상황은 지속적인 외화유출로 이어졌다. 우리나라 외환보유액이 20억 달러에 불과하다는 소식이 국내외에 알려지자 정부는 대안이 없어 IMF에 20억 달러를 지원해줄 것을 요청했다. 당시 우리나라 실제 외환보유액은 39억 달러였던 것으로 알려졌다. IMF는 우리나라에 여러 차례에 걸쳐 195억 달러를 지원했고 우리나라는 국가부도 사태를 면했다.

IMF 시대는 앞서 말한 것처럼 여러 요인이 복합된 것이었다. 대형 회사의 분식회세 및 도산 소식이 연속되면서 사회가 불안해지고 금융시장이 동요했다. 한국경제가 그동안 겪어보지 못한 충격이었다. 하지만 분식회계에 의한 사회불안과 금융시장의 요동은 여기에서 끝나지 않았다. 분식회계 사건은 이후에도 계속 적발되고 언론에 공개되면서 이전과 같은 부작용을 보여주었다.

IMF로부터 구제금융을 받은 후 금융시장이 안정화되어갈 무렵인 1999년 4월 19일, 대우그룹은 그룹 구조조정계획을 발표하였다. 대우그룹 사태는 쉽게 진정되지 않았다. 대우그룹 분식회계설이 시장에 나돌기 시작했다. 사실 그보다 훨씬 이전부터 회계처리에 여러 문제가 있다는 이야기가 시장에 돌았다. 대우그룹은 대형 기업으로 경제에 미치는 영향이 너무 커서 회계법인도 감사절차 및 의견표명에 대범하지 못했던 것으로 나중에 알려졌다. 1999년 7월 23일 대우그룹 유동성 위기설로 인해 주가지수가 71.70포인트(하락률 7.34%) 내린 904.96까지 폭락했다. 8월 12일 대우그룹 구조조정 추진에 따른 금융시장의 불안을 최소화하기 위해 정부는 투자신탁사가 보유 중이던 수익증권 환매안을 마련하여 시행하는 조치를 발표했다. 8월 26일 대우그룹은 워크아웃을 개시하였다.

22조 원 규모의 대우그룹 분식회계 사태를 경험한 정부는 2001년 초 분식회계와의 전쟁을 선포했다. 이는 정부가 회계법인들로 하여금 전보다 강화된 감사절차를 수행하게 하여 경제 전반에 걸쳐 회계투명성을 강화하려는 의도였다. 그러나 한쪽에서는 이런 상황에서 감사인이 감사절차를 엄격하게 수행하여 기업들에 대해 적정의견이 아닌 한정의견이나 부적정의견 또는 의견거절을 표명할 경우 금융시장에 극심한 경색을 불러올 수도 있다는 우려도 있었다.

감사의견에는 앞서 언급한 4가지가 있다. 적정의견이 아닌 3가지를 비적정의견이라고도 한다. 적정의견은 재무제표가 기업회계기준에 따라 적절히 작성된 경우에, 한정의견은 재무제표의 일부를 감사하지 못하였으나 중요하지 않다고 판단되는 경우와 재무제표가 기업회계기준을 위반하여 작성되었으나 그다지 중요하지 않다고 판단되는 경우에, 부적정의견은 재무제표가 기업회계기준을 크게 위반하여 작성된 경우에 표명된다. 마지막으로 의견거절은 재무제표에 대한 감사를 제대로 실시하지 못한 경우, 감사인이 감사와 관련하여 독립성을 유지하지 못한 경우, 그리고 회사가 조만간 망할 가능성이 있다고 판단하는 경우에 표명된다.

당시 금융감독 당국은 깐깐한 회계감사로 적정의견이 아닌 부적정의 견 또는 의견거절 비율이 2001년의 경우 최소 10%를 넘을 것으로 예상했다. 실제 적정의견이 아닌 것은 대상회사 1,081개사 중 72개사로 6.6%였다. 그 전 해인 2000년에는 그 비율이 2~3%를 넘지 않았다. 감사의견이 부적정의견 또는 의견거절인 경우 해당 기업은 자금 융통이 거의 불가능해진다. 금융기관이 신규 대출을 하지 않는 데다, 자본시장에서 회사채를 발행하고 싶어도 투자자를 찾을 수 없으며, 주식시장에서 유상증자 자금을 모집할 수 없기 때문이다. 이것은 상장법인의 경우 심하면 상장폐지를 불러올 수도 있다. 회계법인이 기업에 사형선고와 다름없는 감사의견을 내놓은 경우 자본시장 자체가 얼어붙게 될 가능성이 크다. 심각한 경우 언론을 통해 이런 상황이 알려지면 사회가 어수선해진다. 물론 회계감사 관행이 좀 더 개선되고 자본시장이 더 발전할 수 있는 계기라는 긍정적 측면이 있는 것도 사실이다. 자금시장의 발전을 위해 한 번은 겪어야 할 난관이자 자금유통의 선순환구조를 만들어나가는 과정으로 이해할 수 있다.

그러나 이러한 회계투명성 개선을 위한 노력에도 불구하고 분식회계는 계속되었다. SK글로벌 사태가 터진 것이다. IMF 시대를 국민이 합심하여 극복했다고 자화자찬하고 있을 무렵이었다. 당시 SK그룹은 재계 서열 3위였다. 금융시장은 더 이상의 분식회계 사건은 없을 것처럼 안심하고 있었다. 분식 규모는 1조 5천억 원이었다. 2003년 3월 13일 검찰이 수사결과를 발표하자 3년 만기 국고채 금리는 5.4%로 상승하였고, 원달러 환율도 1,254원까지 급등했다. 투자신탁협회는 환매사태 긴급대책회의 후 정부에 콜금리 인하 등을 요구했다. 한국은행은 금융시장이 안정되도록 2조 원 상당의 환매조건부채권을 매입하고, 필요한 경우 투신사가 보유하고 있던 국채도 인수하겠다고 발표했다. 당일에만 2조 원가량이 금융시장에서 유출되었다. SK그룹 3개 대형사의 주가하락 기여도가 42.4%를 차지할 정도로 SK글로벌 사태가 금융시장에 미치는 영향은 지대했다.

2014년 10월에는 로봇청소기 등 가전제품을 제작, 판매해온 중견가전업체 모뉴엘이 저지른 대규모의 회계부정, 금융사기 및 횡령 사건이 드러났다. 2013년 매출 1조 원을 기록했다고 발표했으나 조사결과 실제 매출액은 300억 원에 불과하고 나머지는 모두 장부조작으로 밝혀져 충격을 주었다. 또한 그 기업이 설립된 2004년 이후 허위 수출된 액수가 3조 원이 넘고, 은행이 물린 돈만 7천억 원에 가까운 것으로 드러났다. 이 사건은 《한국경제신문》이 보도한 뒤 관세청과 검찰이 수사에 나서고야 전모가 밝혀졌다. 모뉴엘은 은행 실사 때 수출 규모를 늘려 만기 대출을 갚기 위해 위장 수출입을 반복했다. 모뉴엘 회계부정은 수출금융을 취급하는 금융기관들이 수출기업의 재무제표와 경영진을 믿지 못하는 사회적 분위기를 만들었다. 수출입과 관련된 금융제도를 처음부터 다시 생각하게 만들 만큼 그 여파가 강력했다.

대규모 회계 스캔들이 미국경제에 끼친 영향

기업의 분식회계가 사회와 금융시장에 끼치는 영향은 어느 나라에서나 비슷하게 나타난다. 2001년 10월말 엔론의 15억 달러 분식회계가 발표된 후 미국에서는 거의 매월 회계 스캔들이 발생했다. 통신사 글로벌 크로싱, 케이블회사 아델피아, 방화보안업체 타이코인터내셔널, 에너지 회사 듀크에너지와 다이너지 등이 그들이다. 금융시장은 동요했다. 타이코인터내셔널이 분식회계 소문에 휩싸인 후 주가가 42% 하락했고 다른 기업의 경우도 비슷한 주가하락 패턴을 보였다.

2002년 후반기에는 미국 대표기업들로 회계 스캔들이 확산되었다. 미국 2대 통신업체 월드컴은 사상 최대인 38억 달러, 제록스는 19억 달러 이상의 분식회계가 이루어진 것으로 발표되었다. 2002년 월드컴의 분식회계 발표 이후 미국경제에 대한 신뢰감이 저하되며, 국내외 금융시장의 불안이 고조되었다. 제너럴모터스(GM)도 분식회계 의혹으로 증권거래가 일시 중단되었고 영국의 BBC 등 여러 언론이 제너럴일렉트릭(GE)의 분식회계 의혹을 제기했다.

분식회계 의혹으로 미국 금융시장의 동요는 지속되었다. 분식회계에 따른 미국기업의 신뢰성 저하, 증시 버블 잠재, 쌍둥이 적자(경상수지와 재정수지의 적자) 발생 등으로 미국 증시상황은 지속적으로 악화되었다. 당시 경상수지 적자 규모가 위험수준인 국내총생산(GDP)의 5%에 이르렀고 미국은 5년 만에 처음으로 재정수지도 적자를 경험했다. 기업 부실이 확대되고 금융기관의 수익성과 안정성이 악화되면서 기업은 자금조달에 어려움을 겪고 있었다.

국제자본이 미국 금융시장에서 이탈하면서 달러화가 약세를 면치 못했다. 2002년 들어 대미 주식 순투자 규모와 미국국채 투자가 급격히 감소하면서 미국으로의 자본유입 정도가 둔화되었다. 이와 같이 국제

자본이 재편되고 국제적인 금융기관들이 보수적으로 자금을 관리하면서 신흥시장의 외환위기가 확대될 가능성이 언급되었다. 알제리와 터키가 이미 외환위기에 처해 있었으며, 브라질도 IMF에 구제금융을 요청했고, 필리핀도 불안한 상황으로 보도되었다.

이런 상황과 관련하여 2002년 6월 28일 조지 소로스는 영국 BBC 방송과의 인터뷰에서 미국경제가 신뢰를 잃으면서 달러화는 약세를 지속할 것으로 예상했다. 또한 미국의 소비감소는 주가하락을 부채질할 것이며 달러화 추가 약세는 세계경제에 악영향을 주고 특히 일본과 브라질이 크게 타격을 입을 것으로 전망했다.

더 나아가 분식회계는 미국경제 회복을 지연할 것으로 예상되었다. 증시침체와 신용경색으로 미국기업들의 투자, 특히 과거 미국경제의 성장엔진이었던 IT부문의 설비투자가 부진해져 경기회복의 속도와 폭에 영향을 미칠 것으로 전망되었다. 당시 상당수 투자은행들은 미국의 2002년 하반기 성장률을 당초 전망 대비 0.5~1.7%p 하향 조정하여 2.5~4.2%로 전망했다.

분식회계가 발견되어 공표될 때마다 사회는 불안해지고 금융시장은 동요했다. 국내외 금융시장에서 이는 공통된 현상이다. 상황이 악화되어 금융시장의 불안이 실물경제를 위축시키는 현상, 즉 더블딥(Double Dip)까지 나아간다면 아주 심각한 사태가 된다.

IMF 외환위기 이후 바뀐 회계제도

우리나라는 IMF로부터 구제금융을 받으면서, 그리고 세계은행으로부터 차관을 도입하면서 많은 경제제도를 개선하지 않으면 안 되었다. 제도개선이 구제금융의 요건이었기 때문이다. 그중 하나로 우리나라 회계제도 투명성 강화를 위한 조치가 포함되었다. 이러한 조치들은 광범위하게 진행되었다. 중요한 의미를 가지는 것으로 평가받는 몇 가지만 살펴보자.

회계처리기준의 정비

기업회계기준은 기업회계와 회계감사에 통일성과 객관성을 부여할 목적으로 제정한 회계원칙이다. 기존의 기업회계기준은 넓은 의미에서 기준, 준칙, 예규 등을 포함했다. 기준은 기업회계기준, 건설업회계처리기준, 리스회계처리기준 등이었으나 기업회계기준은 회계기준의 최상위 것으로 남고 나머지 2개의 업종별회계처리‘기준’은 업종별회계처리 ‘준칙’으로 개정되었다. 예규는 대폭 정비되어 해석으로 변경했다.

이후 금융감독위원회는 IMF, 세계은행, 그리고 1998년 초 설립된 회계기준 특별위원회의 의견을 전폭적으로 반영하여 1998년 12월 기업회계기준을 개정하였다. 주요 취지는 개정 기업회계처리기준은 최대한 국제회계기준과 동일하게 함으로써 재무공시 투명화를 통해 유용한 회계정보를 시장에 공급한다는 것이었다. 기업회계처리기준을 국제적 수준으로 끌어올린 것이라는 평가가 있었다.

IMF의 요구사항에 기업집단의 결합재무제표 공시가 포함되어 있었다. 이에 따라 여러 절차를 거쳐 증권선물위원회는 1998년 10월 결합재무제표준칙을 제정하였다. 1999년부터 관련 기업집단은 결합재무제표를 작성하여 공시했다. 1999 회계연도에는 17개 기업집단이, 2000 회계연도에는 13개 기업집단이 결합재무제표를 작성했다. 이른바 각 재벌의 재무상태와 경영실적을 공시하여 불투명한 경영상태를 해소할 것이라는 기대가 있었다. 그렇지만 그 실질적인 효과는 미흡한 것으로 평가되었다. 결국 2012 회계연도부터 결합재무제표 작성의무는 폐지되었다.

금융업회계처리도 변화를 맞이했다. 당시 금융업회계는 감독 당국의 편의에 따라 운용되고 있어 각 금융기관은 나름대로 재무제표를 작성하여 각자 다른 방식으로 경영상태를 보여주고 있었다. 일반투자자들이 이해하기 쉽도록 준칙 개정권한을 가진 증권선물위원회가 이를 개정했다. 기업회계기준 개정 취지에 따라 1998년 은행, 증권, 보험업에 대한 회계처리준칙을 제정했다. 1999년에는 종합금융업과 증권투자신탁업 회계처리준칙과 상호신용금고업 회계처리준칙을 제정했다.

이후 IMF 그리고 세계은행과의 협약에 따라 1999년 민간 회계기준 제정기구인 한국회계연구원이 출범했다. 한국회계연구원은 내부기구인 회계기준위원회를 통해 회계기준을 제정하고 개정하고 해석하며 기준에 관한 질의회신을 담당했다. 그리고 준거로 국제회계기준을 대부분 그대로 수용하되 일부는 수정해서 사용하거나 필요한 경우 독자적으로 제정하는 방식을 취했다. 회계기준 체제는 기준서, 해석서, 기준적용 사례로 재편되었다. 기준서 등은 기존의 법조문 형식에서 보고서 형식의 문단으로 전환되었다.

2011년부터는 국제회계기준이 본격적으로 도입되었다. 이때부터 상장사, 저축은행을 제외한 대부분의 금융기관은 이를 적용해왔다. 국제회계기준을 도입하기로 한 것은 그간의 회계기준 개정에도 불구하고 회계 스캔들이 계속 발생하여 회계투명성이 낮게 평가되는 문제를 획기적으로 개선하기 위해서였다. 실제로 국제회계기준의 본격 도입은 미국과 일본을 제외한 선진국보다도 빠른 것이었다. 미국은 현재까지 국제회계기준을 도입하지 않았으며 일본은 2017년 이후 도입을 고려하는 상황이다. 일본 금융청이 국제회계기준 도입을 의무화하지 않은 이유는 일본 회사들이 미국 소재 자회사가 많고 이들은 대부분 미국 회계처리기준을 따라야 하기 때문이다.

이와 같이 계속해서 회계처리기준을 국제적인 수준으로 개정한 것은 이에 따라 국내 회계정보도 개선될 것이라는 기대 때문이었다. 그러나 이런 회계처리기준 개정에도 불구하고 거의 매년 대형 회계 스캔들이 금융시장을 뒤흔들었다. 아무리 좋은 회계기준을 도입한다 하더라도 결국 그 회계정보의 품질은 운영에 좌우되는 것이다.

회계투명성을 개선하기 위한 지배구조 개선

기업의 분식회계에 대한 동기를 불식시키기 위한 법 개정도 추진되었다. 1998년 12월 개정상법에는 소액주주의 권한을 강화하기 위한 조치가 포함되었다. 첫째, 지분을 합하여 3% 이상인 단체 주주는 주주총회 의안을 이사에게 제안할 수 있도록 했다. 둘째, 마찬가지로 지분율 3% 이상을 모은 단체 주주는 1주마다 선임할 이사의 수만큼 의결권을 갖되 집중투표할 수 있도록 했다. 셋째, 소수주주권 행사요건을 기존의

5%에서 1%로 완화하였다. 넷째, 이사에게는 법령과 정관에 따라 회사의 이익을 위한 충실의무를 명시했다.

1999년 12월 개정상법은 이사회 내에 2인 이상으로 구성된 각종 위원회를 설치하도록 했고 감사위원회 제도를 도입하여 기존의 감사 또는 감사위원회를 선택적으로 운영할 수 있도록 했다. 감사위원회는 3인 이상으로 구성하되 3분의 2는 사외이사로 구성하도록 했다. 대형 증권사, 은행, 자산 2조 원 이상인 대형 상장법인은 관련법에 따라 감사위원회를 의무적으로 설치하도록 하였다. 감사위원회는 이사회의 활동을 효율적으로 감시할 수 있도록 미국의 감사위원회 제도를 일부 수용한 것이다.

2001년 8월 제정된 기업구조조정촉진법은 금융기관 신용공여액이 500억 원 이상인 기업과 주식회사의 외부감사에 관한 법률(외감법) 적용기업은 회계장부의 작성, 보고 및 변경 등에 관한 내부회계관리제도를 마련하여 운용하도록 의무화했다. 당초 한시적으로 적용하기로 했다가 관련 내용을 2003년 외감법으로 이관하여 항구적인 법으로 변경하였다. 내부회계관리자는 운용실태를 이사회와 감사에게 보고해야 하며 외부감사인은 운용실태 등을 평가하여 감사보고서에 표시하도록 했다.

감사인의 책임 강화

2001년 부실감사를 예방하기 위해 감사인에 대한 처벌과 책임을 강화하는 조치가 따랐다. 첫째, 감사인 등이 부정하게 금품을 수수한 경우 3년 이하의 징역 또는 3천만 원의 이하의 벌금에 처하도록 벌칙이 강화되었다. 이때 받은 경제적 이익의 다섯 배가 3천만 원을 초과하는 경우 그 다섯 배 금액까지 벌금형에 처하도록 했다. 둘째, 회계법인 또는 공인회계사가 감사 또는 증명을 중대한 과실로 부실하게 한 경우 회계법인은 과징금 5억 원, 공인회계사는 1억 원까지 과징금이 부과될 수 있도록 공인회계사법이 개정되었다. 셋째, 회사 또는 감사인이 외감법을 위반하는 경우 증권선물위원회는 그 위반사실을 3년까지 공시할 수 있도록 했다. 넷째, 회계법인의 손해배상공동기금 연간적립액을 감사보수 총액의 4%로 1%p 올리고 적립총액은 직전 3년간 감사보수 총액의 20%로 5%p 상향하였다.

―――

감사인력 부족 타개를 위한 회계사 선발인원 확대

회계사 선발인원도 늘리기 시작했다. IMF 구제금융 이후 기업경영의 투명성 개선과 금융기관의 건전성 강화를 위해 회계사가 많이 필요하다는 논의가 있었다. 1995년 선발인원은 280명 정도였으나 이후 2000년까지 점차적으로 숫자가 꾸준히 증가했다. 2001년부터 연간 회계사 선발인원 1,000명 시대를 맞이했다. 2000년 말 공인회계사 중 개업한 회계사는 3,925명으로 이는 등록회계사 5,309명의 약 74% 수준이다. 그러나 기장업무 등에 집중하고 있는 회계사를 제외할 경우 실제 외부감사를 수행하는 회계사는 3,925명보다 적었다.

―――

사베인-옥슬리법의 영향

미국 정부와 의회는 엔론, 월드컴 등의 분식회계 사건을 계기로 상장회사와 그 감사인에 대한 규제강화를 통해 회계투명성을 개선하기로 하고 이를 위해 2002년 7월 사베인-옥슬리법(Sarbanes-Oxley Act)을 제정하였다. 우리나라를 비롯하여 많은 국가들이 이 법을 상당부분 이어받았다. 먼저 이사회, 대표이사, 감사위원회(위원)의 책임을 강화하는 차원에서 대표이사와 재무담당임원이 사업보고서 등의 공시 서류에 직접 인증을 하도록 했다. 회사의 주요 주주와 임원에 대해서는 금전대여 등 일체의 경제적 이익을 제공하는 것을 금지했고 감사위원회의 임원 중 1인 이상은 회계전문가나 재무전문가로 자격을 제한했다.

외부감사의 공정성과 책임을 강화하기 위한 조치도 취했다. 회계법인 등이 제공하는 비감사 서비스로서 외부감사와 양립하기 어려운 것은 제공할 수 없도록 금지하였다. 첫째, 회계기록과 재무제표의 작성, 둘째, 내부감사업무의 대행, 셋째, 재무정보체계의 구축, 넷째, 재무제표의 감사 또는 증명업무와 이해상충의 소지가 있는 것.

감사조서 보존기한을 8년으로 하고 그것의 훼손을 방지하기 위해 이를 위반한 경우 관련자에 대해서는 5년 이하의 징역 또는 3천만 원 이하의 벌금에 처하도록 벌칙을 강화했다.

상장법인 등에 대해서는 6년마다 감사인을 교체하도록 규정했다. 이는 감사인의 독립성을 강화하여 회계투명성을 개선할 수 있는 것으로 판단하여 도입되었으나 2009년 폐지되었다. 강제교체 제도가 회계투명성을 개선하기보다 회계감사 저가수임 경쟁을 야기한다고 판단되었기 때문이다.

또한 준비기간을 거쳐 2007년 회계법인에 대한 품질감리제도를 도입했다. 당초 미국의 품질감리제도 수준으로 도입하려고 하였으나 국내 회계법인이 전반적으로 감당할 수 없다는 판단에 따라 많이 '약화'

된 형태로 도입되었다. 현재는 금융감독 당국이 중대형 회계법인을 상대로 회계법인의 감사품질 유지를 위한 제도화 정도 및 그 운영상태를 평가하고 필요하다고 판단되는 경우 개선을 요구하는 정도에서 그치고 있다.

이 외에도 다음 쪽의 표에 나오는 것처럼 회계투명성과 기업지배구조 개선을 위한 다각도의 제도 개선작업이 이루어졌다. 그러나 회계처리기준을 포함한 회계제도 개선이 얼마나 회계투명성 제고에 기여하였는가에 대한 평가는 그리 긍정적이지 않다.

국제경영개발원(IMD)과 세계경제포럼(WEF)에서는 해마다 각국의 회계투명성을 평가하여 발표한다. IMD는 세계적으로 권위를 인정받고 있는 사립 경영대학원으로 비영리로 운영되며 경영학 석사과정, 최고경영자과정 등의 프로그램이 있다. 1989년부터 해마다 세계 각국의 국가경쟁력을 종합 평가해 순위를 발표하고 있다. 그리고 WEF는 유명 기업가, 경제학자, 언론인, 정치인 등이 세계경제 상황과 미래 등에 대해 토론하고 연구하는 국제민간회의다. 독립적 비영리재단으로서 본부는 스위스 제네바에 있으며 다보스 포럼이라 부르기도 한다. '세계경제 올림픽'이라고 불릴 정도로 그 권위와 영향력이 막강하다. 유엔 비정부 자문기구로 활동하고 세계무역기구(WTO)와 서방선진 7개국(G7) 회담 등에도 영향력이 있다. 이런 국제기관인 IMD와 WEF의 2015년 기준 우리나라 회계투명성 평가는 평가대상국 중 최하위 수준이었다. 제도 개선에도 불구하고 크고 작은 회계 스캔들이 지속적으로 발생했기 때문이다.

전문가들은 여러 관점에서 그 원인을 분석하고 연구했다. 회계투명

시기	회계처리기준	외감법	상법/ 공인회계사법	기타
'98.1	회계처리기준 제정권 증권관리위원회 → 금융감독위원회로 이관.			
'98.10	결합재무제표기준 제정 ('99.1 시행, '12.1 폐지)			
'98.12	회계처리기준 전면 개정, 은행·증권·보험 회계처리준칙 제정	부정금품 수수 감사인 벌칙 강화[징역 2년 → 3년, 벌금 1천만 원 → 최대(3천만 원, 경제적 이익 5배)], 상장회사와 결합대상 계열사에 대한 감사인선임위원회 의무화	(상법) 1% 이상 주의 이사에 대한 주주총회 의안제안권 도입, 집중투표제 선택권, 소수주주대표소송권 5% → 1%, 이사의 충실의무	
'99.3	종합금융업·증권투자신탁업 회계처리준칙 제정		'99. (공인회계사법) 감사보수규정 폐지	
'99.6	상호신용금고업 회계처리준칙 제정, 회계연구원 출범			
			'99.12 (상법) 감사위원회(3인 이상 이사, 2/3 사외이사) 제도 채택권 도입, 이사회 내에 2인 이상의 각종 위원회 도입	'99 (증권거래법) 부실공시 과징금 도입 상한 5억 원
				'00. 3 (증권거래법) 부실공시 과징금 상한 5억 원→ 20억 원
'00.7	회계처리기준 제정권을 회계기준원에 위탁			

		'01 부실회계감사 사실 3년 이내 공시, 코스닥상장법인에 대해서도 감사인선임위원회 설치 의무화, 코스닥상장법인 감사계약 3년 의무화, 6년(상장법인 4년) 계속감사 이사 교체제, 3년 계속감사팀 소속 회계사 2/3 의무 교체제	'01. (공인회계사법) 중대 부실감사 과징금 법인 5억 원, 회계사 1억 원, '01. (공인회계사법) 손해배상공동기금 적립액 증가 3% → 4%, '01. (공인회계사법) 감사인 교체시 감사위원회 진술권 및 증권선물위원회 보고제, '01.6 (공인회계사법) 지분 있는 회사와 지분을 감사보수로 받게 될 회사에 대한 감사 금지	'01.8 (기업구조조정촉진법) 내부회계관리제도 도입,
		'03.12 내부회계관리제도 이관 및 내부회계관리제도운영 검토의견을 감사보고서 표명하도록 규정, 상장법인 등은 6개 사업연도까지만 동일 감사인 감사할 수 있으나 일부 외국인투자기업 외 외국상장법인은 예외 인정, 감사조서 보존기간 8년, 부정행위 신고자에 대한 징계 등 감면과 회사의 불이익 대우 금지 규정	'03.12 (공인회계사법) 컨설팅업무 제한(회계기록과 재무제표의 작성, 내부감사업무의 대행, 재무정보체제의 구축, 기타 이해상충 업무)	'03.12 (증권거래법) 공시 서류에 대표이사 등의 확인 및 서명 의무화, 상장 업무집행 지시자에 대한 손해배상책임 부과, 회계(재무) 전문가 1인 이상 감사위원 선임 규정, 미공개보 이용 불공정거래 증권사 영업정지권 명시, 일부 임원 보수 기재, 내부제보자 신분보호 불이익금지 포상 등 규정, 상장법인 등의 임원에 대한 금전대여 등 금지
				'04 회계 증권 관련 집단소송제 도입
		'05.5 부정행위신고자를 불이익 대우한 회사 등의 연대책임 규정, 부정행위신고자에 대한 포상금 지급 규정, 비상장사에 대한 내부회계관리제도 2년간 유예		

'07.11	회계처리기준을 28개 기준서로 대체			
		'08.3 감사인의 잘못과 원고가 입은 손해의 인과관계 입증책임을 원고가 회사와 금융기관인 경우 원고가 부담		
		'09.2 감사인의무 교체제도 폐지, 결합재무제표 폐지 결정, 자산 1천억원 미만 비상장사에 대한 내부회계관리제도 제외, 감사인의 감사계약 해지권 신설	'09.2 (상법) 주주총회 및 감사인 선임 청구를 위한 소수주주권 완화(3% → 1.5%), 집중투표청구권을 완화하되 3% 초과분은 의결권 부인, 사외이사 선임 의무화, 상장사 상근감사 또는 감사위원회(대형사) 설치 의무화, 감사위원 선임시 3% 초과분은 의결권 부인	
			'10.5 (상법) 전자투표제 선택권 도입	
'11.1	국제회계처리기준 전면 도입			
				'13.5 (자본시장법) 임원 보수 공개
		'13.12 분식회계에 대한 조치대상으로 업무집행 지시자 포함, 고의 없는 감사인의 손해배상책임을 법원의 책임비율로 제한, 대표이사 등에 대한 벌칙 강화		'14.1 (자본시장법) 고의 없는 감사인의 손해배상책임을 법원의 책임 비율로 제한

		'14.12 직무제한규정 위반 감사인에 대한 감사계약 해지권 규정, 지정감사인의 지정기간 직후 사업연도 감사에 대한 자유수임 제한, 감사인 원·시간 등 감사보고서 첨부 의무 규정	
			'16.3 (자본시장법) 사업보고서에 상위 5인의 임원 보수 기재 (2년 유예)

성 증진을 위해 회계기준 외에 회계제도 개선방법이 다양하게 제안되었다. 그 내용은 감사인 지정 확대, 감사보수 최저한도 설정, 변형된 자유수임제, 기입과 감사인, 경영신의 책임 강화 등이다.

한편, 수주산업 회계투명성이 2015년 전후 문제가 되었다. 금융감독 당국은 관련 제도 개선을 추진했다. 수주산업 건설회계지침과 핵심감사제 도입을 위한 회계감사 실무지침을 마련했다. 수주산업 공시기준을 회사들이 이해하기 쉽게 개선했다. 또한 분식회계에 따른 복수의 공시위반에 대해 각 공시행위별로 과징금을 합산하여 부과하는 것으로 개정하여 2016년 하반기부터 시행하고 있다. 분식회계, 부실감사와 관련하여 회사의 감사 또는 감사위원, 회계법인의 중간감독자에 대한 조치기준을 강화하여 이것도 2016년 하반기부터 적용하고 있다. 금융감독 당국은 분식회계에 대한 내부고발 활성화를 위해 포상금 한도를 현행 1억 원에서 10억 원으로 확대하는 것을 추진 중이다.

그러나 시행중인 제도와 시행 예정인 제도가 회계투명성 개선에 얼마나 기여할지는 두고 볼 일이다.

감사인의 도덕적 해이

2016년 5월말 회계업계가 발칵 뒤집어졌다. 일반인들도 놀랐다. 최은영 한진해운 전 회장이 삼일회계법인 안경태 회장과 전화 통화 후 보유 중이던 한진해운 주식을 모두 팔아치웠다는 뉴스 때문이었다. 서울남부지검 증권범죄합동단속반은 최 전 회장과 안 회장의 통화 내역을 확인한 것으로 보도되었다. 검찰은 다음과 같이 발표했다. "최 전 회장은 안 회장과 통화 후 바로 직원에게 '보유 중이던 주식을 매각하라'는 의미의 메시지를 보냈다." 검찰은 안 회장이 최 전 회장에게 삼일회계법인이 진행 중이던 한진해운 예비실사 결과를 미리 알려준 혐의로 조사할 계획인 것으로 보도되었다. 조사결과는 명확하게 알려지지 않았다. 하지만 공인회계사의 기본적 윤리가 완전히 무너졌다는 여론이 들끓었다. 그럴 만도 한 것이 삼일회계법인은 국내 최대 회계법인으로 경제적 영향력이 막강하기 때문이다.

공인회계사라는 직업의 가장 중요한 책임은 공익을 보호해야 한다는 것이다. 공익이라는 대의를 지키기 위한 강령으로 한국공인회계사회는 다섯 가지 강령을 정했다. 성실, 공정, 전문가적 적격성과 정당한 주의 의무, 비밀유지 그리고 전문가적 품위가 그것이다. 모두 중요한 강령이다. 공인회계사가 업무를 수행함에 있어서 최근에 문제가 된 것은 바로 공정과 비밀유지 부분이다.

공정성은 공인회계사가 편견이나 이해의 상충 또는 타인의 부당한 압력 때문에 전문가적 판단을 그르쳐서는 안 된다는 것을 의미한다. 다르게 표현하면 공정성은 "공인회계사는 인증 업무, 즉 외부 회계감사 또는 가치평가 업무 수행시 독립성을 유지해야 한다"는 것이다.

비밀유지는 다음과 같이 해석된다. "공인회계사가 직무를 수행하는 과정에서 지득한 정보에 대하여 비밀을 지켜야 하며 법적으로 공개할 권리나 의무가 있는 경우 이외에는 타당하고 구체적인 이유 없이 제3자에게 누설해서는 안 된다. 또한 공인회계사는 직무를 수행하는 과정에서 지득한 기밀정보를 본인 또는 제3자의 개인적 이익을 위해 사용해서는 안 된다."

공인회계사가 업무를 수행하면서 의뢰인에게 경제적으로 예속되는 경우는 현실에서 얼마든지 발생할 수 있다. 공인회계사가 업무수행 후 받는 수수료가 의뢰인으로부터 나오기 때문이다. 회계업계는 공인회계사가 의뢰인으로부터 경제적으로 독립할 수 있도록 노력하고 있다고 주장한다. 그럼에도 세간의 의혹은 지속되고 있다. 계속해서 대형 회계 스캔들이 터지고 있기 때문이다.

금융감독원이 2015년 실시한 설문조사 결과 외부감사 기능의 독립성 부문에서는 회계사와 학계는 전년 대비 개선되었다고 평가했으나 기업은 다소 낮게 평가했다. 구체적으로 독립성은 7점 만점에 전년도 대비 0.13점 상승한 4.25점을 기록했다. 설문조사는 금융감독원이 2015년 10월 12일부터 30일까지 기업 대표이사, 공인회계사, 회계학자 등 총 1

만 2,612명을 대상으로 실시했다. 전체 응답률은 7.4%로 총 932명이 회신하였다. 각각 기업 대표이사 35.8%, 공인회계사 2.3%, 회계학 교수 3.8%가 설문조사에 응답했다.

금융감독원은 2014년 12월에도 거의 동일한 방식으로 설문조사를 실시한 바 있다. 대상은 회계업무를 직접 수행 관리하는 상장기업 최고경영자(CEO), 최고재무책임자(CFO) 등의 경영진 2,081명, 외부감사 업무를 수행하는 공인회계사 8,388명, 회계학교수 등 학계 1,900명 등 총 1만 2,369명이었다. 설문 요청에 대해 기업 CEO 등 310명(응답률 14.9%), 공인회계사 291명(응답률 3.5%), 학계 73명(응답률 3.8%) 등 총 674명이 회신하여 전체 응답률은 5.4%였다. 독립성 평가 평균점수는 4.12였으며 부문별로 기업 5.12, 공인회계사 3.66, 학계 3.59였다.

독립성과 전문성에 대해 일반인들이 거는 기대는 상당히 크다. 다음은 인천대학교 이준섭 교수의 논문 「감사인의 피감사회사에 대한 부실감사 책임」에 언급된 내용이다. "1987년 영국에서 실시된 설문조사에서 회계전문가를 포함한 일반인의 75%가 감사인이 모든 형태의 부정행위를 밝혀낼 책임이 있다고 생각하는 것으로 조사된 바 있고, 일반인의 61%는 감사인이 부정행위를 적극적으로 찾아낼 책무가 존재한다고 믿는 것으로 나타났다."

이러한 기본적 인식이 깔려 있는 상황에서 회계 스캔들이 발생할 경우 극단적인 반응이 나타나기도 한다. 예를 들면 '을의 입장에 있는 회계법인이 갑인 회사의 요구에 따라 맞춤형 감사를 해주고 지속적으로 일감을 확보하는 검은 상부상조 체계가 바로 회계법인과 회사의 관계'라는 의견이다. 회계 스캔들은 도덕적 해이의 한 종류로서 '분식회계는 기업이 비자금을 조성하기 위한 불법적 행위이고 부실감사는 감사계약 수임을 위한 불가피한 선택'이라는 시각도 존재한다.

비밀유지와 관련한 최근의 부정적 사례는 앞에 언급한 한진해운 외에도 더 있다. 미공개정보 이용 과정에 연루된 다수의 공인회계사를 적발한 사례다. 금융위원회는 2015년 8월 회계감사업무를 수행하는 과정에서 알게 된 상장법인 영업실적정보를 장기간에 걸쳐 서로 공유하여 주식매매 등에 이용한 대형 회계법인 소속 회계사 9명을 수사기관에 고발하거나 수사하도록 관련 사실을 통보했다고 발표했다. 공인회계사법과 주식회사의 외부감사에 관한 법률이 정한 독립성 기준에 따라 임원인 공인회계사는 자기 법인이 회계감사하는 모든 회사의 주식을, 일반 회계사는 소속 감사반이 감사하는 기업의 주식을 거래해서는 안 된다. 이후 검찰은 관련 자료를 넘겨받아 바로 수사에 착수하였다. 주식 불공정거래 조사 중 처음으로 압수와 수색 등 강제조사권을 활용하여 휴대폰 등 정보저장매체에 대해 디지털 포렌식 기법으로 조사했다.

수사결과는 2015년 11월 발표되었다. 검찰은 이 사건을 대형 회계법인 소속 회계사들이 회계감사 과정에서 알게 된 미공개 실적정보를 누설하고 이를 이용하여 주식거래를 한 '금융 전문 직역의 구조적 비리'라 칭했다. 검찰은 32명을 적발하여 형사조치했다. 조치 내용은 주식거래 부당이익이 약 1억 원 이상인 회계사 2명을 구속기소하고, 이익이 그 이하인 4명은 불구속기소, 7명은 약식기소였다. 검찰은 자본주의의 파수꾼 역할을 해야 할 회계사들이 사적인 이익을 위해 공시 전 실적정보를 이용하여 주식매매를 하거나 감사정보를 누설한, 전문가 집단의 도덕적 해이를 확인한 사건이라고 말했다.

금융감독원은 2015년 8월 이후 회계업계의 도덕적 해이 수준을 파악하고 관련 조치를 위해 상장회사를 감사하는 모든 회계법인은 자체적으로 소속 회계사의 주식투자 현황을 전면 점검하도록 했다. 이와 함께 금융감독원과 한국공인회계사회는 회계법인 소속 임직원의 주식투자 관련 내부통제 시스템에 대한 테마감리를 실시했다.

감리 실시 후 증권선물위원회는 2016년 3월 주식회사의 외부감사에 관한 법률을 위반하여 사원 및 소속 공인회계사가 주식을 소유한 회사의 재무제표에 대한 감사업무를 수행한 삼정회계법인 등 12개 회계법인에 대하여 손해배상공동기금 추가적립, 당해회사 감사업무 제한 등의 조치를 했다. 해당 회계법인 소속 공인회계사에 대해서는 직무정지 건의, 주권상장·지정회사 감사업무 제한, 당해회사 감사업무 제한 등의 조치를 했다.

2016년 6월에도 공인회계사의 도덕적 해이 사례가 발표되었다. 금융위원회는 한국공인회계사회가 중소형 회계법인들을 상대로 실시한 특별감리 결과 공인회계사 5명이 소속 법인이 감사하는 상장회사 주식을 매매한 사실을 적발했다. 5명이 근무하고 있는 5개 회계법인이 해당 상장회사 감사를 하지 못하도록 조치하고 감사보수의 10~20%에 해당하는 금액을 손해배상공동기금에 출연토록 했다.

공인회계사는 공정하고 성실하게 직무를 수행해야 하며, 독립성을 유지해야 한다. 공인회계사는 그 품위를 손상하는 행위를 해서는 안 된다. 이것은 공인회계사법 제15조의 내용이다. 그럼에도 최근 일부 회계법인과 공인회계사들은 직업적 윤리로부터 일탈하여 사회적으로 많은 비난을 받았다. 소속 임직원의 독립성 유지에 필요한 회계법인의 내부통제제도 설계와 운용이 미흡했기 때문이다. 공인회계사의 불공정거래 관여 및 독립성 위반 사례는 회계투명성 개선 정도를 평가하는 데 악영향을 미치게 된다.

투자자들은 기업의 회계정보를 전반적으로 불신한다

영국의 신학자 겸 철학자로서 근대과학의 선구자로 평가되는 로저 베이컨(1214-1294)은 이렇게 말했다. "누가 만일 신뢰를 상실했다면 과연 그가 의지하고 살 수 있는 것이 무엇이겠는가?"

재무제표의 신뢰성은 투자판단의 기초다. 공시된 재무제표를 믿을 수 없다면 투자자들은 해당 회사에 대해 투자 적합 여부를 판단할 근거가 없다. 그래서 투자자의 투자 유인을 저해할 수 있다. 투자 판단의 핵심요소는 믿을 수 있는 재무제표이므로 각 국가는 재무제표의 신뢰성을 높이기 위해 다양한 조치를 취하고 있다. 미국 금융감독 당국이 엔론 사태 이후 회계법인에 대한 규제를 강화했는데 이것은 자본시장에 대한 불신을 해소하기 위한 조치였다.

대우조선해양의 5조 원대 분식회계가 알려지면서 재무제표를 믿은 투자자의 불안이 다시 커졌다. 한국 자본시장에서 투자자들의 재무제표 신뢰 정도는 어떻게 변해왔을까? IMF 시대 이전에는 분식회계 행위나 재무제표의 불신 정도가 지금처럼 심각하지 않았다. 경제 전반의 성장률이 높아 분식회계가 발생하더라고 이를 불식시킬 정도로 경제가 흔들리지 않고 유지될 수 있었기 때문이다.

그 이후 상황이 많이 바뀌었다. IMF로부터 구제금융을 받은 후 많은 기업들이 도산하거나 분식회계 혐의로 조사를 받으면서 사라져갔다. 그러나 한국기업 재무제표에 대한 불신이 한국경제에 부정적 요소로 자리 잡아 아직까지도 사라지지 않고 있다. 금융감독원으로 대표되는 금융감독 당국은 이를 바로잡기 위해 회계제도를 개선했고 회계업계도 노력했다. 그럼에도 재무제표에 대한 불신이 크게 개선되지 않는 상황이 계속되었다. 재무제표에 대한 부정적 인식은 잊을 만하면 보도되는 분식회계 사건에 크게 영향을 받는다. 특히 일반투자자들 사이에서는 분식회계 사건이 반복되면서 부정적 인식이 더 강화되는 경향이 있다.

재무제표에 대한 부정적 인식의 추이를 살펴보자. 한국공인회계사회 창립 50주년을 기념하여 2004년 연세대학교 경영대학 주인기 명예교수와 성균관대학교 경영학부 최관 교수는 공인회계사와 상장법인 회계담당자, 증권전문가, 규제기관, 법조계, 학생 등 832명을 대상으로 회계정보 신뢰도에 대한 설문조사를 실시했다. 조사결과 우리나라 기업의 회계정보 투명성이 부족하다는 견해는 45.7%였고 투명하다는 견해는 12.4%에 불과했다.

내용을 좀 더 구체적으로 보면, 법조계 인사 69.8%는 투명성이 부족하다는 견해를 보였는데 설문대상 그룹 중 불신도가 가장 높았다. 교수는 66.7%, 학생은 52.3%로 과반이 부정적 견해를 보였으나 공인회계사와 상장법인은 각각 27.8%, 14.5%가 회계정보를 불신했다. 업계 종사자는 어느 정도 회계정보를 믿을 만한 것으로 보았음을 알 수 있다.

IMF 외환위기 이전과 비교할 때 재무제표의 신뢰수준이 향상되었다고 보느냐는 질문에 '더 신뢰한다'는 답변이 평균 90%였다. 공인회계사는 96.5%가, 법조계는 66.0%가 긍정적으로 답변했다.

투자자로서 공인회계사의 감사보고서를 투자정보로 믿고 이용하겠다고 답변한 경우는 평균 61.2%였다. 그룹별로 공인회계사는 73.7%가, 법조계는 41.5%가 감사보고서에 근거하여 투자판단을 하겠다고 답변했다.

또한 우리나라 기업회계의 신뢰성을 높이는 데 공인회계사가 기여했다고 응답한 비율은 전체 44.9%에 불과하였다. 이중 법조계 인사는 26.4%, 공인회계사는 82.7%가 기여했다고 답변해 설문 그룹별로 인식차이가 나타났다.

금융감독원은 2013년 10월 29일부터 11월 12일까지 2주간 우리나라 기업의 회계투명성에 대한 평가와 관련하여 상장회사 경영진, 공인회계사, 회계학교수 등 509명을 대상으로 설문조사를 진행했다. 여기서 회계투명성이란 기업들이 재무제표를 작성하고 공시할 때 회계처리기준을 준수하는 정도와 외부감사인이 감사업무를 수행함에 있어 피감사회사로부터 실질적으로 독립성을 견지하고 회계감사기준을 준수하는 정도를 말한다.

조사결과 우리나라 기업의 회계투명성 수준에 대한 평가는 총 7점 만점에 평균 4.04점으로 다소 미흡한 수준을 보였다. 기업 CEO, CFO 등은 5.11점으로 다소 높게 평가하였으나 학계는 3.76점, 공인회계사는 3.25점으로 보통 이하로 평가하여 인식에 차이가 있었다. 저평가 응답자들은 그 이유로 회계정보의 충실한 공시에 대한 경영자의 의식수준이 낮고, 기업의 지배구조가 효과적으로 작동하지 않으며, 외부감사기능이 제대로 작동하지 않기 때문이라고 답변했다.

응답자들은 우리나라의 회계투명성이 2000년대 중반 이후 지속적으로 향상되고 있다는 점에 대해서는 4.80으로 평가하여 전반적으로 동의하였다. 설문 그룹별로는 경영진은 5.56, 감사인은 4.11, 회계학계는 4.74로 평가하였다. 2013년 금융감독원 설문 조사결과는 기업은 자신에 대해서는 우호적으로, 공인회계사는 부정적으로 평가한 것으로 요약된다.

금융감독원은 2014년 말과 2015년 말에도 회계투명성에 대한 설문 조사를 같은 방식으로 실시하였다. 결과는 2013년 조사결과와 비교하여 개선된 것이 별로 없었다. 회계투명성 점수는 2014년 3.91점, 2015년 4.22점이었다. 기업측은 우호적으로 평가하였으나 공인회계사들은 부정적으로 평가했다. 저평가 이유도 2013년과 큰 차이가 없었다. 회계투명성 정도는 관행 또는 문화의 일부처럼 쉽게 변하지 않았다.

제19대 국회정무위원회에서 활동한 김기식 전 국회의원은 정무위원회 저승사자라고 불릴 만큼 우리나라 회계투명성 현황에 대해 정통한 것으로 알려져 있다. 국회의원으로 활동하면서 다양한 제도개선 사항을 제안하였다. 그는 2016년 6월《조선일보》와의 인터뷰에서 이렇게 말했다. "회계 및 감사업무와 신용평가업무를 바로 세워야 자본시장이 제대로 돌아갑니다. 두 분야가 망가지면 재무제표를 아무도 믿지 않고, 투자시장이 도박판이 됩니다. 도박판에서 어떻게 건전한 투자가 이뤄지고 기업이 자금을 조달하겠습니까." 이는 회계정보 신뢰성에 대한 투자자의 평가를 꼬집어 말한 것이다.

중앙대학교 황인태 교수는 2015년 7월 제34대 한국회계학회장으로 취임하면서《머니투데이》와의 인터뷰에서 다음과 같이 말했다. "회계하는 사람들은 회계가 중요하다고 생각하는데 사회구성원들은 그렇게 생각하지 않고 있어 인식의 차이가 크다. 회계가 제대로 대우받으려면 사회 전반적으로 투명한 사회에 대한 갈망이 있어야 한다. 하지만 아직 우리 사회는 그렇지 못한 것 같다." 그의 의견은 우리나라에는 회계투명성에 대한 사회적 요구가 아직 크지 않다는 평가였다. 회계투명성에 대한 요구수준이 낮으면 그 개선이 더뎌지고 회계정보에 대한 불신이 만연하게 되는 것은 당연하다.

금융감독원은 2013년에 상장법인 61개사 등 105개사의 재무제표와 감사보고서 감리를 시행한 결과 55개 회사에서 기업회계기준을 위반했다고 발표했다. 감리대상 회사의 절반가량이 회계처리기준을 위반한 것으로 조치한 것이다. 이에 대해 2014년 2월 《미디어펜》은 "'못믿을 회계법인'…작년 전체 감사보고서 중 절반이 '엉터리'"라고 보도했다. 금융감독원은 적정의견이 표명된 재무제표를 대상으로 감리를 실시하고 회계처리기준과 회계감사기준을 위반한 경우에 한정하여 조치하고 있다. 과반이 넘은 회사가 조치를 받았다고 하면 적정의견 감사보고서를 어느 정도나 신뢰할 수 있을까.

2016년 7월 《아시아경제》는 2002개사 상장법인의 2015 회계연도 감사의견에 대한 금융감독원의 분석결과에 대해 다음과 같이 평가했다. "국내 상장법인 99.4%가 2015 회계연도 재무제표에 대해 회계법인으로부터 '적정'의견을 받았다. 상장법인에 대한 외부감사를 담당하는 국내 회계법인이 분식회계를 적발하지 못하고 '적정'의견을 남발한 것으로 풀이된다. 2000곳이 넘는 상장법인 중 불과 12곳만 '적정의견'을 받지 못한 것으로 나타나면서 회계법인의 감사의견에 대한 신뢰도에 의문이 제기되고 있다." 일부 언론사만 회계투명성에 대해 부정적인 평가를 하고 있다고 단정하기는 어렵다. 대우조선해양 등 대형 회계 스캔들에 연루된 회사들조차 모두 적정의견 감사보고서를 받았다. 어처구니없는 상황이다.

이러한 상황은 회계정보에 대한 맹목적인 불신으로 이어질 수 있는 문제점을 내포하고 있다. 우리나라 감사보고서와 회계정보에 대한 불신은 국내뿐만 아니라 국제적으로도 문제가 되고 있다. 공시되는 재무제표를 투자자들이 믿지 못하면 결국 투자자들은 공시된 것이 아닌 내부자정보를 찾는다. 그런 경우 자본시장은 와해될 수 있다.

여전히 세계 하위권인 국가 회계투명성 지수

회계 스캔들이 발표될 때마다 언론에 언급되는 것이 있다. 이런 문제가 여러 국제기구가 발표하는 국가경쟁력 지수를 낮추는 요인이라는 것이다. 회계학자, 언론인, 정치인 등은 회계 스캔들이 터질 때마다 하루 빨리 회계시스템을 선진화할 방법을 찾지 않으면 안 된다고 주장한다. 그렇다면 매년 발표되는 우리나라 회계투명성 지수는 어느 정도일까?

해외에서 평가되는 우리나라 회계투명성 또는 회계신뢰성 정도는 앞서 언급했던 IMD와 WEF가 매년 세계 각국의 회계투명성 수준을 평가하여 발표하는 내용을 통해 확인할 수 있다. 2013년 IMD와 WEF가 발표한 우리나라 회계투명성 순위는 각각 58위, 91위였다. 2015년 IMD가 발표한 우리나라 회계감사의 적절성 부분 평가 순위는 61개국 중 60위였고 WEF 발표에서 우리나라 점수는 7점 만점에 4.5점으로 총 140여 국가 중 72위를 기록했다.

IMD와 WEF 평가에서 경제규모는 우리보다 작지만, 회계투명성 지수는 우리보다 높게 나타난 국가가 많았다. 우리나라가 세계 10위권 내외 경제규모로 성장했다고 자랑하기에는 민망할 정도였다. 2016년 IMD 평가에서는 더 낮아져 61개국 중 최하위로 추락했다. 많은 사람들이 황당하다고 했지만, 이것이 우리나라의 회계투명성 수준의 현주소다. 물론 설문조사로 평가했기에 적정성에 의문을 제기할 수 있다. 그러나 이런 회계불투명성이 언제 개선될지 모르는 상황이기에 더 암담하다.

평가 내용을 구체적으로 살펴보자. IMD의 국가경쟁력 평가는 크게 경제성과, 정부 효율성, 기업 효율성, 인프라 4개 부문에서 이루어지는데 각 평가부문에는 5개의 중간평가 항목이 있다. 기업 효율성 평가 시 경영관행이라는 중간평가 항목에 소평가 항목으로 회계투명성을 설문조사하여 반영한다. 설문조사 질문은 "기업회계와 감사관행이 적절히 실행되는가?"이다. 이에 대한 답변을 종합해서 순위를 정한다.

최근 5년간 우리나라의 회계투명성 지수 순위

구분	2012	2013	2014	2015	2016
회계투명성 순위	41	58	59	60	61
국가경쟁력 순위	22	22	26	25	29
대상 국가수	59	60	60	61	61

(출처 : IMD, 기획재정부)

WEF 역시 매년 여러 부문에 대해 연구보고서를 발표하는데 그중 우리가 주목해야 할 것은 세계경쟁력보고서(The Global Competitiveness Report)다. 회계투명성 순위를 포함하고 있기 때문이다. 세계경쟁력보고서의 평가부문은 크게 세 가지로 기본요인, 효율성 증진, 혁신 및 성숙도로 구성되어 있다. 기본요인은 중간평가 항목으로 제도, 인프라, 거시경제 환경, 보건 및 초등교육을 포함하고 세부평가지표는 전체 45가지다. 효율성 증진은 중간평가 항목으로 고등교육 및 훈련, 상품시장 효율성, 노동시장 효율성, 금융시장 성숙도, 기술 수용성, 시장규모로 구성되고 세부평가지표는 전체 51가지다. 혁신 및 성숙도는 중간평가 항목 2가지로 기업성숙도와 혁신으로 구성되며 전체 세부평가지표는 16가지다. 혁신 및 성숙도 세부평가지표 중에 우리가 확인할 회계투명성 지수가 포함되어 있다.

설문조사 질문은 '기업 회계 및 공시기준의 성숙도는 어느 정도인가?'이다. 답변을 점수화하여 각국의 순위를 정하는 것은 IMD와 다른 것이 없다. WEF가 발표한 우리나라의 국가경쟁력은 전체 140여 국가 중 2007~2008년 13위, 2008~2009년 13위, 2009~2010년 19위, 2010~2011년 22위, 2014~2015년 26위였다. 또한 세계경쟁력 보고서의 세부평가지표에 포함된 회계투명성 지수를 보면 우리나라는 2015년 회계투명성 순위가 전년도 84위에서 12등급 개선되어 72위가 되었다. 우리 경제의 세계적 위상에 비해 초라할 정도의 회계투명성 순위를 보여주었다. 경제협력개발기구(OECD) 회원국으로서 당시 수출규모 세계 7위였던 것과는 매우 대조적인 결과였다.

IMD와 WEF가 매년 발표하는 우리나라의 회계투명성 순위는 경제규모, 수출입 물량, 과학기술의 발달 정도 등과 비교해볼 때 어울리지 않는다고 회계업계 종사자들은 주장한다. 하지만 설문조사에 응하는 사람들은 우리나라 회계의 현주소를 비교적 자세히 알고 있다. 따라서 단순히 설문조사 결과가 사실과 다르다고 주장할 수만은 없는 일이다.

회계투명성 지수와 순위에 민감할 수밖에 없는 한국공인회계사회는 매년 발표되는 회계투명성 순위가 제대로 평가된 것이 아니라고 주장한다. 최근 5년여 동안 회계투명성 지수를 자체 평가하여 발표하기도 했다. IMD 및 WEF와는 다르게 평가항목을 10개로 구분하고 이를 전체적으로 종합하는 방식으로 평가했다. 2014년 1분기에 한국공인회계사회는 자체 평가한 결과 회계투명성 순위가 세계 31위라고 발표하고 IMD와 WEF에 앞으로 좀 더 주의 깊게 평가를 실시해달라는 서한을 보내기도 했다. 그런데 2014년 한국공인회계사회 자체평가 순위 31위도 우리나라의 국제적 위상과는 한참 차이가 난다.

두 국제기관의 우리나라 회계투명성 순위가 개선되지 못하는 이유는 회계투명성이 좋아지고 있다고 평가할 만하면 대형 회계 스캔들이 터지는 과거 이력과 무관하지 않다. 설문조사 참가자들은 대형 회계 스캔들 언론보도에 영향을 받아 답변하기 때문이다.

최근 발생한 대형 회계 스캔들 몇 개를 시간순으로 살펴보자. IMD 회계투명성 순위가 2013년부터 악화된 것은 이와 무관하지 않다.

2013년에는 동양그룹의 회계 스캔들이 알려졌다. 계열사인 동양증권 등이 자금난을 회피하기 위해 분식회계를 한 것으로 밝혀졌다. 기업어음이 개인투자자들에게 판매되었는데 손실규모는 1조 7천억 원가량 되는 것으로 알려졌다.

2014년에는 여러 건의 분식회계 사건이 터졌다. 먼저 대우건설의 분식회계 스캔들이 일어났다. 2015년 9월 대우건설 분식규모는 3,900억 원이라고 금융위원회는 발표했다. 회사는 과징금 20억 원, 대표이사는 과징금 1천만 원의 조치를 받았다. 2014년 9월에는 모뉴엘이 법원에 법정관리를 신청하면서 분식회계 의혹이 일었다. 모뉴엘은 2007년부터 2012년까지 가공매출, 가공자산 등을 계상하는 방법으로 분식회계를 저질렀다. 법정관리 신청 당시 금융권 피해금액은 3조 2억 원이었다. 대형 회계 스캔들이었다. 2014년부터 드러나기 시작했던 STX조선해양의 분식회계는 2016년 2월 공표되었다. 2008년부터 2012년까지 5년 동안 매출과 자산을 과대계상하여 외화 관련 손실을 숨긴 것으로 드러났다. 회계부정 금액은 2조 원대였다.

대우조선해양은 2015년 반기말 결산 시 영업손실 3조 399억 원을 발표했다. 바로 분식회계 의혹이 제기되었다. 주식시장도 크게 동요했다. 대우조선해양 주가는 하루 만에 30% 정도 폭락했다. 투자자들은 손해배상소송을 제기했다. 2015년 결산시 대우조선해양은 전기 재무제표를 재작성하는 등 분식회계 규모가 2013년 9,253억 원, 2014년 8,960억 원이라고 발표했다. 2015년 당기순손실이 3조 3,067억 원이라고 공시했다. 앞서 말한 것처럼 회계투명성 평가 설문조사를 진행할 때 응답자는 이러한 회계 스캔들을 무시하고 응할 수 없다.

회계투명성 지수와 상당히 관련성이 높은 부패인식지수(Corruption Perceptions Index, CPI)라는 것이 있다. 독일에 본부를 두고 있는 국제투명성기구(Transparency International)가 매년 160여 국가의 청렴도 인식에 관한 순위를 매겨 발표하는 것으로 이 지표를 통해 국가별로 공무원과 정치인의 부패 정도가 어느 정도 수준인지 확인할 수 있다. 분식회계를 통해 조성한 자금이 기업의 연명을 위한 수단으로 공직자에게 지급되어 처벌받는 사례가 계속될수록 부패인식지수에 악영향을 미치는 것은 당연하다. 국제투명성기구가 평가한 우리나라의 부패지수는 2011년 37위, 2012년 38위, 2013년 39위, 2014년 38위, 2015년 37위였다. 2015년 순위는 OECD 회원국 34개국 중 27위에 해당하는 것으로 최하위권을 맴돌고 있는 실정이다. 이런 순위는 1995년 발표가 시작된 이후 거의 변화가 없는 것으로 실질적인 개선이 없었다고 봐야 할 것이다.

국제투명성기구 한국지부인 한국투명성기구는 2016년 5월 국내기업 투명성 부문에 대한 평가결과를 발표했다. 한국기업은 이 부문에서 글로벌 스탠더드와는 거리가 멀었다. 국제투명성기구 기준에 맞춰 매출 상위 50개 회사 중 '매우 좋음' 수준에 해당되는 회사는 하나도 없었다. 1위 기업은 한국전력공사로서 '좋음' 수준으로 100점 만점에 67점이었다. 포스코 60점, LG디스플레이 57점, SK이노베이션과 에쓰오일이 54점으로 뒤를 이었다.

최근까지 발표된 회계투명성 수준과 부패인식지수는 일반 국민이 평가하는 수준과는 다를 수도 있다. 그러나 이는 엄연한 현실이다. 기업의 분식회계가 너무 자주 벌어지는 탓에 일반인들이 그것에 무뎌진 것일 수도 있다. 정부와 사회단체, 학자들은 회계투명성 지수 향상을 위해 여러 대안을 제시했다. 그러나 언제 회계투명성 지수가 선진국 수준으로 개선될지 예측하기는 어렵다. 분식회계는 이미 우리의 문화 일부로 굳어진 것이 아닐까 하는 우려를 떨칠 수 없다.

4장

회계부정의 덫에 걸린 한국경제

정부 또는 법은 공적자금을 보호해야 한다. 공적자금이 보호된다는 것은
자금이 낭비되거나 경제적 실패가 되풀이되지 않도록
효율적으로 이용됨을 의미한다.
이를 위해 책임 있는 자를 국가가 처벌하지 않으면 안 된다.
존 보스코 은쿰우뉴[5]

어느 기업이 회계부정을 저지른 경우 일단 해당 기업의 문제로만 치부해버리기 쉽다. 해당 기업에 대한 주식투자자들은 주식가격이 하락할까 걱정할 것이다. 채권을 가진 사람들은 받을 돈을 받지 못할까 노심초사하게 된다. 대형 회사가 그렇다면 피해를 보는 이해관계자가 더 늘어날 것이다. 기업과 직접적인 이해관계가 없는 사람들은 대부분 무심하고 무감각하다. 자기에게 아무런 불이익이 없다고 생각하기 때문이다. 그러나 실질을 따져보면 그렇지 않다.

---

5   현재의 아프리카 콩고공화국에서 태어나 철학, 가톨릭 신학, 경제학을 공부하고 미국 코넬
     대에서 경제학을 연구하였다. 2017년 콩고공화국의 대통령에 입후보할 계획이라고 알려져
     있다.

회계부정은 결국 국민 부담으로 이어진다

회계 스캔들에 기업이 말려들면 당장 주가가 폭락해 유상증자를 통해 자금을 끌어들일 수 없다. 언제 사라질지 모르는 회사의 주식을 누가 사겠는가? 마찬가지로 어느 금융기관도 자금을 지원하려고 하지 않는다. 투자한들 회수가능성이 불확실하기 때문에 합리적인 투자자라면 해당 기업에 자금을 지원하지 않는다.

이런 경우 정부는 회사에 자금을 지원해서 살려내는 것이 국가경제에 도움이 되는지 검토하고 그렇다고 판단되면 금융의 최종 또한 최대 대부자로서 역할을 수행한다. 정부가 세금으로 모은 자금, 즉 공적자금을 투입하여 기업을 정상화시키는 것이다.

공적자금 투입과정은 이렇다. 정부는 시중은행, 예금보험공사, 산업은행 등에 대출이나 증자를 통해 자금을 투입한다. 시중은행 등은 정상화가 필요하다고 판단된 기업에 다시 대출이나 증자를 통해 그 자금을 지원한다. 지원한 자금은 해당 기업이 정상화되면 대출금을 상환받거나 취득한 지분을 처분하여 회수한다. 해당 기업이 정상화되지 못하면 대출금과 지분 관련 자금을 회수할 수 없다. 미회수 공적자금은 당초 정부의 세금에서 유래된 것이므로 결국 국민 부담이 된다. 정상화에 걸리는 시간은 산업과 기업의 특성에 따라 얼마든지 다양하게 나타난다.

회계 스캔들 이후 공적자금을 투입하여 기업경영을 정상화하는 경우는 그동안 여러 차례 있었다. 물론 투입한 공적자금이 회수되지 않고 결국엔 국민적 부담이 되어버린 경우도 많다.

먼저 IMF 시대를 되돌아보자. 당시 우리 경제는 유사 이래 최대의 위기를 맞았다. 한국경제에 대한 국제사회의 불신으로 환율이 폭등했다. 1996년 말 1달러당 845원이었던 것이 1998년 1월 9일에는 1,810원에 달했다. 외국인 투자자금이 급속히 빠져나가고 국내 금융기관이 해외 시장에서 자금을 차입할 수도 없었기 때문이다. 따라서 국내 금융기관이 국내 필요자금을 공급할 수 없었기 때문에 금리도 급등했다. 1996년 말 금리는 12.6%였으나 1997년 2월 23일에는 31.1%까지 올랐다. 이러한 심각한 자금경색으로 수출과 산업활동이 마비되었다. 기업들이 연쇄도산하여 실업자가 양산되는 등 실물경제가 그야말로 파탄지경이 되었다.

IMF 외환위기는 수십 년간의 고도성장 과정에서 누적된 경제비효율이 일시에 표면화되면서 나타난 것이라고 한다. 여기서 경제비효율은 분식회계로 가공된 재무제표를 이용하여 은행 등 금융기관으로부터 자금을 동원해서 경제성 없는 사업을 지속해온 상황을 포함한다. 정부는 신속하고 과감한 금융 구조조정이 없이는 당면한 경제위기를 돌파할 수 없다고 판단했다. IMF로부터 구제금융을 차입하는 조건은 가혹했으나 정부는 동의했다. 그러면서 국회의 동의 아래 공적자금을 조성했다. 이러한 대응방식은 금융위기에 직면했던 미국, 일본, 북유럽 3국, 중남미 등 세계 각국에 공통되었다.

조성된 공적자금은 금융 구조조정 과정에 따라 투입되었다. 지원 대상 금융기관은 일반은행, 종합금융사, 투자신탁사, 보험사, 금고, 신협 등을 포함한다. 누적기준으로 2001년 10월까지 150조 6천억 원, 2002년 6월까지 156조 7천억 원, 2005년 10월에는 167조 8천억 원에 이르렀다. 조성액은 2005년 10월 기준으로 예금보험공사가 109조 8천억 원, 자산관리공사가 39조 원, 정부 등이 19조 원을 부담한 것으로 나타났다. 회수금액은 2005년 10월 기준으로 예금보험공사가 29.3%인 32조 2천억 원, 자산관리공사가 91%인 35조 5천억 원, 그 외 공적자금은 42.6%인 8조 1천억 원이었다. 2001년 3월까지 금융소비자인 예금자 117만 명에게 18조 원의 예금이 지급되었다.

공적자금은 2008년 금융위기 때에도 조성되었다. 글로벌 경제위기로 일부 금융부문에 대한 구조조정이 필요하게 되자 이를 제대로 진행하기 위해 공적자금 6조 1,700억 원을 새로 조성했다.

정부는 2013년 8월 공적자금 투입금액과 회수금액을 발표했다(아래 표 참조). 공적자금은 IMF 외환위기 당시 조성된 자금을 공적자금Ⅰ로, 2008년 금융위기 당시 조성된 자금을 공적자금Ⅱ로 관리하고 있다. 공적자금Ⅰ은 168조 7천억 원을 투입하고 62.8%인 105조 9천억 원을 회수했다. 공적자금Ⅱ는 6조 1,700억 원을 투입하고 73.1%인 4조 5,100억 원을 회수했다. 회수되지 않은 공적자금은 대부분 국민적 부담으로

공적자금 투입 및 회수 현황

분류		지원자금	회수자금	회수율
공적자금 Ⅰ	예보채상환기금	110.89	50.56	45.59
	부실채권정리기금	39.22	48.09	122.63
	기타	18.59	7.25	39.00
	소계	168.7	105.9	62.77
공적자금 Ⅱ	구조조정기금	6.17	4.51	73.07
합계		174.87	110.41	63.13

(2013년 6월 말 기준, 단위 : 조 원, %)

남을 것이다.

공적자금 I 은 외환위기 및 그 직후 발생한 대우그룹 사태와 관련된 것이다. 외환위기를 주로 촉발한 사건은 한보철강과 기아자동차로 대표되나 다른 여러 건의 사건이 동시에 발생하여 공적자금 조성과 투입을 특정 기업과 연관시키기 어렵다. 이에 비해 대우그룹 사태는 일정 시간이 지나 발생한 사건으로 관련된 공적자금을 특정하기 어렵지 않다. 따라서 대우그룹 사태에 따른 공적자금 부담 경과를 살펴보면 다른 공적자금 투입 사례도 가늠해볼 수 있을 것이다.

대우그룹은 창립주 김우중의 세계경영 이념 아래 1990년대 줄기차게 차입금을 이용하여 해외 사업장 확장을 추진하였다. 1997년 말 기준 대우그룹 종업원의 3분의 2가 해외 인력이었다. 해외 사업장도 현지법인 372곳을 포함, 총 590여 곳에 달했다. 그러나 김우중이 야심차게 추진했던 세계경영의 꿈은 실패로 끝났다. 대우그룹은 단기차입 자금을 이용하여 수익성이 불확실한 동유럽에 집중투자를 지속했는데 그 투자는 해외 공장인수 또는 해외법인 인수가 많았다. 수익이 충분히 발생하기까지는 상당한 시일이 필요했다. 따라서 유동성 부족 사태가 언제 터질지 몰랐다.

대우그룹은 이를 모면하기 위해 분식회계를 선택했다. 금융기관으로부터 자금을 지속적으로 차입하기 위해 자산이 양호하고 유동성이 충분하며 이익이 발생하는 것으로 재무제표를 조작했다. 그러나 대우그룹의 유동성 위기 소문이 지속적으로 언론에 보도되었다. 은행들이 소문의 진위를 확인하기 위한 절차를 취하자 대우그룹은 추락하기 시작했다.

금융감독원은 1999년 12월부터 2000년 8월까지 대우그룹 12개사의 1997년, 1998년 회계연도에 대한 회계조사를 실시하였다. 조사결과 대우그룹의 총 분식규모는 22조 9천억 원이었다. 회사별로는 ㈜대우 14조 6천억 원, 대우자동차 3조 2천억 원, 대우중공업 2조 1천억 원, 대우전자 2조 원, 대우통신 6천억 원 등이었다.

　2005년 당시 재정경제부의 대우그룹 구조조정과 관련한 업무보고 내용이다. "자산관리공사가 금융회사들로부터 회사채와 기업어음 등을 포함한 부실자산 35조 7천억 원 상당액을 12조 7천억 원에 인수했다. 은행 등의 대우그룹 대출채권이 부실해지자 예금보험공사 등은 유상증자 등으로 17조 원 정도를 투입했다. 자산관리공사가 인수한 채권에서 2006년 4월까지 회수한 금액은 5조 3,300억 원으로 약 42%였으나 재정경제부는 추가 회수가능 금액에 대해서 확신하지 못했다." 대우그룹 관련 공적자금 부담이 어느 정도인지 추측해볼 수 있는 대목이다.

　2011년 경제적 이슈였던 저축은행 사태도 공적자금을 투입하게 된 경우였다. 2015년 9월 예금보험공사가 당시 새정치민주연합 민병두 의원에게 제출한 자료에 따르면 2011년 이후 31개 부실 저축은행과 관련해 투입한 공적자금은 27조 1,700억 원이었다. 당시까지 회수한 금액은 5조 9천억 원으로 회수율은 21.7%밖에 되지 않았다. 회수되지 않은 금액은 거의 납세자의 부담이 되고 만다. 저축은행별 투입금액은 솔로몬저축은행 3조 5,200억 원, 부산저축은행 3조 1,600억 원, 토마토저축은행 3조 100억 원, 제일저축은행 2조 3,900억 원 등이었다.

　미국에서도 회계부정 의혹이 있는 기업에 공적자금을 투입하는 사례들이 발생했다. 미국의 최근 공적자금 투입 사례는 AIG(American

Insurance Group)였다. 2008년 당시 세계 최대 종합보험사였던 AIG는 850억 달러의 공적자금을 받았다. 공적자금 투입 전 AIG 전 대표이사 로버트 윌럼스태드는 2008년 10월 초 열린 하원청문회에서 일시적 유동성 위기라고 말했다. 하지만 신용평가사들이 신용등급을 하향 조정하면서 유동성 위기는 악순환에 빠졌다. 2008년 11월에 추가로 210억 달러가 AIG에 투입되었다. 미국 정부는 리먼브라더스에 대한 공적자금 투입은 거부하여 파산하게 했으나 AIG에 대해서는 공적자금을 투입하여 언론 등으로부터 많은 비난을 받았다.

당시 《뉴욕타임스》는 2008년 9월에 결제능력이 충분하다고 주장했던 회사가 어떻게 갑작스레 유동성 부족이 나타날 수 있는지 의문이라고 했다. 회계학자들은 AIG에 분식회계가 자행된 것이 틀림없다고 주장했다. 하지만 이런 주장은 일단 AIG가 추가 자금을 통해 정상화되는 것이 중요하다는 여론에 묻혔다. 회계부정이 드러나면 금융위기 해소가 지연되거나 불가할 수 있으므로 일절 언급 없이 넘어갔다.

리먼브라더스는 재구매약정을 통해 2008년 9월 기준으로 500억 달러의 부채를 적게 계상하는 방식으로 회계처리하였다. 대출채권을 다시 구매하기로 약정하고 매각한 경우 실제로 차입한 것으로 처리해야 함에도 단순히 매각한 것으로 처리한 것이다. 리먼브라더스 파산 이후 많은 금융기관들은 시장의 신뢰를 잃어 자금을 융통할 수 없게 되었다. 결국 미국 정부는 2008년 10월 긴급경제안정화법안(Emergency Economic Stability Act of 2008)을 제정하여 7천억 달러 규모의 부실자산구제안 (TARP, Troubled Assets Relief Program)을 마련했다. 이 안에 따라 미국 정부는 11월 공적자금 1차분 3,500억 달러 중 2,500억 원을 대형 모기지업체인 패니메이(Fannie Mae)와 프레디맥(Freddie Mac) 등에 투입했다. 공적자금이 유동성 위기를 겪던 아메리칸익스프레스와 에비비스렌터카에도 투입되자 도덕적 해이를 유발할 수 있다는 비판이 제기되었다.

이후 미국 재무부는 2009년 3월 공적자금 2차분 3,500억 달러 중 50억 달러(6조 5천억 원 정도)를 경영악화로 파산위기에 있던 미국 자동차 부품 제조업체에 지원하기로 결정했다고 발표했다. 그 이전에 헨리 폴슨 재무장관은 GM, 포드, 크라이슬러 등 자동차업계에 대한 자금지원은 있을 수 없는 일이라고 말했기 때문에 이 지원조치는 이례적인 것이었다.

미국의 모기지업체와 자동차제조업체에 대한 공적자금 투입은 분식회계와 직접적인 연관이 밝혀지지는 않았으나 금융위기의 원죄를 지고 있는 리먼브라더스 등의 분식회계와는 간접적으로 관련되어 있다. 미국의 경우 금융위기 당시 투입된 공적자금은 상당 부분 회수되었으나 기회비용을 감안하면 일부 국민 부담으로 남은 것으로 알려졌다.

분식회계가 항상 공적자금 조성과 국민 부담으로 귀결되지는 않는다. 그러나 국내외에서 대형 회계 스캔들이 터질 때 수차례 국민적 부담이 발생했다. 분식회계가 국가재정 운용에도 어려움을 가져올 수 있음은 의심의 여지가 없다.

이어지는 회계 스캔들과 '코리아 디스카운트'

위키피디아는 국가신용등급에 대해 다음과 같이 정의하고 있다. "국가

신용등급은 정부와 같은 주권적 실체의 신용등급으로 한 나라의 투자환경의 위험 수준을 나타내며, 해외에 투자하려는 투자자가 이를 이용한다. 정치적 위험도 고려사항에 포함된다."

언론에 가끔 코리아 디스카운트(Korea Discount)라는 말이 나온다. 국내 기업이 다른 나라 기업과 비교하여 자산, 매출, 이익 등이 비슷한 수준임에도 다른 나라 회사보다 기업가치가 낮게 평가되는 경우를 말한다. 또는 국제금융시장에서 자금을 조달할 때 더 많은 비용을 지출해야 하는 경우를 의미한다. 실제로 국내기업의 주가는 미국과 유럽에 소재한 동일한 경영실적을 보인 선진국 기업은 물론이고 홍콩이나 싱가포르 소재의 비슷한 아시아 기업과 비교해도 약 30% 이상 낮게 평가되고 있다고 한다. 네덜란드 연기금의 김유경 이사는 2015년 7월 《한겨레》와의 인터뷰에서 코리아 디스카운트가 최소 20%라고 말했다.

물론 국내기업 주식의 저평가 요인으로는 여러 가지가 언급된다. 아직도 낙후된 기업지배구조와 경영관행, 기업회계투명성에 대한 의심, 규모가 작은 자본시장, 기업가치 인식 제고 노력 부족 등이다. 국내기업의 회계정보가 불투명하다는 인식은 국내뿐만 아니라 해외에서도 강하다. 즉 회계불투명성이 코리아 디스카운트에 영향을 끼치고 있다고 전문가들은 판단한다.

먼저 1997년 외환위기 이후 우리나라와 기업에 대한 해외 신용평가기관의 신용등급이 낮게 나타났다. 국내기업의 주가가 본질가치(기업의 진정한 가치를 나타내는 추상적인 개념)보다 낮게 나타난다는 주장도 제기되었다. 심지어 일부 언론은 실물가치에까지 코리아 디스카운트가 발견되고 있다고 했다. 정부, 언론, 일부 시민단체 등은 그 원인의 하나로 회계투명성 부족을 언급했다. 정부는 이를 기업투명성과 지배구조 관련 제도를 개정하는 근거로 사용했다.

전국경제인연합회에 의하면 2002년 3월 6일 기준 시가총액 상위 20사의 주가수익률(PER)은 한국이 미국의 48%, 일본의 24%에 불과했다.

2002년 3월 6일 기준 시가총액 상위 20사 주가지표 비교

구분	한국(KSE)	미국(NYSE)	일본(TSE)
주가수익률(PER)	18.36	38.07	75.43
주가순자산비율(PBR)	1.88	6.23	2.65
자기자본수익율(ROE)	12.74	25.09	10.48

(출처 : 전국경제인연합회, 2002.10)

또한 2004년 LG경제연구원 최수미 연구원은 2000년 2월 11일 기준 한국의 PER은 12.9배로 미국 20배의 63%에 불과하고 싱가포르 19.0배, 타이완 20.8배, 홍콩 21.2배에 비해서도 턱없이 낮은 것으로 보고했다.

2004년 1월 2일 《동아일보》는 코리아 디스카운트 원인에 관한 설문조사 결과를 보도했다. 한국의 주가가 저평가된 가장 큰 원인으로는 회계투명성 부족이 16%로 지목되었다. 투자판단에 가장 크게 영향을 미치는 것은 공시의 투명성이 25%로 조사되었다. 공시의 불투명성도 기업지배구조와 관련되어 회계투명성과 크게 다른 문제는 아니므로 회계투명성 관련 부분이 코리아 디스카운트 원인의 41%를 차지한 셈이다.

2006년 10월 이화여대 서정원 교수는 논문 「코리아 디스카운트의 진단과 원인 분석」에서 이렇게 언급했다. "코리아 디스카운트의 정도는 매우 심각하다. 한국기업의 가치는 선진국의 유사기업뿐만 아니라 아시아 개도국의 유사기업에 비해서도 유의적으로 낮은 현상을 보인다."
이 논문은 1998년부터 2004년까지 주요 선진국 및 아시아 여러 국가의 기업가치와 한국기업의 가치를 비교분석한 것이다.

2014년 2월 한국공인회계사회 강성원 회장은 《헤럴드경제》와의 인터뷰에서 이렇게 지적했다. "IMF 자료에 따르면 한국은 회계불투명성으로 인한 국가손실이 55조 원에 달하므로 회계투명성 향상을 위해 정부와 기업, 사회전반의 지속적인 노력이 필요하다." 또한 "회계투명성이 향상되면 이른바 코리아 디스카운트가 낮아져 각 경제주체가 상생하는 것뿐만 아니라 국가경제 발전도 기대된다. 자본조달비용이 낮아지고 결국 기업가치가 올라갈 것이기 때문이다"라고 덧붙였다.

2015년 고려대 권수영 교수는 회계법인 삼정KPMG가 주최한 '변화하는 감사위원회의 위상과 역할' 세미나에서 다음과 같이 언급했다. "기업과 사회의 불투명성이 국가경쟁력 하락의 주요 원인이다. 2014년 WEF 국가경쟁력 지수평가에서 144개국 중 26위를 차지한 것은 사회·기업의 불투명성이 부정적 영향을 미쳤기 때문이다. 세부적으로 정책결정 투명성 133위, 기업 이사회의 유효성 126위, 회계감사 및 공시기준의 강도 84위, 기업경영윤리는 95위였다." 그는 현대경제연구원 연구 결과를 인용하여 한국의 투명성 지수가 OECD 평균 수준으로 개선되면 1인당 국내총생산(GDP)은 139달러, 경제성장률은 연평균 0.65% 상승효과를 가져올 수 있다고 추정했다.

2016년 6월 삼정KPMG는 롯데호텔에서 제2회 감사위원회 지원센터 세미나를 주관했다. 이 세미나에서 고려대 이만우 교수는 회계투명성 향상으로 코리아 디스카운트를 해소할 수 있음을 강조했다. "회계투명성과 기업지배구조의 투명성 향상으로 경제주체 간 신뢰 구축이 가능하다. 이를 통해 자원배분의 효율성이 증가하고 거래비용이 감소한다. 결국 국가경쟁력이 좋아진다. 이른바 코리아 디스카운트를 해소함으로써 외국인 투자가 촉진되고 자본시장 규모가 커질 것이다."

우리나라에서 회계불투명성은 장기간 해결되지 못한 문제였다. 외환위기 이후 경영관행과 회계제도 관련 문제점이 경제적 이슈가 되면서 우리나라에 대한 국제사회의 회계신뢰도는 급락하였다. 대형 회계 스캔들에서 나타난 부실한 경영패턴과 일상적인 수준이 돼버린 분식회계 관행이 주요 요인이었다. 외부감사와 관련하여 회계법인과 회계사의 독립성 유지 부족과 부실한 회계감사 관행도 지목된다. 즉 이러한 요인이 복합적으로 작용해 한국기업의 회계정보에 대한 불신이 확산되고 국제자본시장에서 코리아 디스카운트가 발생했음은 분명하다.

회계투명성 지표가 개선된다면 그 효과는 어느 정도로 추정될까? 연구결과를 보자. 고려대 정석우 교수, 서울대 곽수근·황이석 교수 등은 2010년 10월 '국가경쟁력 심포지엄'에서 보고서 「불투명성으로 인한

회계투명성 개선 효과

구분	조사대상국 평균 수준으로 개선시	1인당 GDP 유사 국가수준으로 개선시	국가경쟁력 유사 국가수준으로 개선시
자기자본 비용	0.32% 감소	0.47% 감소	0.66% 감소
주식시장 규모	17조 원 증가	28조 원 증가	38조 원 증가
타인자본 비용	18.71bp 감소	27.29bp 감소	38.99bp 감소
세후 이자비용	7조 원 감소	11조 원 감소	15조 원 감소

경제적 손실추정」을 발표했다.

이 보고서에 의하면 2008년 기준 우리나라 기업의 회계불투명성으로 인한 경제적 손실 또는 코리아 디스카운트 규모가 연간 40조 원가량으로 추산된다. 코리아 디스카운트로 인한 추가 이자부담액도 15조 원으로 추정했다. 이 수치는 국가경쟁력이 우리와 거의 동일한 오스트리아 수준으로 회계투명성 지수를 개선할 경우를 가정하고 GDP 등 경제 규모를 감안하여 산출한 것이다. 이 보고서는 또한 당시 회계투명성 등급이 가장 높게 나온 핀란드와 비교해볼 경우 주식시장 저평가 규모는 252조 원, 이자비용 추가부담은 76조 원으로 추정했다.

그들은 결론적으로 이렇게 주장했다. "회계투명성이 개선되면 국가경쟁력이 강화된다. IMD와 WEF가 매년 발표하는 기업회계와 회계감사 수준 지표가 전체 국가경쟁력 지표보다 매우 낮아 국가경쟁력을 약화시키는 한 요인이 되고 있다."

어찌 보면 코리아 디스카운트는 우리나라에 고질적인 문제인 정경유착에 그 뿌리가 있다. 정치권에 자금을 주지 않고는 기업이 경영활동을 할 수 없다면 기업들은 회계부정을 통해 자금을 마련하게 될 것이다. 회계불투명성은 이후 코리아 디스카운트로 귀결된다. 일반인들이 이따금 접하는 정치 스캔들은 대부분 기업의 비자금 또는 회계부정과 관련된 것이다. 저축은행 사태, 경남기업 사태 등이 그 사례다. 정경유착 사례는 이루 말할 수 없이 많다.

코리아 디스카운트는 언제쯤 해소될 수 있을까? 투자자들은 회계투명성의 조속한 개선으로 기업가치와 국가경쟁력이 상승하기를 학수고대하고 있다.

2부

회계투명성을 훼손하는
주요 요인

총수 1인 지배체제가 확고한 상황에서는 분식회계를 막기도, 적발하기도 어렵다. 우리나라도 1인 지배체제의 문제점을 인식하여 사외이사제도와 내부감사제도 등을 도입했다. 그러나 업계의 로비에 의해 지배주주가 독립성이나 전문성과 무관한 인사들을 선택할 수 있어 선임 단계에서부터 견제 기능을 발휘할 수 없는 '허수아비'에 불과한 경우가 많았다. 지분구조의 정점에 있는 기업을 지배하면 다른 자회사나 손자회사도 쉽게 지배할 수 있다.

5장

분식회계에 취약한 기업지배구조

좋은 기업지배구조는 그 자체가 목표가 아니다.
이는 경제적 효율성, 지속적인 성장, 재무적 안정을 지원한다.
또한 기업이 장기투자 자금을 조달할 수 있게 하며 기업의 성공에 기여하는
주주와 다른 이해관계자가 공정하게 대우받을 수 있게 한다.

경제협력개발기구(OECD)

회계 스캔들이 금융시장에 알려지면 언론과 회계전문가들은 회계부정을 방지하지 못한 이유를 설명한다. 거기에는 감사인이 감사를 제대로 실시하지 못했기 때문이라는 이유가 포함된다. 하지만 회계정보를 생산하는 주체는 기업이다. 그러므로 정보 생산주체의 활동이 회계투명성에 근본적으로 영향을 준다. 감사인은 어디까지나 외부자이므로 회계투명성을 결정하는 주체가 아니라 보조역할을 할 뿐이기 때문이다. 명목상으로는 회계정보의 투명성을 구현할 수 있도록 관련 규범이 마련되어 있다.

그렇다면 투명한 회계정보를 생산하기 어려운 기업 내부의 사정은 무엇인가? OECD는 '좋은 기업지배구조'가 성장과 안정, 공정성의 토대임을 선언했다. 그런데 우리의 현실은 어떠했는가?

기업지배구조란 무엇인가

1997년 IMF 외환위기 당시 우리나라의 많은 기업들이 도산했다. 이후에도 대우그룹과 SK글로벌 등과 관련된 대형 회계 스캔들도 겪었다. 최근에는 동양그룹, 모뉴엘, 대우건설, 효성그룹, 대우조선해양의 회계 스캔들이 이어졌다. 그런 경험을 통해서 우리는 기업지배구조와 회계 투명성 정도가 기업의 성쇠에 큰 영향을 미칠 뿐만 아니라 국가경제와 국내 자본시장에 대한 외국인의 신뢰도에도 영향을 준다는 것을 체감했다.

조직은 자신의 목적을 설정하고 이를 성취하기 위해 의사결정을 하는데 이러한 의사결정에 필요한 구조를 지배구조라고 한다. 국가는 가장 큰 의미의 조직으로, 국가 권력은 입법부, 행정부, 사법부로 나뉜다. 각 국가기관은 국가운영과 관련한 의사결정을 하는데 이러한 체계를 국가 지배구조라고 할 수 있다. 그 목적은 국가가 건전하게 운영되어 국민의 복지를 최대화하기 위한 것이다.

기업지배구조는 기업의 목표를 실현하기 위해 경영을 통제하는 메커니즘과 그 과정, 각종 관계를 포괄한다. 지배구조와 원칙은 이사회, 경영진, 주주, 채권자, 외부감사인, 감독 당국, 그리고 기타 이해관계자 간의 권리와 책임의 배분과 동일시된다. 상법, 자본시장법, 공정거래법, 세법, 민법 등 관련법이 기업지배구조를 규정하고 있다. 기업지배구조의 구체적인 의미는 기업 의사결정을 위한 규정과 절차다. 좋은 기업지배구조란 기업의 이해관계자인 주주, 채권자, 직원, 국가 등의 이해를 최상의 상태로 유지하고 증대시키기 위한 기업의 소유구조, 의사결정

체계, 경영관리체계 등의 총합을 의미한다.

이해관계자의 이해를 극대화하는 방법은 기업이 소재한 국가, 문화, 사회발전 정도에 따라 너무나도 다양하게 나타나고 있다. 그래서 미국의 기업지배구조는 유럽의 기업지배구조와 다르며 일본의 기업지배구조와 우리나라의 기업지배구조가 다르다. 예를 들어 미국의 이사회는 일원화되어 있으나 독일의 이사회는 이원화되어 있다. 독일 기업에는 일상적인 경영의사결정을 수행하는 경영이사회와 감독이사회, 2개의 이사회가 있다. 감독이사회는 주주와 직원을 대표하며 경영에 관여하지 않는 이사로 구성되고, 경영이사회의 구성원을 고용하고 해임하며 그들의 보수를 결정하고, 주요 경영의사결정을 검토하는 업무를 수행한다. 일본은 주요 기관투자가들의 의결권 행사를 적극적으로 유도하기 위한 자율지침인 의결권 행사지침, 일명 스튜어드십코드(Stewardship Code)[6]를 마련해 대부분의 기업이 이를 채택하고 있다. 이처럼 각국의 기업지배구조는 서로 다르다.

기업지배구조와 회계투명성

기업지배구조가 좋은 기업은 어떤 장점을 누릴 수 있을까? 좋은 기업지배구조를 통해 기업은 당면한 투자기회를 포착하여 이용할 수 있고,

---

6 집안일을 관리하는 집사(steward)처럼 기관들도 고객 재산을 선량하게 관리해야 할 의무가 있다는 뜻에서 생겨난 용어.

기업활동이 효율적으로 운용되며, 기업의 설립목적을 달성하고, 관련 규정을 준수해 기업의 사회적 책임을 다하게 된다. 즉 기업지배구조를 개선하면 경영의사결정이 좀 더 투명해지고 기업에 대한 시장의 평가가 극대화됨으로써 기업의 경쟁력이 강화된다. 강화된 경쟁력을 바탕으로 기업은 성장을 지속하고 기업가치는 제대로 평가받게 된다. 기업의 이해관계자인 주주, 채권자, 직원 등의 이해관계가 최대화되어 사회적 존경도 따르게 된다.

2000년 10월 대우그룹 사태가 발생한 원인을 살펴보고 제도개선 필요성을 타진하기 위해 국회 정무위원회가 소집되었다. 정무위에서 민주당 김경재 의원은 산동회계법인 김윤규 대표에게 "분식회계를 근절하기 위해 어떤 조치가 필요하냐"고 묻자, 김 대표는 이렇게 대답했다. "김우중 회장 1인 지배체제가 확고한 상황에서 그가 분식회계를 도모하는데 계열사 대표이사 등이 어떻게 이를 막아낼 수 있겠는가. 이런 구조하에서는 회계법인도 분식회계를 적발하기는 불가능하다. 회계법인은 회사들과 공모하여 분식회계를 실행하지는 않는다." 그의 말은 기업지배구조가 분식회계를 예방할 수 있음을 지적한 것으로 풀이된다.

어떻게 회장 또는 총수 1인 지배체제가 가능했을까? 지배주주 또는 최대주주는 주주총회에서 큰 비중을 차지하므로 이사회 구성 등에 막강한 영향력을 행사하여 기업의 운영방향을 결정한다. 문제는 지배주주 등이 자신의 지분율 향상이나 다른 이해관계를 도모하기 위해 다른 채권자나 소액주주들을 희생시키는 경우다. 자본주의가 발달된 국가에서는 이를 막기 위해 이사회에 독립적이고 전문적인 이사를 포함하도록 하거나, 독립적인 감사위원회 또는 감사위원의 활동을 보장하도록 하는 제도가 대부분 마련되어 운용되고 있다.

우리나라도 1인 지배체제의 문제점을 인식하여 사외이사제도 등을 도입했다. 그러나 의도한 것과는 다르게 형식적으로 운용되어왔다. 사실 도입 당시부터 업계의 로비활동에 의해 사외이사나 감사위원 관련 제도는 지배주주 또는 총수의 전횡을 제대로 감시할 수 없도록 실효성이 없게 만들어졌다. 즉, 관련 법률상 지배주주가 독립성이나 전문성과 무관하게 선택한 인사들이 사외이사나 감사위원으로 선임될 수 있었다. 사외이사와 감사위원은 선임 단계에서부터 견제기능을 발휘할 수 없는 '허수아비'에 불과한 경우가 많았다. 그래서 지배주주나 경영진을 사실상 견제하기 어려웠다. 지분구조의 정점에 있는 기업을 지배하면 다른 자회사나 손자회사도 쉽게 지배할 수 있었다. 우리나라에서는 지배주주 등의 전횡을 막아내는 이사회, 감사위원회, 감사의 기능이 마비되어 재벌(대규모 기업집단) 관련 스캔들을 다른 나라에 비해 많이 걸러내지 못하는 실정이라고 할 수 있다.

세계 5위 회계법인 BDO인터내셔널의 마틴 반 로켈 회장은 2017년 2월 19일 《매일경제》와의 인터뷰에서 이렇게 말했다. "기업지배구조가 기준에 맞지 않는다면 재무정보의 신뢰성을 확보하기 어렵다. 회계투명성의 모든 것은 기업지배구조의 개선에서부터 시작돼야 한다. 기업 경영진이 마음먹고 공모해 잘못된 재무제표를 작성한다면 감사인이 발견하기 불가능할 수 있다." 그의 설명에 따르면 기업지배구조가 좋으면 경영의사결정이 공정하게 이루어지고 그에 따른 경영실적 등이 투명하게 공개된다. 경영실적 투명성은 곧 회계투명성을 의미한다.

기업지배구조 개선을 위한 제도정비 과정

건전한 기업지배구조의 중요성에 대한 인식에 기초하여 우리나라는 기업지배구조를 개선하기 위해 상법, 증권거래법(현 자본시장법) 등 관련 제도를 정비하기 시작했다. 이는 기업경영의 투명성과 경영자의 책임경영을 강화하기 위한 조치라고도 말할 수 있다. 기업경영의 견제와 감시기능을 강화하기 위해 이사회 구성원의 4분의 1 이상을 사외이사로 선임하도록 했다. 자산총액이 2조 원을 넘는 대규모 상장회사는 이를 강화하여 사외이사를 3인 이상 두되 이사회 구성원의 2분의 1 이상이 되도록 했다. 이사회의 책임을 강화하기 위해 이사의 충실의무조항을 두어 사외이사의 경우에도 판단착오로 경영실패를 유발한 경우 그에 상응한 책임을 지도록 했다.

최근의 기업지배구조 관련 논의는 기업의사결정 권한을 어느 정도까지 소액주주에게 확대할 것이냐 하는 문제다. 소액주주도 경영진을 어느 정도 통제할 수 있도록 주주대표소송 제기권, 이사와 감사의 해임청구권, 회사 경영에 간접적으로 참여할 수 있도록 하는 주주제안권, 사외이사 후보추천권 등을 행사할 수 있는 요건을 완화했다. 여기서 완화란 과거와 비교하여 적은 수의 소액주주가 모여서 경영진의 행위에 영향력을 행사할 수 있음을 의미한다. 회사 정관으로 배제한 경우를 제외하고는 이사 선임 시 주식수에 선임할 이사수를 곱한 숫자에 해당하는 투표권을 임의로 행사할 수 있도록 했다. 이를 집중투표제라고 한다. 전문가들은 이사가 득표수에 따라 선임되기 때문에 소액주주를 대변할 수 있는 제도라고 말한다.

기업지배구조 개선의 일환으로 회계투명성 강화를 위해 회계기준을 국제기준 수준으로 개정하고 부실감사에 대한 벌칙도 강화했다. 상장법인과 대형 비상장법인은 외부감사인을 선임할 때 감사위원회 또는 감사인선임위원회의 승인을 거치도록 하였다.

외환위기 이후 기업지배구조와 경영투명성 관련 제도 개선

구분	주요 내용
소액주주의 권한강화	– 이사 선임에 집중투표제를 채택할 수 있도록 상법 개정 – 주주대표소송 제기권, 이사와 감사에 대한 해임청구권, 회계장부 열람권 등에 필요한 지분요건 완화 – 간접적으로 회사 경영에 참여할 수 있도록 주주제안권, 사외이사 후보 추천권 신설
이사회 책임성과 독립성 강화	– 사외이사제도 도입 : 1인 이상에서 이사회의 4분의 1 이상으로 강화, 대규모 상장기업과 금융기관은 2분의 1 이상 – 감사위원회 설치 – 이사의 충실의무 조항 신설 – 사실상 이사(지배주주, 명예회장 등)의 책임규정 신설
경영투명성	– 결합재무제표 작성 의무화(2012년 폐지) – 국제적 기준에 따라 기업회계기준 개정 – 대규모 내부거래 이사회 의결 및 공시 – 분식회계 및 부실감사에 대한 처벌 강화 – 기업의 내부회계관리제도 구축 의무

(출처 : 공정거래위원회)

기업지배구조의 현실

이와 같이 이사회제도, 소액주주의 주주권 강화, 기업경영 투명성 제고 방안 등을 통해 기업지배구조 개선작업이 지속적으로 추진되었다. 실제로 우리나라 기업의 지배구조는 어느 정도 개선되었는가? 일반적으

로 외환위기 전보다는 좋아졌다고 평가된다. 하지만 사외이사의 독립성에 대해서는 아직 부정적이다. 경영진과 지배주주에 대한 통제는 효과적이지 않다. 소액주주의 경영진에 대한 견제활동은 별 움직임이 없어 보인다. 또한 IMD와 WEF의 우리나라 기업지배구조에 대한 평가도 별로 나아지지 않았다.

사외이사 및 감사의 독립성 분석결과

기업지배구조를 구성하는 요소는 수없이 많지만 그 정점은 이사회에 있다. 이사회가 기업의 중요한 의사결정을 담당하고 경영진과 지배주주의 전횡을 견제하는 역할을 수행하기 때문이다. 그 효과를 높이기 위해 필요에 따라 독립적인 사외이사 선임을 강제하고 있다. 그러나 실제로는 이사회가 그렇게 작동되지 않는다고 보고되고 있다.

경제개혁연구소 이수정 연구위원은 대규모기업집단 소속 상장회사를 중심으로 사외이사 및 감사의 독립성을 분석했다. 보고서에 따르면 분석대상 회사들은 이사회 내 평균 과반 이하의 사외이사를 선임하고 있다. 또한 이들의 직업은 약 10년 전에는 재계 출신이 가장 많았으나 최근에는 학계와 공무원 출신이 높은 비중을 차지하고 있다.

보고서에 따르면 2006년 대기업집단 사외이사의 독립성을 최초로 분석한 결과 지배주주나 기업집단과 직간접적인 이해관계를 가지고 있는 사외이사는 37.5%에 달했다. 2016년 3월 분석결과 22.91%로 그 비중이 감소하고는 있으나 여전히 사외이사의 독립성에 문제가 있는 것으로 나타났다. 2015년 이해관계 있는 사외이사는 189명으로 분석대상 사외이사의 24.08%, 2016년은 184명으로 분석대상의 22.91%가 회사 및 경영진과 직간접적 이해관계가 있는 것으로 의심되었다. 이들의 직업은 계열회사 출신, 경제금융조세 공무원, 판검사로 나타났으며 특히 경제금융조세 공무원 출신 사외이사 중 고위 공무원은 퇴직 후 사외이사로 재직 중인 회사의 자문을 수행하는 대형 로펌의 고문을 역임하는 사례가 적지 않은 것으로 확인되었다.

경영진과 이해관계에 있는 대기업 사외이사 비율

(단위 %)

구분		2016	2015	2012	2010	2009	2008	2007	2006
직접 이해 관계	계열사 출신	6.23	7.52	8.42	8.78	7.77	9.63	10.79	11.53
	전략적 제휴 등	0.62	0.64	1.11	1.64	1.75	1.47	1.69	1.46
	소송대리/ 법률자문	4.86	4.46	3.71	2.81	1.75	2.27	–	–
	정부/채권단	0.50	0.76	2.1	2.46	2.01	2.67	–	–
	기타	0.12	0.13	0.74	1.17	1.13	1.34	6.47	6.98
	소계	12.33	13.50	16.09	16.86	14.41	17.38	18.95	19.97
학연		10.59	10.57	12.62	15.34	14.54	14.71	16.49	17.53
계		22.91	24.08	28.71	32.2	28.95	32.09	35.44	37.50

(출처 : 경제개혁연구소)

감사의 경우 이해관계 있는 감사의 비중이 2016년 분석대상의 44%로 사외이사보다 훨씬 높았다. 특히 이해관계 있는 감사의 78.79%가 해당 회사 및 계열사 임직원 출신으로 대부분을 차지했다. 이는 회사의 경영과 회계를 감시하는 감사의 기본의무를 이해하지 못하고 있다는 의심을 받기에 충분하다. 이해관계 유무를 상당히 소극적으로 판단하여 실질적으로 독립성에 문제가 있는 경우는 훨씬 많을 것으로 보고서는

구분		2016			2015		
		감사 수	이해관계 감사 총 수 대비 비중	분석 대상 감사 총 수 대비 비중	감사 수	이해관계 감사 총 수 대비 비중	분석 대상 감사 총 수 대비 비중
직접 이해 관계	계열사 출신	26	78.79	34.67	29	80.56	32.58
	전략적 제휴 등	1	3.03	1.33	1	2.78	1.12
	소송대리/ 법률자문	1	3.03	1.33	1	2.78	1.12
	정부/채권단	2	6.06	2.67	2	5.56	2.25
	기타	–	–	–	–	–	–
	소계	30	90.91	40.00	33	91.67	37.08
학연		3	9.09	4.00	3	8.33	3.37
계		33	100.00	44.00	36	100.00	40.45

(출처 : 경제개혁연구소)

추정했다.

감사의 전문성

국내 상장회사 감사위원 중 회계전문가의 비중은 지극히 적다. 2017년 3월 1일《매일경제》기사에 따르면 한국공인회계사회의 조사결과 감사위원회가 설치된 397개 국내 상장사의 감사위원 2,721명 중 274명이 공인회계사 자격을 가지고 있었다. 약 10%에 불과하다. 여기에 CEO, CFO, 경영 또는 회계 관련 교수 등을 합해도 19% 수준이었다. 기업경영에 관한 전문성이 있다고 보기 힘든 법조인, 전직 고위공무원, 경영학 등과 무관한 교수, 정치인, 언론인 출신은 전체 40%에 달한 것으로 알려졌다. 감사위원회를 의무적으로 설치하지 않아도 되는 자산 2조

원 미만의 기업들은 그러한 경향이 더욱 심했다.

반면 미국 상장회사의 감사위원은 재무상태 이해능력이 없는 경우 선임될 수 없는데 이는 우리나라와 다르다. 우리나라는 권고사항이기 때문이다. 이런 자격조건 때문에 미국에서 감사위원은 주로 기업경영 CEO나 CFO를 역임한 인사들로 구성되어 있다. 삼정KPMG 2015년 통계에 따르면 그 비율은 74% 정도였다. 전문경영인이나 지배주주 감시는 재무상태에 대한 이해 정도가 클수록 효과적이라는 점은 명백하다.

실제 회계부정과 관련된 회사들에는 감사위원 또는 감사를 포함하여 회계처리 결과를 모니터링하는 전문인력이 없는 것으로 보고되는 경우가 많다. 예를 들어 대우조선해양은 내부조직에 회계처리와 관련하여 책임 있는 회계전문가가 없었던 것으로 알려졌다.

제35대 한국회계학회장인 손성규 교수는 "감사 또는 감사위원회는 경영진이 작성한 재무제표를 검증하여 주주총회에 제출하는 역할을 수행하므로 독립성은 말할 것도 없고 전문성을 갖추지 않은 경우 경영진에 대한 견제기능을 수행할 수 없다"고 말했다. 그는 또 "1998년 글로벌 컨설팅사인 KPMG 조사결과 회계부정의 4%만을 외부감사인이 적발할 수 있었고, 51%는 감사위원회 등 내부 통제 기능이, 43%는 감사실 등 회사 내부감사인이 발견하는 등 94% 정도는 내부에서 걸러지는 것으로 나타났다"고 덧붙였다. 그러나 이런 통계는 선진국의 사례다. 우리나라의 경우 기업지배구조의 정점에 있는 사외이사, 감사 또는 감사위원회의 독립성과 전문성이 의심되는 상황에서 우리나라의 열악한 기업지배구조가 회계부정을 예방하거나 적발하지 못하는 가장 중요한 요인이라고 판단할 수밖에 없다.

기업지배구조를 개선하려는 노력에도 불구하고 아직까지는 눈에 띄는 성과가 별로 없다. 그럼에도 기업지배구조가 개선되어야 하는 이유는 기업지배구조가 좋을수록 회계투명성이 높아지기 때문이다. 그것을 보여주는 연구결과 몇 가지를 살펴본다. 홍익대 최정호 교수 등의 2007년 논문 「기업지배구조와 감사보수 및 감사기간의 관련성 분석」에 의하면 기업지배구조가 우량할수록 감사인의 감사보수와 감사기간이 많았다. 그 이유로 우리나라에서는 기업지배구조가 건전한 기업일수록 재무건전성이 좋아 오히려 더 높은 감사보수를 지불하고 있으며 이에 따라 보다 철저한 감사를 요구하기 때문이다.

최정호 교수의 논문은 이렇게 해석될 수 있다. 기업지배구조가 견고할수록, 달리 말해 기업지배구조가 제대로 작동될수록 회계투명성이 개선된다. 회계투명성이 높은 기업은 스스로 재무제표에 자신이 있으므로 큰 금액의 보수를 감수하면서도 강도 높은 외부감사에 임하며 감사인은 높은 보수에 상응하는 고품질 회계감사를 실시한다. 결국 기업지배구조가 좋으면 좋을수록 감사품질이 향상된다.

동일한 결론을 보여주는 다른 연구결과로는 단국대 경영학부 송혜진·김상헌의 2012년 논문 「기업지배구조가 감사품질 및 감사인 선임에 미치는 영향」이 있다. 그 논문에 따르면 기업지배구조센터의 평가점수가 높을수록 고품질의 감사인을 선호하며, 감사인을 교체할 가능성이 적었다. 또한 기업지배구조 평가점수가 낮은 기업이 감사인을 교체할 경우 감사품질이 낮은 감사인으로 교체할 가능성이 컸다. 연구결과 건전한 기업지배구조는 회계투명성의 전제조건이 될 수 있음을 보여준다.

국제신용평가기관 스탠더드앤드푸어스(S&P)는 2002년경 SK글로벌 사태와 관련하여 이 사건은 한국의 열악한 기업지배구조를 여실히 보여주었다고 주장했다. 당시 SK그룹은 사업다각화를 꾸준히 추진하면서 발생하는 부채비율 증가를 계열사가 출자를 통해 희석하고 있었다. 또한 SK증권의 부실에 따라 그룹자금이 지속적으로 거액으로 투입되고 있었으며 주력회사인 SK텔레콤에 대한 지배주주 지분율 확대를 꾀하고 있었다. 이 과정에서 그룹은 무역업체로서 회계조작 적발이 어려운 SK글로벌을 이용한 것으로 밝혀졌다.

우리나라 기업지배구조의 취약성은 별 발전이 없어 보인다. 2016년 9월 글로벌 금융회사인 크레디리요네증권(CLSA)과 아시아기업지배구조협회(ACGA)는 공동으로 2016년 아시아 지배구조보고서(Corporate Governance Watch 2016)를 발표하였다. 보고서에 의하면 우리나라는 CLSA 기준으로 평가대상 12개국 중 12위였고, ACGA 기준으로는 9위였다. 평가대상국은 우리나라를 포함해 오스트레일리아, 싱가포르, 홍콩, 일본, 타이완, 타이, 인도, 말레이시아, 중국, 필리핀, 인도네시아인데 ACGA 기준으로 중국, 필리핀, 인도네시아 순으로 우리나라 뒤를 따르고 있다.

정부는 기업지배구조 개선을 위한 입법을 2013년부터 추진하고 있다. 감사위원 분리 선출[7], 집중투표제 의무화, 집행임원제[8], 다중대표소

---

7   주주총회에서 감사위원인 이사는 다른 이사와 분리하여 선출하되 3% 초과 의결권을 행사할 수 없도록 하여 지배주주에 대한 감사위원회의 감시기능을 강화하는 것을 목표로 한다.

송제[9], 전자투표제 의무화[10] 등이 포함된다. 이에 대해 재계의 반발이 거세다. 기업 경영권이 외국인 투자자에게 넘어갈 수 있고 소액주주의 횡포로 기업활동이 위축되어 경제에 도움이 되지 않는다는 것이다. 그러나 입법을 서두르는 이유는 그만큼 기업지배구조가 투명하지 않다는 비판의 목소리가 더 크기 때문일 것이다.

S&P는 한국의 기업지배구조가 한국 자본시장에서 해외투자자본의 유출을 야기할 수 있다고 분석했다. 이는 우리나라 기업지배구조, 회계 투명성 그리고 한국자본시장에 대한 외국자본의 전반적인 평가였다. 우리나라의 회계투명성이 뚜렷하게 개선되지 않는다면 이러한 평가는 쉽게 달라지지 않을 것이다.

---

8 이사회는 기업의 의사결정과 감독기능을 수행하고 이사회 구성원이 아닌 임원이 기업의 의사결정 내용을 집행하도록 하는 제도로서 의사결정과 실행 기능을 분리하여 지배구조 투명성 증대 효과를 기대할 수 있다.

9 모회사 주주가 불법행위에 관련된 자회사 또는 손자회사 등 피지배회사 임원을 상대로 모회사를 위해 손해배상소송을 제기할 수 있도록 하는 제도.

10 주주총회에 직접 참석하지 않아도 인터넷 또는 스마트폰으로 의결권을 행사할 수 있도록 2010년 도입되었으나 의무화하지 않아 채택한 경우는 극소수에 불과하다.

6장

회계감사의 실상

수요와 공급이 건축물의 형태를 규정한다.
아돌프 루스(1870-1933, 체코 건축가)

우리나라 회계감사 품질은 투자자도 금융감독 당국도 외국인도 그리 높게 평가하지 않는다. 외부감사의 실태가 그럴 수밖에 없는 이유가 있다. 당초 외부감사가 자생적으로 발생한 것이 아니어서 대부분의 기업 경영진과 주주들이 외부감사에 대한 필요성에 그다지 무게를 두지 않기 때문이다. 외부감사 필요성에 대한 인식이 낮으니 감사보수가 적고 이런 현실은 감사품질이 떨어지는 요인으로 이어졌다. 기업 경영진은 저가에 적정의견을 내줄 감사인을 선호한다.

이런 환경에서 영리집단인 감사인은 수익성 확보를 위해 컨설팅 비중을 높여왔다. 컨설팅업무는 회계감사에 비해 위험은 적고 수익성은 좋다. 이렇다 보니 회계감사 시장을 선도하는 대형 회계법인도 건전한 회계감사시장 구축을 위한 노력을 등한시해왔다. 결과적으로 감사관행도 발전하지 못하고 있다. 그렇다면 기업 경영진은 회계감사 필요성에 대해 어떻게 인식하고 있을까?

경영진은 회계감사가 필요하다고 생각할까

우리나라는 회계정보 신뢰성 제고를 이유로 일정요건을 충족하는 주식회사 등은 회계법인 등 감사인의 회계감사를 의무적으로 받도록 '주식회사의 외부감사에 관한 법률'(외감법)에 규정해놓았다. 기업의 실제적 필요에 의해서라기보다는 법규에 따라 외부감사를 받아야 하는 경우가 많다. 이렇다 보니 많은 기업은 외부감사 필요성을 의심한다. 먼저 외부감사 제도와 현황을 좀 더 살펴보자.

2016년 기준상 회계기말 자산총액이 120억 원 이상인 경우 그 다음 사업연도 재무제표에 대해 외부감사를 받아야 한다. 어떤 경우에도 감사보수는 회사와 감사인이 협의를 통하여 정하고 있다. 자산총액이 70억 원 이상인 주식회사로서 부채총액이 70억 원 이상이거나 직원수가 300명 이상인 경우에도 외부감사를 받아야 한다. 자산총액에 관계없이 주권이 증권거래소에 상장되어 있거나 주권을 상장할 예정인 경우에도 외부감사를 받도록 하고 있다. 일정 요건을 충족하는 유한회사도 외부감사를 받도록 제도개선이 이루어질 전망이다.

이러한 규정에 따라 금융감독원은 외부감사를 받아야 하는 회사에 관한 통계를 주기적으로 발표하고 있다. 2015년 말 기준 외부감사대상 회사는 2만 4,951사로 집계되었다. 2014년 말과 비교하여 893개사,

3.7%가 증가한 수치다. 외부감사대상 회사는 해마다 증가하고 있으나 자산총액 기준이 기존의 100억 원에서 120억 원으로 변경됨에 따라 증가율은 2014년 말 기준 7.7%보다 감소하였다. 2015년 중 자산 증가 등에 따라 3,851개사가 외부감사대상 회사로 새로 편입되고 영업활동 감소 등에 따라 2,958개사가 외부감사대상에서 제외되었기 때문이다.

외부감사대상 회사를 특성별로 구분해보면 상장법인은 2,009개사, 비상장법인은 2만 2,942개사로 비상장법인이 전체 중 91.9%를 차지하고 있다. 자산총액 기준 규모별로는 100억~500억 원인 회사는 1만 6,274개사로 65.2%, 500억~1천억 원인 회사가 3,148개사로 12.6%인 것으로 나타났다. 1천억~5천억 원 회사가 2,798개사로 11.2%, 5천억 원 이상인 회사가 805개사로 3.2%였다. 외부감사대상 회사의 대다수는 자산총액이 500억 원 이하인 중소기업이다.

상장회사 2,009개사를 규모별로 보면 500억 원 미만인 회사는 475개사로 23.6%, 500억~1천억 원인 회사가 467개사로 23.2%, 1천억~5천억 원 회사가 703개사로 35.0%, 5천억 원 이상인 회사가 364개사로 18.1%였다. 외부감사대상 회사 중 대형사일수록 상장되어 있는 비율은 높아진다.

외부회계감사를 의무적으로 받도록 하되 어느 감사인으로부터 받을지는 회사가 정하는 것을 원칙으로 하고 있다. 하지만 예외적으로 투자자 보호를 위해 엄격한 감사가 필요하다고 판단한 회사에 대해서는 증권선물위원회의 위탁에 의해 금융감독원이 감사인을 지정하고 있다. 2015년 외부감사대상 회사 중 422개사가 외부감사인을 지정받았으며 이중 157개사는 상장회사고 나머지 265개사는 비상장회사다. 전체 외부감사대상 회사 중 감사인 지정비율은 1.7%이며, 상장법인의 지정비율은 7.8%였다. 구체적 감사인 지정사유는 다양하나 상장예정법인이 193개사로 가장 많고 재무기준 지정요건(쉽게 말해 재무상태 장기간 악화)에 해당하는 78개사, 금융감독원의 감리결과에 의한 지정 44개사, 증권거래소 관리종목 40개사, 감사인 미선임 38개사 등이 대표적이다.

지금까지 설명한 바와 같은 외부감사제도는 약 30년 이상 운용되어 왔다. 그럼 이런 외부감사의 필요성에 대한 인식은 어느 정도일까? 외부감사를 필요 없는 서비스라고 생각하는 기업의 지배주주와 경영진도 있다. 그들은 외부감사를 마지못해 받는다. 대체로 비상장 중소기업이 이에 해당된다.

예를 들어 주주가 몇 명에 불과하고 금융기관으로부터 차입금도 없다면 외부감사는 필요 없는 경우라고 봐도 과언이 아니다. 이런 경우 주주나 경영진은 기업회계기준에 따른 재무제표 작성의 필요성을 크게 느끼지 못한다. 이러한 경우에는 외부감사가 제대로 시행되기 어렵다. 즉 기업은 감사보수를 세금처럼 생각하여 낮은 감사보수를 제시하는 감사인을 선택한다. 감사인도 낮은 보수를 받다보니 감사를 철저히 수행하지 않을 가능성이 높다. 이런 경우 회계부정을 일으킬 소지가 다분하다.

실제로는 주주와 채권자 구성상 외부감사가 필요함에도 경영진에 따라 외부감사 필요성에 대한 인식이 낮은 경우도 있다. 이런 경우에도 기업회계기준에 따른 재무제표 작성의무를 제대로 수행하지 않는다. 회계투명성이 기업에 큰 의미를 주지 못한다고 여기기 때문이다.

국민대 경영학과 심호식 교수 등의 논문「회계투명성의 국가간 비교 및 자본비용과의 상관관계에 대한 실증연구」를 보면 그 사실을 확인할 수 있다. 미국에서는 회계감사 품질이 향상되면 통계상 자본비용이 감소하므로 투자결정에 중요한 요인이 된다. 반면 우리나라에서는 회계정보의 품질이 향상된다 해도 자본비용 감소 등에 기여하지 못하고 있다. 오히려 자본을 조달할 때 재무제표상 부채비율이나 기업규모가 더 중요하여 우리나라의 금융환경, 나아가 경제환경은 기업이 스스로 회계정보의 품질을 개선하도록 실질적으로 유도하지 못했다.

이러한 인식은 감사현장에도 그대로 나타난다. 감사인이 감사현장에 도착한 상황에서도 재무제표가 제시되지 않는 경우도 있다. 당연히 부속명세서도 없는 상황은 더 많다. 감사인의 감사자료 제출 요청에 충실히 응하지 않는 경우가 많아 일선 공인회계사들은 애를 먹는다. 비상장회사의 감사기간은 5일 이내인 경우가 많다. 이런 경우 감사품질이나 회계정보 품질이 양호하기란 어렵다.

이런 점은 3장에서 언급했던 금융감독원의 설문조사에 의해서도 반증된다. 금융감독원이 2013년 공인회계사, 회계학자, 기업 경영진 등 회계관계자를 상대로 실시한 설문조사 결과 우리나라 회계투명성 점수는 7점 만점에 평균 4.04점이었다. 2014년에는 3.91점으로 떨어졌다. 일선 기업의 경영진은 회계투명성에 대해 5.11로 높게 평가하였으나 회계학자들은 3.76점, 회계사들은 3.25점을 주었다. 이러한 평가는 이후에도 큰 변화가 없었다. 회계학자와 공인회계사 같은 기업 외부의 전문가들은 외부감사대상 기업의 회계투명성을 보통 이하의 수준으로 보았고 따라서 그들은 기업 회계정보의 충실성에 대해 경영자들의 의식수준이 낮은 편이라고 평가했다. 기업지배구조가 회계투명성을 확보하기보다는 경영자의 독단적 처리가 가능하도록 설계되고 운용되고 있다고 판단한 것이다. 그들은 현재의 외부감사기능이 제대로 작동하지 않고 있다고 평가했다.

회계감사 필요성에 대한 낮은 인식은 앞에서 말한 것처럼 저가의 회계감사 선호 현상으로 나타난다. 회사에 회계감사가 필요하고 중요하다면 고가의 회계감사도 마다하지 않을 것이다. 하지만 우리나라의 회계감사보수는 평균적으로 선진국보다 낮은 편이다. 예를 들어보자. 상장법인의 약 50%가 삼일, 안진, 삼정, 한영 등 이른바 '빅4'의 회계법인으로부터 감사를 받고 있다. '빅4'의 회계감사보고서는 중소형 회계법인의 감사보고서보다 더 신뢰성이 있다는 인식이 시장을 지배하고 있다. 상장회사는 대체로 '빅4'를 대상으로 한 입찰을 통해 낮은 감사보수를 써낸 법인을 감사인으로 선정하고 있다. 이는 적지 않은 상장회사가 회계감사를 필요에 의해서가 아니라 마지못해 수임하고 있음을 암시한다.

비상장법인은 주주, 채권자 등 이해관계자의 요구에 의해 감사를 받는 경우가 별로 없다. 이들은 대부분 저가 외부감사를 선호하는 정도가 상장회사보다 훨씬 크다. 약 140개에 달하는 중소형 회계법인의 회계감사 시장점유율은 2016년 3월 기준 약 60%였다. 외부감사대상 회사 평균 감사보수는 2011년 이후 2015년까지 3,200만 원 내외에 머무르고 있다. 물가상승과 임금상승에도 불구하고 회계감사보수는 제자리걸음을 하고 있다.

외부감사대상 업체 중 약 91.9%가 비상장법인이다. 상장법인에 대한 회계감리는 금융감독원이 담당하고, 비상장법인 감사보고서에 대한 회계감리는 한국공인회계사회가 대부분 담당한다. 한국공인회계사회 감리 후 징계는 대체로 상장회사보다 경미하다. 주주나 채권자가 손해배상 소송을 제기하는 경우도 거의 없다. 경영진의 배임죄 또는 횡령죄 혐의가 명백하지 않는 한 수사기관의 수사대상이 될 가능성도 없다. 이런 상황이라면 감사인이 감수해야 할 감사위험은 상장회사에 비해 극히 적다. 비상장회사에 대한 감사수임은 감사인 입장에서 무위험 영업행위라고 해도 과언이 아니다. 부실감사에 따른 손해(배상위험)가 거의 없기 때문이다. 따라서 감사하는 데 시간과 인력을 적게 들이고 그만큼 노력도 덜 들인다. 감사 후 감사인이 내부통제절차를 준수했는지 여부도 제대로 확인하지 않는다.

이런 상황은 나아가 감사인의 감사관행을 평균적으로 하향 평준화한다. 이는 실제 비상장법인에 대한 감사조서 실태를 보면 알 수 있다. 감사조서 내용을 보면 사실관계 파악이 미흡한 경우가 많을 뿐만 아니라 감사업무 실시내용에 대한 문서화 정도도 평균 이하인 경우가 많다.

비상장법인 회계감사를 둘러싼 현실이 이렇다 보니 이는 외부감사 무용론이 제기되는 원인이 되고 있다. 감사를 받은 회사 입장에서도 감사인이 재무제표에 대해 무엇을 어느 정도로 확인하는지 잘 안다. 대부분의 회사들 사이에서 외부감사인이 하는 일 없이 보수만 받아간다는 주장이 제기되고 있다. 소규모 회사들은 외부감사의 실익 없이 감사보수만 부담하고 있다고 주장한다. 이런 일부 중소기업의 입장을 대변하여 2006년 대한상공회의소는 중소기업에 대한 회계감사는 의무사항으로 하기보다는 거래소 상장을 포함한 기업공개나 회사채 발행 등과 같이 필요한 경우 자율적으로 받도록 하는 것이 좋겠다는 의견을 제시하기도 했다.

상장 여부를 불문하고 우리나라 일부 기업들은 외부감사 무용론을 지속적으로 제기하고 있다. 이런 인식에 기초하여 기업들은 회계감사에 충분한 자원을 배분할 리 없고 어쩔 수 없이 외부감사를 받는다면 저렴한 감사서비스를 찾을 것이다. 결국 형식적인 외부감사, 즉 분식회계를 적발하지 못하는 부실감사가 이루어질 소지가 크다.

싼 게 비지떡

로마의 풍자시인 푸블리우스 시루스는 "모든 것은 구매자가 지급하려고 하는 가격만큼의 가치가 있다"라고 말했다.

관련업계에서는 흔히 회계감사보수가 적어 감사품질이 떨어진다고 여긴다. 회계감사보수가 적으면 공인회계사는 감사하는 데 시간과 노력을 적게 들인다. 결과적으로 감사품질이 떨어지고 부실감사가 발생할 가능성이 높아진다. 이는 국내회계감사 환경을 잘 아는 회계업계에 공통된 의견이다.

2016년 6월 금융위원회 담당자는 언론과의 인터뷰에서 "회계법인이 외부감사를 수임하기 위해 가격경쟁에 나섰다. 회계감사보수가 낮아졌기 때문에 감사인은 감사품질을 향상시키려는 노력을 게을리 하고 있다"고 지적했다. 황인태 한국회계학회장은 취임 직후 가진 2015년 8월 5일자 《한국경제신문》 인터뷰에서 "지난 10여 년간 한국공인회계사 1인당 감사보수가 절반으로 떨어졌다. 헐값으로는 감사품질을 높일 수 없다"고 주장했다. 최중경 한국공인회계사회장은 2016년 7월 신임 회장으로 취임하면서 "회계업계에서 일어나는 문제는 모두 낮은 보수에서 시작되므로 감사보수가 제대로 책정되도록 제도적 뒷받침이 필요하다"고 말했다.

한국에서 회계감사보수는 어떻게 결정되고 수수되었을까? 1967년 외부감사보수 규정이 제정되어 적용되기 시작했다. 당시 재무부장관은 외감법에 의한 보수 규정을 행정권한 위임 및 위탁규정에 따라 증권선물위원회에 위임했다. 실제 보수규정은 사실상 한국공인회계사가 제정하여 증권선물위원회가 승인하여 시행했다. 이후 재무부장관이 승인한 보수 이상을 받지 못하도록 한 공인회계법 제14조에 따라 감사보수 상한규정을 IMF시대까지 30여 년간 적용했다. 당시 회계감사보수는 감사를 받는 회사의 자산과 매출액을 기본변수로 하여 일정률을 곱한 금액에 소폭 조정을 통하여 책정되었다. 감사계약 당시에도 감사보수는 정해지지 않았다. 왜냐하면 감사보수는 기말 재무제표를 보고 산정할 수 있었기 때문이다. 이 보수규정은 회계법인 사이에 공통으로 운용되어 회계감사보수 표준으로 사용되었다.

IMF로부터 구제금융을 받으면서 감사보수 산정에 큰 변화가 발생했다. IMF는 구제금융 조건의 하나로 회계제도의 변화를 요구했다. 그중 감사보수 규정 폐지도 포함되어 있었다. 당시 경제원조를 하던 미국이 우리 경제정책에 상당한 영향력을 행사하고 있었다. 정부로서도 IMF로 대표되는 미국의 요구를 거절하기 어려웠다.

미국과 한국은 자본주의 발전 양상이 달랐다. 자유경제체제를 기본으로 하는 미국의 입장에서 감사보수 규정은 민간경제에 대한 지나친 간섭으로 보였을 수도 있다. 미국에서 회계감사는 시장원리에 입각하여 자연발생적으로 시작되었고 감사보수도 시장에서 정해졌다. 반면 자본주의 체제가 성숙되어 있지 않은 한국, 일본, 대만 등에서는 감사보수 규정이 일종의 지침으로 운용되고 있었다. 미국은 자국의 경우와 국제적 추세를 근거로 감사보수 규정이 경쟁을 제한하므로 폐지해야 한다고 주장했고 우리 정부는 이를 마지못해 수용했다. 정부는 1999년 2월 5일 일명 카르텔 일괄처리법을 제정하여 공인회계사법 감사보수 규정을 폐지했다.

카르텔 일괄처리법 제정으로 공인회계사법에 따른 회계감사보수 규정과 대한변호사협회 변호사보수 기준은 폐지되었다. 이 법으로 인한 효과는 두 집단에 각기 다르게 나타났다. 변호사보수 기준의 폐지 후 변호사의 보수는 상향되는 효과가 있었다. 그러나 회계감사보수 규정이 없어지면서 회계감사보수는 전반적으로 하락했다. 그 원인은 이렇게 분석된다. 회계감사에 대한 기업의 자발적인 수요가 성숙되기도 전에 감사보수가 자유화되었고 회계법인 간의 급격한 저가수임 경쟁이 발생했기 때문이다.

회계법인 간 저가수임 경쟁이 가능했던 이유는 무엇일까? 회계감사보수가 시장메커니즘에 따라 형성되는 상태였다면 문제가 되는 보수 하락은 발생하지 않았을 것이다. 재화와 용역의 가격은 수요와 공급에 의해 결정되는 것은 경제학의 기본원리다. 회계감사보수도 마찬가지다. 회계감사 수요는 산업혁명 이후 자본주의가 성숙해지면서 증가했다. 실제 자본주의 발전의 이면에는 주식회사 제도의 발전이 있다. 주식회사 규모가 커지면서 주주뿐만 아니라 이해관계자도 다양해졌고,

주식회사에 대한 금전관계도 증가했다. 이런 이해관계자들이 회사의 재무정보 등을 알아보기 시작하면서 이를 검증할 필요성이 대두되었다. 시간이 지남에 따라 검증수요는 표준화되고 성숙해졌다. 주주뿐만 아니라 다른 투자자, 채권자들의 이해를 무시한 채 검증절차, 즉 회계감사를 진행할 수는 없었다. 회계감사에 대한 수요가 충분해진 것이다.

성숙하고 충분한 회계감사 수요에 맞추어 회계감사 공급체계도 발전했다. 회계감사 공급 측면에서 영미권의 경우 불법행위 책임이 강화되었는데 이에 따라 회계법인들도 감사품질 향상에 많은 자원을 투입했다. 회계법인에 대해 불법행위 책임을 물을 수 있는 당사자가 인식된 이용자, 예상된 이용자, 예상가능한 이용자로 범위가 대폭 확대되었다. 이러한 과정은 미국의 경우 1933년 울트라마레스(Ultramares) 판례로부터 시작되었다. 미국은 1934년 증권거래법을 제정하여 상장회사에 대해 감사위원회를 설치하고 외부회계감사를 의무적으로 받도록 했다.

우리나라는 이러한 관행이나 시장질서가 형성되기 전에 회계감사 시장이 시장기구에 맡겨졌다. 1980년 말 상장회사 수의 증가에 따라 회계감사에 대한 수요가 늘어났고 회계감사 공급도 증가하기 시작했는데 회계법인 등 감사인의 손해배상 책임은 거의 발생하지 않았다. 감사품질을 제3자, 예를 들어 법원이 검증한 적도 거의 없었다. 따라서 감사인 입장에서 낮은 공급가격으로 인해 발생할 수 있는 부실감사 위험은 고려 요인이 아니었다. 보수는 대부분 회계사 인건비와 사무실 유지비용과 회계법인 지분권자의 기대이익으로 구성되어 있었다. 원가가 크지 않았고 크게 증가할 환경도 아니었다. 이러한 상황은 IMF 금융위기 때 결정된 회계감사보수 자유화 이후 거의 변하지 않았고 이것이 회계법인

간에 쉽게 회계감사 저가수임 경쟁을 벌일 수 있는 원인으로 작용했다.

이러한 저가수임 경쟁은 회계감사보수를 어떻게 변화시켰을까? 그것에 대한 연구결과와 분석보고서 등을 살펴보자. 최관 교수와 주인기 교수의 1998년 논문 「외부감사보수의 적정성에 관한 연구: 피감사회사의 특성별 분석과 외국과의 비교를 중심으로」에 의하면 국내 평균 기본 감사보수는 2,400만 원, 시간당 감사보수는 8만 1천 원이었다. 이는 일본의 20%, 타이완의 30~38%, 미국의 20~25%, 독일의 25~33% 수준이었다. 국제 수준의 회계감사를 실시하는 데 필요한 감사보수는 시간당 10만 7,300원으로 산출되었다.

우리나라 회계감사보수 수준은 2002년에도 다른 나라에 비해 매우 낮았다. 2002년 감사보수 통계에 따르면 상장회사 60%가 5천만 원 정도의 감사보수를 지급했고 코스닥상장법인 70%는 3천만 원 미만의 감사보수를 지급했다. 당시 상장회사 전체의 감사보수는 500억 원 정도였다. 미국의 대표기업인 GE는 2002년 자산 690조 원 대비 감사보수 464억 원을 지급했다(자산 5,752억 4,400만 달러, 보수 3,870만 달러). 국내 감사보수 1위 기업인 국민은행은 자산총액이 156조 원에 달했으나 감사보수는 11억 원을 지급했다. GE가 지급한 감사보수는 국민은행보다 42배 많았다.

카르텔 일괄처리법 제정 이후 회계감사보수는 회계법인 간 경쟁 때문에 그 이전보다 8.7% 정도 감소한 것으로 나타났다고 손성규 교수 등은 주장했다(2005년 6월 『회계와 감사 연구』 제41호 참조). 1999년 이전과 그 직후 한국에서 회계감사보수는 절대금액이나 상대금액 측면에서 선진국에 비해 매우 낮았음이 분명하다.

최근 국내 회계감사보수 수준은 어느 정도일까? 국내 외부감사대상 회사의 평균 감사보수는 2011년 3,320만 원, 2012년 3,300만 원, 2013년 3,230만 원 수준이다. 조금씩 감소하는 추이를 보여준다. 미국 GM사는 2012년에 감사보수를 462억 원 정도 지급하였으나 한국 대표기업인 현대자동차의 감사보수는 15억 원에 불과했다. 즉, GM사는 현대자동차보다 30배 많은 감사보수를 지급했다. 매출액, 자산, 자회사 숫자 등을 고려해야 하지만 이를 감안해도 턱없이 적은 숫자임에 틀림없다.

한국 대표기업인 삼성전자와 미국 대표기업인 GE를 비교해도 한국의 감사보수가 적은 것은 분명하다. 2013년 삼성전자 매출액 228조 원은 GE 매출액 143조 원의 1.6배다. 반면 감사보수는 이와 정반대다. 삼성전자 감사보수 37억 원은 GE 감사보수의 2~3%에 불과하다(2014년 9월 《조세일보》 참조). 일본과 비교해도 한국의 감사보수는 적다. 2012년 발표된 감사보수 금액은 상장기업당 일본이 4억 6천만 원, 한국이 1억 1천만 원이다. 일본이 한국의 4.3배다.

미국와 일본 감사보수 수준을 좀 더 들여다보자.

먼저 미국 리서치 회사 오딧애널리틱스(Audit Analytics)의 2014년 1월 자료를 살펴보자.[11] 2012년 기준 매출액 대비 감사보수 비율은 소매업 0.019%, 제약업 0.044%, 에너지산업 0.062%, 음식숙박업 0.063%, 금융업 0.082% 정도 수준이었다. 소매업 대표인 월마트의 매출액 대비 감사보수 수준은 0.004%였고 금융업 대표인 뱅크오브아메리카(Bank of

---

11 오딧애널리틱스 사는 미국 상장기업 98%를 포괄하는 '러셀(Russell) 3000' 지수 편입 종목을 북미산업분류 코드에 따라 분류하여 자산과 매출액 대비 감사보수를 비교했다.

America)의 매출액 대비 감사보수는 0.09%였다. 금융업은 도드-프랑크 법에 따른 규제강화로 인해 감사보수가 증가한 것으로 분석되었다. 자산 대비 금융업 0.01%, 에너지산업 0.024%, 소매업 0.025%, 음식숙박업 0.044%, 제약업 0.043% 정도 수준이었다. 자산이 큰 금융업의 경우 서비스 산업보다 자산 대비 보수는 훨씬 적었다.

이번에는 일본을 살펴보자. 고려대 권수영 교수가 발표한 2012년 한국공인회계사와 일본회계사회 자료에 따르면 일본 상장기업의 평균 감사보수는 한국의 4.3배에 달하고 적게는 2.2배 많게는 3.8배임을 알 수 있다.

이처럼 우리나라의 회계감사 보수는 미국, 일본의 경우와 비교해볼 때 오랫동안 낮은 수준에 머물러 있었다.

2012년 한국과 일본 상장기업 감사보수 비교표

매출액	한국	일본	일본/한국
100억 원 미만	0.4	1.4	3.3
100억~500억 원	0.6	1.8	3.1
500억~1천억 원	0.6	2.2	3.4
1천억~5천억 원	0.8	3.0	3.8
5천억~1조 원	1.5	4.1	2.7
1조~5조 원	2.6	5.8	2.2
5조~10조 원	4.1	9.2	2.2
10조 원 이상	9.6	21.5	2.2
전체	1.1	4.6	4.3

(단위 : 억 원, 배)

다시 말해 한국에서 회계감사에 대한 수요는 해외 선진국과 달리 자발적으로 발생하지 않았다. 한국에서 회계감사는 외감법에 의해 강제로 받아야 하는 의무로 남아 있다. 필요에 의해 이루어지지 않기 때문에 시장에서 회계감사의 가격이 제대로 형성되기 어렵다. 피감회사가 감사의 경제적 의미를 충분히 납득하지 못하는 경우도 있다. 심지어 많은 중소기업들은 감사보수와 감사시간이 현재 수준보다 더 줄어들어야 한다고 여기기도 한다. 어떤 면에서는 지금도 회계감사가 제대로 기능을 발휘하기 위한 시장여건이 충분히 성숙하지 않았다고 할 수 있다.

감사보수 자유화는 한국에서 감사보수와 감사품질의 수준을 이전보다 더 끌어내렸다(이하 극동대학교 임형주 교수 의견 참조). 회계감사 시장을 좌지우지하는 빅4 회계법인은 감사를 수주하기 위해 지나치게 경쟁했고 결국 감사보수를 덤핑한 가격에 제시하는 경우가 많았다. 애초에 감사보수 수준이 낮은데 거기에 더해 대형 회계법인의 자체 사정으로 인하요인이 또 발생한다. 대형 회계법인은 저가수주로 감사보수 총액이 매출목표에 미달하면 매출을 유지 또는 증액시키기 위해 더 많은 저가 감사계약을 체결하게 된다.

감사보수가 낮은 경우 회계법인은 감사에 투입하는 시간을 줄인다. 의심의 여지가 없는 사실이다. 결국 회계법인의 감사계약당 감사에 들이는 시간이 감소하고 이는 감사품질 저하로 연결된다. 저가 회계감사는 감사품질 수준을 악화시키는 요인으로 지속적으로 지목되고 있다.

컨설팅 증가가 회계감사 소홀로 이어지다

뱅크오브아메리카 창립자인 아마데오 지아니니는 "부업에 신경쓰지 말고 본업에서 재미를 찾으라"고 말했다.

회계법인의 업무는 크게 세 가지로 구분된다. 회계감사, 세무자문, 그리고 경영컨설팅이다. '회계감사'는 주식회사의 외부감사에 관한 법률, 외국환거래법, 지방공기업법, 정치자금법 등 법적 요구에 따른 법정감사와 주식평가, 신용등급산정 등을 위해 각 기업 등이 임의로 요청하는 임의감사를 포함한다. '세무자문'은 법인세, 소득세, 부가가치세, 상속 및 증여세법 등 세무조정, 과세처분에 대한 이의신청, 심사와 심판 청구 대리, 세무에 관한 자문, 기장대리와 세무신고 대리 등을 포함한다. '경영컨설팅'은 법인설립, 개인기업의 법인전환, 기업의 경영진단 및 분석, 회사의 내부통제 구조 구축, 국제투자 및 해외진출 관련 제반 컨설팅, 기업인수합병 등을 포함하여 가장 광범위하다.

우리나라 회계법인의 업무 비중은 1997년 IMF 이전과 이후가 확연히 다르다. 1997년 회계법인들이 금융감독원에 제출한 사업보고서 분석에 의하면 전체 매출액 2,984억 원은 회계감사업무 1,629억 원, 세무자문 278억 원, 경영컨설팅 1,039억 원으로 구성되어 있으며 경영컨설팅의 매출 비중은 35.2%였다. 1998년에는 변화가 보인다. 매출액이 3,889억 원으로 전기 대비 31.9% 증가했는데, 이중 회계감사는 1,639억 원으로 0.6% 증가한 반면 경영컨설팅은 전기 대비 85.3% 증가한 1,925억 원으로 매출액에서 차지하는 비중이 49.5%로 증가했다. 컨설팅 비중이 증가한 이유는 IMF 외환위기 이후 자산실사, 기업인수합병 등의 업무를 많이 수행했기 때문이다.

이후 1999년부터 2014년까지 16개 사업연도 기간 중 회계법인의 매출 누계액은 21조 782억 원이다. 이중 컨설팅 매출은 8조 3,687억 원으로 전체의 39.7%다. 회계법인 본업인 회계감사 매출액은 8조 1,988억 원으로 38.9%다. 2002년부터 2008년까지 6개 사업연도와 2011년까지 포함해 전체 7개 사업연도를 제외하고 9개 사업연도에서 컨설팅 매출 비중이 회계감사 매출보다 높았다.

그렇다면 회계법인의 입장에서 컨설팅업무는 어떤 의미를 가지는 가? 회계법인은 회계감사업무를 수행하는 한 부실감사 위험에 노출되어 있다. 회사 주주 및 채권자가 회계법인의 부실감사를 이유로 손해배상을 청구할 수 있다. 주주 및 채권자의 투자의식이 성숙해지면서 손해배상 청구금액과 건수는 IMF 외환위기 이후 증가했다. 회계법인과 공인회계사는 부실감사 위험에서 어떻게든 벗어나려 한다.

이런 상황에서 위험이 적거나 거의 없는 컨설팅업무는 그야말로 최적의 대안이다. 회계법인은 컨설팅업무를 수행할 때 필요한 제반 정보를 그대로 회사로부터 받을 수 있다. 또한 회계법인이 컨설팅을 통해 제안하는 의견은 회사가 제시하는 정보에 기초하면 무방하다. 컨설팅업무는 회계감사보다 이해관계자가 훨씬 적어 부실 컨설팅 위험도 그리 크지 않다. 그러나 회계감사는 그렇지 않다. 회사는 가급적 회사의 재무제표를 매력적으로 보이도록 다소 과장하거나 왜곡된 재무정보를 회계법인에 제시한다. 즉 회계감사업무는 부실감사 위험이 항상 도사리고 있다. 따라서 회계법인은 컨설팅업무에 자원을 더 많이 투입하려는 동기를 가질 수밖에 없다.

그렇기 때문에 회계업계의 입장에서 볼 때 감사인이 컨설팅업무에 치중하고 회계감사를 소홀히 할 위험이 잠재한다. 특히 감사인이 어느 회사에 대해 회계감사와 컨설팅을 동시에 수행할 때는 문제의 소지가 훨씬 크다. 회계법인이 위험이 적고 수익이 큰 컨설팅 기회를 중요하게 여겨 회계감사 결과를 제시할 때 회사의 입맛에 맞추는 상황이 발생할 수 있다는 뜻이다. 물론 컨설팅과 회계감사를 동시에 수행할 경우 회사에 대한 이해가 깊어져 감사품질이 좋아진다는 주장도 있지만, 이는 우리나라 환경에서는 그다지 해당되지 않는다는 시각이 더 우세하다.

대형 회계 스캔들이 터지면 회계전문가들은 회계법인이 감사보다는 컨설팅에 업무를 집중했기 때문에 부실감사가 발생한 것이라고 주장했다. 그래서 이를 규제해야 한다는 주장이 지속적으로 제기되었다. 감사 대상 기업에 대해 민형사 소송자문, 인사와 조직관련 컨설팅, 자산매도를 위한 실사 및 가치평가, 다른 기업의 의뢰를 받은 자산실사와 가치평가, 해당업체의 구조조정 관련 서비스를 같이 제공하는 것은 규제해야 한다는 주장이 그것이다.

그런데 회계감사 시장이 정체된 상황에서 회계법인의 존립과 성장이 걸린 컨설팅업무는 포기할 수 없는 사업이다. 그래서 회계업계는 감사 대상 기업에 대한 컨설팅 제한에 계속 반대하는 입장이었다.

미국의 경우를 보자. 역사학자이자 회계학자인 제이컵 솔(Jacob Soll)의 『회계는 어떻게 역사를 지배해왔는가』에 따르면 1960년대에 이르자 회계는 방대한 관공서, 법률, 세법의 등장으로 복잡해져서 최고의 교육을 받은 시민들에게도 불가해한, 오직 전문지식과 정보를 가진 사람들의 주제가 되었다고 한다. 회계사의 전문성이 부각되어 컨설팅업무는 중요한 이익창출원으로 등장하기 시작했다. 이런 배경에서 미국의 회계컨설팅사인 아서앤더슨도 두 가지 업무를 동시에 수행하기 시작했다. 아서앤더슨의 창업자인 아서 앤더슨은 이렇게 말했다. "감사보고서의 온전함을 유지하기 위해, 회계사는 판단과 행동의 절대적 독립성을 고수해야 한다." 이러한 판단에 기초해 회계업계는 독립성을 유지한다는 전제 아래 신사업 투자 또는 기존사업 확대 등에 대한 컨설팅도 제공하기 시작했던 것이다.

그러나 회계법인 간에 경쟁이 격화되면서 대부분의 회계법인들은 자신들이 독립적으로 감사를 수행해야 할 기업으로부터 막대한 컨설팅 계약을 수주하면서 독립성의 기준도 희미해졌다. 이러한 모순은 1970년대 여러 건의 회계 스캔들로 이어졌다. 1976년 몬태나 주 민주당 상원의원 리 멧커프는 회계 스캔들과 관련하여 이렇게 주장했다. "회계법인의 컨설팅 서비스는 독립적인 회계감사와 양립할 수 없으며 연방 행동기준에 따라 금지되어야 한다." 1991년 언론인 마크 스틴븐스도 "규제되지 않은 6대 회계법인은 자신들이 회계감사를 수행하는 기업의 컨설턴트로 일함으로써 주머니를 불리고 있다"고 주장했다.

1998년 재무분석가이자 《비즈니스위크》 국장 리처드 멜치는 회계법인 수익의 50% 이상이 컨설팅에서 나오는 것과 관련하여 본업인 회계감사를 능가한다는 사실 자체를 비판했다. 1992년에서 2001년 사이 회계법인 아서앤더슨의 매출은 3배 증가했는데 70%가 컨설팅에서 나왔다. 당시 아서앤더슨은 웨이스트매니지먼트, 월드컴, 엔론과 같은 기업에 감사와 컨설팅을 제공했다. 이들은 모두 분식회계를 통해 주가를 띄웠고 이후 아서앤더슨과 함께 파산했다.

엔론 사태는 회계감사의 독립성에 관해 중요한 시사점을 제공한다. 사실 엔론에 대한 아서앤더슨의 회계감사는 제대로 이루어졌다. 2001년 숙련된 아서앤더슨의 회계사들은 엔론의 이상한 거래와 분식회계를 요약한 보고서를 작성했다. 그러나 연 1억 달러 상당의 컨설팅 수입을 놓치고 싶지 않은 아서앤더슨 경영진은 이 보고서를 무시했다. 엔론은 잃어버리기에는 너무 큰 고객이었던 셈이다. 엔론 회계감사 담당 파트너 데이비드 던컨은 증권법 위반 혐의를 받을까 봐 두려워 사무실 직원에게 관련 문서를 파기하라고 명령했다. 그러나 그때는 이미 너무 늦었다. 회계 사기의 규모가 워낙 크고 아서앤더슨과 엔론의 공모가 밝혀지자 엔론의 몰락과 함께 아서앤더슨도 사라졌다.

이런 배경에서 2002년 사베인-옥슬리법이 제정되고 상장사회계감독위원회(PCAOB)가 설립되었다. 광주대학교 법학과 김순석 교수는 논문「기업의 회계부정과 외부감사인의 독립성 제고방안」에서 "이 법은 회계감사의 독립성을 보장하고 기업지배구조를 튼튼히 하여 회계감사와 경영공시 규정을 보다 명확히 하기 위한 시도였다. 이 법은 민주당과 공화당 양당의 지지를 받으며 통과되었다. 또한 이 법이 효과적인 규제로 판단되어 이후 오스트레일리아, 프랑스, 독일, 이탈리아, 이스라엘, 인도, 일본, 남아공, 터키에서도 유사한 입법이 이루어졌다."

입법 준비 시에는 상장회사의 감사인이 피감사기업에게 컨설팅을 제공하는 것을 금지하고자 했다. 그러나 회계업계와 의회가 강력이 반대했다. 회계법인이 컨설팅업무를 수행하면서 기업을 더 잘 이해할 수 있고 그러면 감사의견의 품질이 더 높아질 수 있다는 이유에서였다. 결국 '외부감사인의 독립성 요건에 관한 규칙'으로 완화되었다. 그 내용에 따르면, 일반기준으로 "합리적인 투자자가 관련된 모든 사실 및 상황에 대한 지식에 근거하여 감사인이 객관적으로 중립적인 판단을 할 수 없다고 결론을 내린 경우 감사인은 독립적이지 않다"라고 규정했다. 감사인의 중립성에 대한 판단기준으로 첫째 감사인과 업체 간에 공동 또는 상반되는 이해관계를 가지는가, 둘째 감사인이 자신이 수행한 업무를 감사하게 되는가, 셋째 감사인이 업체의 경영진 또는 직원처럼 행동하는가, 넷째 감사인이 업체의 이익 대변자의 지위에 있는가 등을 규정하고 있다.

이 규칙은 피감업체에 제공할 수 없는 컨설팅업무를 구체적으로 열거하고 있다. 첫째 회계기록이나 재무제표 작성과 관련된 장부기장 또는 기타 서비스, 둘째 재무정보 시스템의 설계와 실행, 셋째 감정 또는 평가서비스, 적정의견 또는 감정평가보고서, 넷째 보험계리서비스, 다섯째 내부감사아웃소싱 서비스, 여섯째 경영진의 기능 또는 인사대행 서비스, 일곱째 브로커-딜러, 투자자문 또는 투자은행 서비스, 여덟째 법률자문 및 감사와 무관한 전문가서비스, 아홉째 기타 회계감독위원회(PCAOB)가 허용하지 않는 서비스 등이다. 열거되지 않은 업무는 앞서 말한 4가지 요건에 의해 판단한다.

덧붙여 유럽연합의 경우 동일 업체에 대한 컨설팅 수입은 회계감사 수입의 70% 이내로 제한하는 규정을 둔다.

2016년 9월부터 우리나라 회계법인은 동일 회사에 대해 민형사소송 컨설팅, 인사 및 조직관련 컨설팅, 자산매도 관련 실사와 가치평가 업무를 수행할 수 없다. 미국 기준을 좀 더 충실히 이어받은 것이라고 평가할 수 있다. 회계법인 본연의 업무는 회계감사의 적절한 수행이다.

같은 업체에 컨설팅업무를 제공한다 하여 회계감사 독립성이 반드시 훼손되는 것이 아니라는 것이 회계계의 정설이지만, 자신이 제공한 컨설팅에 대해 감사하지 않음으로써 독립성 유지 논란에서 좀 더 자유로울 수 있다.

경영진이나 오너의 감사의견 쇼핑 관행

서던일리노이대 교수인 윌리스 데이비드슨 3세는 "회사는 영업실적을 개선하기 위해 감사인을 변경하고 임원 또는 대표이사는 승진 또는 연임하기 위해 감사인을 변경한다"라고 말한 바 있다.

외감대상회사는 사업연도 개시 후 4개월 이내에 감사인을 선임해야 한다. 예를 들어 12월말 결산 회사는 4월 말일까지 외부감사인을 선임해야 하는 것이다. 감사인을 선임할 때는 감사 또는 감사인선임위원회의 사전 승인을 받아야 한다. 다만, 주권상장회사와 소유와 경영이 분리되지 않은 비상장회사는 반드시 감사가 아닌 감사인선임위원회의 승인을 받아서 감사인을 선임해야 한다. 이때 상법에 따라 회사에 감사위원회가 이미 설치된 경우 감사인선임위원회를 따로 구성할 필요는 없다. 이 경우 비상장회사는 직전연도 말 자산총액이 1천억 원 이상인 비상장기업으로 최대주주와 그 특수관계자의 지분율이 50% 이상이고 지배주주에 해당하는 자가 대표이사인 경우다.

회사는 1990년 이후 자유수임의 원칙에 따라 원하는 회계법인이나 감사반[12]을 임의로 선정할 수 있다. 다만, 상장회사가 감사계약을 체결할 때는 연속하는 3개 사업연도를 동일한 감사인으로 선임하여야 한다. 금융감독 당국이 필요하다고 판단해 감사인을 지정하는 경우는 예외다. 감사보수는 원칙적으로 감사인이 지정되는 경우를 포함하여 감사 서비스 시장에서 기업 특성에 따른 감사투입시간, 감사위험 등을 고려하여 회사와 감사인이 협의하여 결정하고 있다.

외부감사대상 회사 중 상장법인에 대한 감사의견은 최근 어떤 분포를 보였을까? 금융감독 당국이 2014년 12월로 종료되는 사업연도 감사보고서를 분석해서 발표했다. 상장회사 1,848개사 중 1,829사가 적정의견이었다. 99.0%에 해당한다. 한정의견을 받은 회사는 7개사로 0.4%였다. 의견거절을 받은 회사는 12개사로 0.6%였다. 유가증권시장 상장법인의 적정의견 비율은 99.6%에 달하고 코스닥시장 상장법인은 98.6%, 코넥스시장 법인은 97.2%였다. 큰 차이는 없지만 유가증권시장 상장법인에서 적정의견 비율이 높았다. 자산총액 기준으로 봤을 때 5천억 원을 초과하는 법인은 99.8%, 1천억 원 이상 5천억 원 미만인 법인은 99.7%, 1천억 원 미만인 법인은 98.0%가 적정의견을 받았다. 자산총액이 높을수록 적정의견 비율이 근소하게 높았다.

그런데 자유수임감사와 지정감사로 구분하여 볼 때 적정의견 비율은 차이가 분명했다. 증권선물위원회가 감사인을 지정한 71개사의 적정의견 비율은 90.2%였으나 감사인을 임의로 선임한 회사의 적정의견 비율은 99.3%였다. 약 9% 차이다. 금융감독원 관계자는 이유를 다음과 같이 설명했다. "증선위는 재무상황이 악화되거나 감리결과 지적되는 등

---

12 회계법인 소속이 아닌 3명 이상의 회계사가 연합하여 한국공인회계사회에 감사반으로 등록하고 회계감사를 수행할 수 있다.

의 사유가 있는 경우 감사인을 지정한다. 감사인이 지정되는 경우 감사인은 좀 더 감사기준을 엄격하게 적용하여 회계감사를 하기 때문에 적정의견 비율이 조금 적게 나온 것으로 보인다."

금융감독원은 2016년 7월 2015 사업연도 상장법인 감사의견을 분석해서 발표했다. 참고로 2015년 12월말 기준 외부감사대상 회사 현황은 다음과 같다. 외부감사대상 회사는 총 2만 4,951사이며 이중 유가증권상장법인은 760사로 3%, 코스닥상장법인은 1,249사로 5%, 비상장법인은 2만 2,942사로 92%다. 결과는 앞서 설명한 2014 사업연도의 경우와 큰 차이가 없다. 국내 상장회사 2,002개 중 1,990개사, 즉 99.4%가 적정의견이었다. 10개사는 의견거절 감사보고서를 받았고 2개사는 한정의견 감사보고서를 받았다. 증권선물위원회가 감사인을 지정한 147개사 중 141개사, 즉 95.9%가 적정의견을 받았다. 자체적으로 감사인을 선임한 회사의 적정의견 비율은 99.6%였다. 3.7% 정도 차이다.

2015년말 기준 자산규모별 외부감사대상 회사 현황

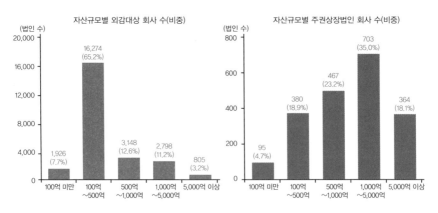

(출처 : 금융감독원)

상장회사에 대한 적정의견 비율은 최근 2년간의 실태를 볼 때 압도적인 수준이다. 이런 상황을 두고 언론은 회계법인 스스로 감사의견 신뢰도를 파괴하고 있다고 평가한다. 한편 금융감독 당국은 이렇게 적정의견을 받은 회사를 대상으로 회계감리를 실시하고 그중 분식회계 사례를 찾아 징계하고 있다. 금융감독 당국의 감리결과는 어떻게 나타났을까? 2012년 128개사에 대한 감리를 실시한 결과 67개사가 분식회계를 한 것으로 나타났다. 2013년에는 105개사 중 55개사가, 2014년에는 89개사 중 57개사가 분식회계로 제재를 받았으며 관련된 감사절차에 과실이 있다고 판단된 회계법인과 공인회계사는 징계를 받았다.

이를 두고 외부감사대상 회사가 적정의견을 줄 감사인을 찾아 감사계약을 체결하고 있다고 판단하기도 한다. 대우조선해양 분식회계 건도 이런 예로 거론된다. 대우조선해양은 2010년부터 안진회계법인으로부터 회계감사를 받았다. 당시 적정의견을 받기 쉬운 감사인으로 변경한 것이라는 주장이 제기되었다. 안진회계법인은 문제가 된 2013년과 2014년 사업연도에 대해 적정의견을 표명했다. 2015년 반기에 대우조선해양이 2조 원대의 영업손실을 공시한 후 부실감사 논란이 일었다. 2015년 감사보고서를 발행할 때는 2013년과 2014년 재무제표를 수정했다.

이러한 감사실패[13]는 외부감사대상 업체의 '감사의견 쇼핑'에 대해 감사인이 감당할 만한 힘이 없기 때문이라고 회계업계는 진단했다. 한국공인회계사회에서는 "외부감사라는 일감과 보수를 쥐고 있는 외부

---

13 흔히 회사가 재무제표작성 시 기업회계기준을 크게 위반하였으나 감사인이 이를 적발하지 못한 경우를 말한다.

감사대상 업체와 외부감사를 수행하는 감사인은 '갑과 을의 관계'에 있다. 감사인은 독립성을 유지하면서 감사를 수행하기 어렵고 감사의견을 표명하기도 어렵다"고 밝힌 바 있다. 좀 더 구체적으로 설명하면 이렇다. 2016년 말로 종료되는 사업연도에 대한 회계감사계약은 앞서 말한 바와 같이 결산기 이후 4개월 이내에 체결하면 된다. 그런데 2015년 말로 종료되는 사업연도에 대한 감사의견은 대부분 3월초에 나온다. 이때 회사들은 감사의견과 관련하여 감사인과 의견충돌이 있거나 감사절차가 엄격하게 진행되면 이를 빌미로 감사인 변경을 고려할 수 있다. 감사인은 회계감사 및 이와 연관되는 일감을 잃을까 전전긍긍할 수밖에 없는 것이다. 즉 감사의견을 제대로 표명할 수 없는 상황이 얼마든지 발생할 수 있다는 얘기다.

　이러한 현상은 실증적인 연구결과에서도 확인할 수 있다. 서울대 경영학과 최종학 교수의 2015년 발표 논문 「감사의견 구매 목적의 감사인 교체와 감사품질 하락」에 따르면 "현 감사인과 비교하여 후임 감사인으로부터 비적정의견을 받을 확률이 낮을 경우 감사인이 교체된 반면, 그 반대일 경우 현 감사인이 교체되지 않고 재고용되었다. 이는 국내 비상장기업들이 의견 구매 목적으로 감사인을 교체하고 있음을 지지하는 결과다." 논문은 2006년부터 2013년까지 국내 비상장기업의 7만 40건의 감사계약을 대상으로 감사의견 구매 목적으로 감사인을 교체하는 현상이 존재하는지 살펴보고 이러한 감사인 교체가 감사품질에 미치는 영향을 분석하였다. 그는 감사품질 저하 현상은 감사인이 중소형 회계법인에서 다른 중소형 회계법인으로 변경될 때 더욱 뚜렷하게 나타났다고 밝혔다.

연세대 경영학과 손성규·이은철 교수의 2007년 발표 논문「경영자-감사인 간의 의견불일치와 감사인 교체」를 보더라도 국내 기업의 감사의견 구매 현상을 확인할 수 있다. 논문은 "감사인 유지제도를 고려하여 2000년부터 2004년까지 연도별로 감사인을 교체할 수 있는 표본 중 잠정실적을 보고한 총 574개 기업의 연도 표본을 이용한 결과, 의견불일치가 발생한 기업의 차기 감사인 교체비율이 의견불일치가 없는 기업에 비해 더 높은 것으로 나타났다"고 결론을 맺고 있다. 이 연구는 수시공시로 발표된 잠정이익은 경영자의 주장인 반면, 실제 실적은 경영자와 감사인 사이의 협상의 산물이라고 할 수 있으므로 이 차이는 경영자와 감사인 사이의 의견불일치 정도를 잘 반영한다고 보고 실증분석한 것이다.

손성규 교수는 2015년 발표한 논문「감사의견의 종류와 감사인 교체 : 계속기업의견을 중심으로」에서 다시 국내기업의 감사의견 구매 패턴을 보고했다. 분석결과를 인용하면 다음과 같다. "첫째, 적정의견을 받은 기업과 비교했을 때 비적정의견을 받은 기업이 차기 이후 감사인을 더 많이 교체하는 것으로 나타났다. 둘째, 적정의견을 받은 기업과 비교했을 때 계속기업의견(회사가 조만간 망할 가능성이 큰 것을 전제로 한 적정의견)을 받은 기업이 차기 이후 감사인을 더 많이 교체하는 것으로 나타났다. 이러한 결과는 감사인의 비적정의견 표명이 피감사기업이 감사인을 교체하도록 하는 동기가 됨을 보여주고 있다. 특히, 변형의견 중에서도 계속기업의견을 받을 경우 감사인의 교체가 더 많다는 본 연구의 결과는 피감사기업 입장에서는 감사범위의 제한이나 감사인과의 의견불일치로 인한 변형의견보다 계속기업의견을 더욱 피하려고 하는 성향이 높다는 것을 보여주는 증거가 될 것이다."

대형 회계법인의 감사품질은 일반적으로 좋은 것으로 알려져 있다. 하지만 연구결과는 달랐다. 중앙대 경영학과 황인태 교수 등의 2007년 논문 「빅4 감사품질의 우수성은 모든 규모의 기업에 적용되는가?」는 국내 감사환경에서 최적감사 서비스를 제공할 수 있는 감사인은 기업 규모별로 달랐음을 보여주었다.

먼저 감사반의 경우 모든 규모의 기업군을 대상으로 회계법인에 비해 감사대상 회사의 재량적 발생액(회사 이익 중 경영자 판단으로 조절이 가능한 부분, 예를 들어 대손상각, 투자유가증권 평가손익)이 유의적으로 나타나 감사품질이 낮았다. 자산총액 500억 원 미만의 중소상장회사 감사시장에 있어서 중형 회계법인과 소형 회계법인의 감사 대상 회사의 재량적 발생액은 빅4 감사대상 회사의 재량적 발생액보다 적어 중소기업의 경우 상대적으로 규모가 작은 중소형 회계법인의 감사품질이 빅4보다 높았다. 반면 자산총액 5천억 원 이상 대기업 감사시장에서는 빅4의 감사품질이 다른 회계법인보다 높았다.

이 연구결과는 빅4의 감사품질이 모든 경우에 우월할 것이라는 보통의 선입견을 깨는 결과를 보여주었다.

회계학자들의 연구결과가 보여주는 것처럼 감사의견 구매 정황은 다양하다. 감사인 변경 이후 이익증가가 전에 비해 현저한 경우 감사의견 구매가 의심된다. 감사의견 구매가 의심되는 경우 부실감사 또는 회계부정 가능성이 높다. 정보이용자 입장에서 감사의견 구매에 대한 의구심이 들 경우 투자에 유의할 필요가 있다.

'빅4'의 과점체제와 부실감사

금융감독원은 매년 상장회사 감사보고서 중 일부를 선정하여 회계감리를 진행하고 있다. 그런데 2011년 8월에는 감리 대상회사 선정 시 회계감사보수가 업계 평균보다 20% 이상 적은 경우 감리를 적극 고려하겠다고 했다. 이는 회계법인들이 감사수임을 위해 감사보수를 대폭 할인할 경우 부실감사가 발생할 가능성이 높기 때문이다.

회계감사보수 덤핑이 심각한 수준에 이르렀다는 판단에서 나온 조치였다. 금융감독원은 2007 회계연도부터 2010 회계연도까지 회계법인이 제출한 감사계약 보고서 7만 441건을 대상으로 분석했다. 조사 대상 회계법인의 수임료는 2007년에 4,700억 원이었으나 2010년에는 5,080억 원으로 380억 원 증가하였다. 연평균 2.7% 증가했다. 이 기간 외부감사를 받는 회사의 자산은 총액기준 2,793억 원에서 3,912억 원으로 증가했다. 연평균 증가율은 약 13.3%였다. 금융감독원은 감사보수 증가율이 미미했다고 평가했다.

금융감독원 관계자는 이렇게 원인을 분석했다. "비상장기업의 자산 총액 증가율은 18% 수준이었다. 반면 수임료 총액 증가율은 1%에 불과했다. 회계법인 간 가격경쟁 심화로 자산규모 대비 감사수임료가 정체되었다. 상장법인 사업보고서상 평균 회계감사 소요시간은 2007 사업연도에는 1,037시간이었으나 2010 사업연도에는 1,139시간으로 102시간 증가하였다. 시간당 감사보수는 8만 2,800원에서 8만 1,800으로 줄었다. 시간당 감사보수는 물가수준, 인구 등 조정요소를 감안하지 않고 그냥 비교할 경우 선진국의 약 30% 정도다."

또한 이 기간 동안 회계업계의 경쟁이 치열했음에도 이른바 '빅4'의 시장점유율은 늘어났다. '빅4'의 시장점유율은 2007년 46.5%였으나 2010년에는 49.6%로 3.1%p 증가했다. '빅4'는 2010년의 경우 상장법인의 74.5%에 대해 회계감사를 수행했다. 이런 통계는 '빅4'가 회계감사 수임을 위해 보수 덤핑에 앞장섰음을 시사한다. 이를 보강하는 사실도 있다. 2014년 3월 기준으로 회계법인들이 제출한 사업보고서에 따르면 '빅4'의 1인당 매출액은 약 2억 5천만 원으로 업계 평균보다 적었다. 삼일 3억 100만 원, 한영 2억 5천만 원, 안진 2억 3,300만 원, 삼정 2억 2,500만 원 순이다.

이러한 문제점을 개선하기 위해 2013년 4월 한국공인회계사회는 '공인회계사 장기발전방안'을 마련해서 발표했다. 이 방안은 회계법인 경영진, 금융감독 당국, 회계학 교수 등이 참여하여 6개월 동안 논의한 결과였다. '빅4' 회계법인의 일정규모 이하 법인에 대한 감사수임을 자제하여 업계 상생노력을 강조했다.

그 내용을 요약하면 다음과 같다.

공인회계사 업계의 극심한 경쟁으로 공인회계사당 평균수입이 감소되고 있다. 이러한 현실에서 '빅4' 회계법인의 감사시장 집중도가 크게 나타나고 있다. 공인회계사 업계의 경쟁심화로 '빅4' 회계법인이 업무영역 확대를 위해 중소기업 회계감사시장에까지 점유율을 높이는 상황이 벌어지고 있다. 중소회계법인의 시장점유율 하락에 의한 수입 감소가 보수덤핑을 유발하고 있다. 이로 인해 감사에 투입하는 시간이 줄어들고 이는 부실감사의 원인이 되어 사회 전체적인 감사

시장이 실패로 이어지고 있다. 궁극적으로 부실감사가 회계업계 전체의 부담으로 나타날 가능성이 높아지고 있다.

국내 회계감사 시장은 앞서 말한 바와 같이 '빅4'가 과점체제를 이루고 있다. '빅4'가 회계감사 품질수준을 좌우하고 있는 셈이다. 부실감사에 연루되는 것도 대부분 '빅4'라고 해도 과언이 아니다. 실제 통계를 봐도 그렇다. 2016년 7월 기준으로 《비즈니스워치》는 금융감독 당국이 최근 3년간의 부실감사에 대해 국내 회계법인에 조치한 징계내역을 요약해서 보도했다. 이에 따르면 지적순위 10위 안에 매출액 순위 6대 회계법인이 포함되어 있다. 매출순위는 삼일, 안진, 삼정, 한영, 대주, 삼덕 순이다. 삼일은 대한토지신탁, 수성기술, 동양네트웍스, 대우건설 등 4개사에 대한 감사절차 소홀로 징계를 받았다. 안진은 대한전선, STA건설, 보해상호저축은행, 홍덕 등 4개사에 대한 감사절차 소홀로 징계를 받았다. 삼정은 효성, 동양레저, 에스비아이2저축은행, 에스비아이4저축은행, STX조선해양 등 5개사에 대한 감사절차 소홀로 징계를 받았다. 한영은 동양시멘트, 동양인터내셔날, 동양, 계룡건설산업 등 4개사에 대한 감사절차 소홀로 징계를 받았다. 이러한 사실은 상장법인에 대한 회계감사를 독식하고 있는 '빅4'가 회계감사 시장에서 고품질 회계감사를 수행하고 있다고 인정받으면서도 실제로는 부실감사로부터 자유롭지 못함을 의미한다.

국내 회계업계 부동의 1위 자리를 지키고 있는 삼일회계법인은 2015년 11월 소속 공인회계사의 불공정 주식거래로 한바탕 도덕적 타격을 입었다. 회계감사의 근간을 이루는 독립성 유지에 대한 내부통제에 문제가 불거진 것이다. 서울남부지검은 금융감독 당국이 2015년 8월 통보한 삼일회계법인 소속 공인회계사들의 불공정거래 혐의에 기초하여 공인회계사들이 감사대상 기업의 미공개 경영정보를 이용하여 주식을 거래한 사실을 수사했다. 수사결과 당초 금융감독 당국이 통보한 회계사 8명보다 훨씬 많은 26명이 관련된 사실이 밝혀졌고, 그중 2명은 구속기소되었다. 삼일은 동양그룹 계열사인 동양네트웍스에 대한 부실감사로 소액주주들이 제기한 집단소송에도 대응 중이다.

안진회계법인도 상황이 매우 좋지 않다. 대우조선해양의 부실감사 여파로 계속기업으로서 존속가능성도 확신할 수 없는 상황이다. 금융감독 당국이 12개월 영업정지 조치를 내렸기 때문이다. 안진은 2010년부터 2015년까지 6년간 회계감사를 수행하였으나 수주산업의 특징 등에 대한 전문성을 제대로 발휘하지 못하여 분식회계를 사전에 방지하지 못하였다고 금융감독 당국은 판단했다. 당초 대우조선해양이 2015년 반기결산 실적으로 2조 5천억 원 당기순손실을 발표한 순간 안진의 과거 회계감사에 문제가 있었다는 비판이 일었다. 이후 안진은 2016년 3월 대우조선해양 2015 회계연도 감사보고서에 누적 영업손실 5조 5천억 원 중 약 2조 원은 2013 및 2014 회계연도에 귀속된다고 공시하여 부실감사를 사실상 시인했다. 금융감독 당국의 영업정지 조치에 대해서는 안진이 행정소송 등을 통하여 불복할 수 있으나 어떻게 될지 예측할 수 없다.

삼정회계법인은 소속 공인회계사 1명이 감사대상 상장회사 경영정보를 이용해 주식을 거래하여 금융감독 당국의 지적을 받았다. 수사결과 4명의 회계사가 형벌에 처해졌다. 당시 같은 이유로 지적받은 회계법인은 12곳이었다.

이런 와중에 다소 모순적인 상황이 발생하고 있다. 금융감독 당국은 분식회계가 적발된 회사에 대해서는 감사인을 지정한다. 또 분식회계 동기가 크게 발생할 수 있는 회사에 대해서도 감사인을 지정한다. 그런데 감사인을 지정할 때는 감사보수가 2배 정도 인상된다는 것이 정설이다. 예를 들어, 회계법인이 입찰에 의해 감사계약을 맺을 때 감사보수가 4억 원이었다면 감사인 지정을 받는 경우에는 감사보수로 8억 원 정도를 받을 수 있다. 대형 회계법인은 매년 초 감사인 지정 시점이 되면 지정내용 등에 신경을 곤두세운다. 수임을 위한 노력 없이 보수가 2배로 오른 회사를 감사하는 것은 횡재나 다름없기 때문이다.

2016년 초에도 감사인 지정이 있었다. 대형 상장법인 기준으로 삼일은 15곳, 안진은 12곳, 삼정은 6곳, 한영은 4곳을 지정받았다. 모순인 것은 '빅4'가 부실감사로 징계를 받았음에도, 즉 감사수행에 문제점을 보였음에도 크게는 수십억 원의 감사보수를 챙길 수 있는 감사기회를 잡는다는 점이다.

이와 관련하여 더불어민주당 김영주 의원은 2016년 10월 "안진회계법인이 대우조선해양 부실감사에 연루되었음에도 2016년 상반기에 30개 업체에 대해 감사인으로 지정되어 감사보수로 106억 원을 확보한 것은 모순"이라고 말했다.

대우조선해양은 분식회계 의혹으로 2016 사업연도 감사인 지정에 따라 외부감사인이 안진회계법인에서 삼일회계법인으로 바뀌었다. 삼일회계법인은 2015년 9월 대우건설에 대한 부실감사로 과징금 10억 6천만 원을 부과받은 이력에도 불구하고 2016년 대우조선해양 등 112개

회사에 대한 감사인 지정을 받았다. STX조선해양은 2016년 말 재무구조조정 작업을 진행했다. 이를 위한 실사업무는 한영회계법인이 담당했다. 한영회계법인은 2011년 증권거래소에 상장한 후 2개월여 만에 분식회계로 상장폐지된 중국기업 '고섬'을 회계감사했다. 알려진 것처럼 한영회계법인의 '고섬' 감사보고서를 보고 투자한 소액주주들이 크게 투자손실을 봤다. 한영회계법인은 2016년 34개 회사에 대해 감사인 지정을 받았다. 회계법인들이 서로 부실감사 경쟁(?)을 해서 각각 조치를 받고 다른 회계법인이 감사하던 업체에 대해 감사인 지정을 받으면서 보수는 계속 올라가는 상황이 발생하고 있다. 부실감사에 연루된 회계법인들이 서로 다른 업체로 감사인 지정을 받아 돈을 더 벌게 되는 어처구니없는 상황이 전개되고 있는 것이다.

물론 회계업계에 대한 '빅4'의 기여는 중요하다. 공인회계사 시험에 합격하면 일정기간 연수를 거쳐야 공인회계사로 등록하고 감사업무를 수행할 수 있다. 관련 규정은 다양한 연수기관을 인정하고 있지만 신규 회계사들은 대체로 대형 회계법인에서 수습을 마친다. 신규 회계사의 80% 내외는 '빅4'에서 업무를 시작한다. 수습기간을 마친 회계사들은 상당수 기존 수습기관에 남아 회계업무를 계속 익혀나가고 성장한다.

그런 측면에서 '빅4'는 신입 회계사들의 회계사관학교라고 할 수 있다. 신규 회계사들이 중소형 회계법인에서 회계업무를 익힐 수도 있지만 실무 교육환경 등이 충분하지 않은 것이 사실이다. 즉, 중소형 회계법인은 업무의 다양성 측면에서 '빅4'와는 비교하기 어려운 형편이다.

대형 회계법인이 신규 회계사에게 회계감사 실무의 기회를 부여하는 역할을 오랫동안 수행해온 것은 인정받을 만하다. 그러나 현 시점에서 사회가 대형 회계법인에 간절하게 요구하는 것은 감사품질 향상을 통해 한국경제에 실질적으로 기여하는 것이다.

좀처럼 개선되지 않는 회계감사 관행

"관행은 관행이다. 관행은 구리, 철, 화강암으로 만들어졌다. 어떤 사실도, 어떠한 논리도, 어떠한 주장도 관행에 영향을 주지 못한다. 마치 미풍이 지브롤터 해협에 영향을 주지 못하듯이." 마크 트웨인의 말이다.

우리나라의 회계감사 관행에 대한 평가는 그리 좋지 않다. IMD와 WEF의 평가, 금융감독원이 최근 몇 년 동안 실시한 설문조사 결과가 이를 대변한다. 다시 말하면 IMD의 2016년 평가는 61개 평가 대상국 중 최하위였다. WEF의 2015년 평가는 140여 평가대상국 중 72위였다. 금융감독원 설문조사 결과는 조금 개선되고 있는 것으로 나타났다. 그렇다면 회계감사 관행이 실질적으로 개선되지 못한 부문은 어느 부문인가?

우리나라는 IMF 외환위기 시절까지 고성장을 거듭하여 대형 회사가 청산 또는 파산되는 경우를 그리 많이 경험하지 못했다. 그래서 감사실패가 사회경제적으로 큰 문제가 되는 경우가 거의 없었다. 과거 정부가 회사별로 회계법인을 지정하는 체제였고, 그것이 상당기간 유지되었다. 감사인은 규정에 따른 감사보수를 받으면서 감사업무를 수행했다. 감사인은 회사에 대해 이른바 '갑'이었다. 감사인에게 분식회계 위험은 문제가 되지 않았다. 감사조서 내용이 재무제표 적정성을 판단하기에는 적절하지 못한 경우도 있었다.

금융감독 당국은 1997년 이후 이러한 감사관행을 개선하기 위해 많은 제도를 개정하거나 새로 마련해 시행했다. 그럼에도 개선의 여지가 많다. 아직도 회계투명성 문제는 국가적 이슈이기 때문이다.

먼저 크게 개선되지 않는 영역은 감사계획과 관련된 부문이다. 감사계획은 회사에 대한 이해, 회사가 속한 산업에 대한 이해, 감사위험 등을 감안하여 감사일정, 감사투입 인원, 감사투입 시간, 전문가 활용여부, 감사범위, 감사기법 등을 미리 마련해놓은 것을 의미한다. 여기에는 회사에게 감사실시 전에 요청할 자료명세서를 만드는 것이 포함된다. 그러나 감사실무에서 감사계획을 마련하고 이를 감사반원이 공유하면서 감사계획에 따라 감사를 실시하는 경우는 찾아보기 어렵다. 조금 과장하면 주먹구구식 회계감사가 일반화되어 있다고 해도 과언이 아니다. 이에 대해 좀 더 살펴보자.

감사위험 평가에 문제가 있는 경우 감사인은 가장 심각한 상황에 직면할 수 있다. 먼저 감사인은 감사계약 전에 부담해야 할 감사위험을 평가하여 감당할 수 없는 큰 위험이 있다고 판단되는 경우 감사 자체를 수임하지 않는다. 감사계약을 체결한 후 감사인은 부실감사 위험을 최소화하기 위해 최선을 다하는 것이 기본원칙이다. 하지만 실무에서는 그렇지 않은 경우가 많다. 감사인 입장에서는 감사계약 체결 자체가 선결과제다. 회사들은 이름있는 대형 회계법인으로부터 저렴하게 감사보고서를 받고자 한다. 감사계약이 체결되면 부실감사 위험은 대부분 감사대상 회사가 2~3년은 망하지 않고 존속하겠지 또는 금융감독 당국이나 수사기관의 제재 없이 3~4년은 지나가겠지 하는 감사참여 회계사의 안이한 생각에 묻혀버린다. 대부분의 감사실패는 감사위험을 제대로 평가하지 못하고 감사를 실시하는 경우라고 볼 수 있다. 두 기업의 사례를 살펴보자.

A필름은 2005년 12월 대주주 변경, 2006년 영화투자 및 배급사업 등 연예사업으로 업종 변화가 있었다. 매출추이 및 매출액 감소에 따른 관리종목 지정, 취약한 내부·외부 감시기능, 대주주 변경 후 기존 감사인과의 계약 해지 및 새로운 감사인과의 계약 체결, 자회사에 대한 과다한 선급금 잔액 등의 사실관계가 있었다. 감사인은 이러한 상황에서 파산위험까지 잠재한 것을 알아챌 수 있었다. 그러나 실제로는 이러한 사실관계를 중요하게 오인하여 부정과 오류의 가능성을 과소평가했다. 즉 감사위험 평가 시 파산위험, 관리종목 지정 우려 등 기업의 비재무적인 사항을 충분히 반영해야 했지만, 해당 감사인은 이를 간과했고 결국 회사는 파산했다. (박성종·김동원·정준희, 「도산모형과 비재무적요인을 이용한 영화투자기업의 감사실패 연구」, 『회계저널』 제24권 제3호 2015년 6월)

B사는 화합물 반도체 웨이퍼 제조 및 판매를 목적으로 2000년 2월에 설립되었다. 회사의 총자산은 설립 다음연도인 2001년 130억 원, 2004년 267억 원, 2006년 812억 원, 2007년 2,272억 원, 2008년 3,588억 원으로 급증하였다. 당기순이익은 2007년 약 25억 원이었으나 2008년 230억 원으로 급증하였다. 이러한 실적이 있는 것으로 나타나자 시장은 기술역량을 인정했고 태양광 웨이퍼 생산기술을 개발하여 국내외에서 생산시설을 확장해온 것으로 평가했다. 최대주주의 지분율은 2002년 26.54%, 우회상장 전년도인 2008년도 16.6%로 서서히 감소했으나 대적할 만한 기관투자자나 외국인 투자자는 없었다. 내부감사도 최대

주주의 특수관계자로서 실질적인 견제기관이 아니었다. 재무구조상으로 2008년 말 장단기차입금 721억 원과 신주인수권부 사채[14] 및 전환사채 340억 원 등 총자산의 약 47%에 달하는 금융부채가 있었다. 이중 약 410억 원은 유동성부채로 2009년에 상환하거나 연장해야 하는 상황이었다. 또한 발행한 전환사채는 2008년 이익이 200억 원 미만 시 사채권자가 조기상환청구권을 행사할 수 있는 조건이었다.

이러한 사실관계 속에서 감사인은 최대주주가 서울대학교 공학박사이자 국내 대기업 연구소 출신 엔지니어라는 점과 금융기관과 기관들의 투자실적을 크게 신뢰했다. 반면, 급격한 경영실적 향상에 잠재된 위험, 지배구조상 경영진에 대한 실질적 통제장치 미흡, 형식적인 내부통제 유효성 평가 등은 과소평가했다. 결과적으로 감사인은 감사위험을 과소평가했고 감사절차를 소홀히 실시했다. 감사계약이 체결된 후 감사수행은 오래된 관행에 따라 이루어졌다. 이는 결국 감사실패로 귀결되었다.

감사인이 취하는 일상적인 감사절차 자체도 문제점이 없지 않다. 현재 각 회사에 대한 대부분의 감사풍경은 이렇다. 감사인은 감사현장에서 재무제표와 부속명세서를 받아 감사를 시작한다. 업무분장에 따라 각 업무담당 회계사는 회계부서 직원과의 질의응답을 실시하고 필요하다고 판단하는 경우 자료를 추가로 요청한다. 감사인이 경영진으로부터 직접 가결산, 결산, 결산상 현안, 세무상 발생 가능한 문제점에 대해 진술을 듣는 경우는 흔치 않다. 오히려 감사인은 회사가 제시한 엑셀과

---

14 기업이 자금조달을 위해 발생하는 채권의 일종으로 특정 가격에 새로운 주식을 매입할 수 있도록 권리를 부여한 사채.

일을 이해하는 데 많은 시간을 소모한다. 감사인은 현장감사 기간의 많은 부분을 준비단계에서 소모한다. 그러다 보니 감사인은 필요한 감사절차를 충분히 취하지 못하고 감사현장에서 철수하게 된다. 이후 감사인은 대부분 적정의견 감사보고서를 회사에 제시한다.

부산저축은행에 대한 일상적인 감사절차도 이와 다르지 않았다. 부산저축은행은 대주주가 차명으로 보유한 특수목적법인에 5조 3천억 원을 대출했다. 대주주의 특수목적법인은 약 120여 개였던 것으로 알려졌다. 특수목적법인들에 대출된 자금은 전국의 프로젝트파이낸싱(PF) 사업에 재투자되었다. 2008년 글로벌 금융위기와 함께 부동산 거품이 꺼져버렸다. PF사업은 실패하여 대출금은 회수가 불가능했다.

감사인은 저축은행을 감사하면서 은행의 부실상태를 제대로 파악하지 못했다. 감사절차가 부실했기 때문이라는 것이 금융감독 당국의 판단이었다. 관련 회계사들은 회사가 작심하고 분식한 경우 감사인은 짧은 감사기간 동안 그 사실을 알아낼 수 없다고 항변했다. 그러면서 저축은행이 감사 대상이지 특수목적법인은 감사범위에 해당되지 않는다고 반박했다. PF대출 5조 3천억 원은 일상적인 감사절차에서도 당연히 감사인의 눈길을 끄는 것이었다. 자금회수 가능성을 고려할 경우 자금을 어디에 투자했는지를 확인했어야 했다. 감사인은 일상적인 감사절차를 소홀히 한 것이다.

회계감사기준은 감사위험 평가에 따라 표본조사의 범위를 정하도록 규정하고 있다. 그러나 실무상 감사위험 평가결과와 유기적으로 연결된 감사범위 설정에 대한 구체적인 지침은 찾아보기 어렵다. 부정적으로 평가할 경우 기준 없는 감사범위 설정이라고 볼 여지가 많다.

한 국가경제에는 다양한 산업이 존재하고 각 산업 속에서 많은 회사가 영업에 종사한다. 외부감사를 적절히 수행하기 위해서는 각 산업과 기업의 특수성을 충분히 이해해야 한다. 이것은 경험과 지식이 풍부한 회계사나 보조자가 감사에 나서지 않으면 제대로 된 감사를 실시할 수 없음을 의미한다. 예를 들어 최근 우리나라는 수주산업에 속하는 회사들이 일시에 거액의 영업손실을 인식한 사태를 맞이했다. 이른바 회계절벽 또는 빅 배스(Big Bath)라 불리는 상황이다. 빅 배스란 목욕을 해서 때를 씻어낸다는 뜻으로, 회사들이 과거의 부실요소를 한 회계연도에 모두 반영하여 손실이나 이익규모를 있는 그대로 회계장부에 드러내는 것을 말한다. 이러한 빅 배스는 그동안의 과오를 과거의 CEO에게 돌리고 앞으로의 실적향상 같은 긍정적인 요소는 현 CEO의 공으로 돌릴 수 있기 때문에 회사의 CEO가 교체되는 전환기에 종종 일어난다. 관련 회사로 대우건설, 대우조선해양, 삼성엔지니어링 등이 거론된다.

이런 회사들의 새무제표를 제대로 이해하기 위해서는 수주산업의 특성을 속속들이 알아야 한다. 주문형 생산방식, 고부가가치, 쌍방독과점, 공사후반기 수주금액의 집중적 회수 등의 산업적 특성, 글로벌 경기침체, 유가하락 등에 따른 인도 지연 또는 대금결제 지연 등 외부적 위험요인, 기술 및 경험 부족에 따른 잦은 설계변경 및 공정 지연, 과도한 저가수주 경쟁 등 내부적 위험요인 등에 대해 기존 회계감사팀의 전문적 인식이 부족했다는 평가다. 이 회사들은 유동성 부족, 미청구공사[15] 증

---

15 건설공사에서 시공업체가 공사진행에 따라 대금을 건축주에게 청구했으나 건축주가 지급할 것으로 확인해주지 않은 금액으로 향후 회수하지 못할 가능성이 큰 것으로 평가되는 공사.

가, 예정원가 상승(공사손실)을 경험하고 있었다. 이는 재무상황 및 손실 악화와 분식회계로 이어질 수 있음에도 결과적으로 회계감사팀은 이를 충분히 인식하지 못했다고 알려졌다.

다른 산업에 속하는 회사에 대한 회계감사 실무도 이와 크게 다르지 않다. 특정 산업의 회사들이 프로젝트를 수행하는 과정을 이해하고 문제점을 파악할 수 있는 회계사나 외부전문가가 투입되는 사례는 찾아보기 어렵다. 대형 회사 회계감사는 대형 회계법인이 대부분 수행하는데 회계감사 현장업무는 보통 경력 4~5년 이하 경험을 가진 회계사가 담당하고 있다. 이런 경우 감사기법은 주로 각 프로젝트의 전망에 대해 질문하는 것이다. 현장 회계사는 회사의 설명을 듣고 그저 수긍하는 정도로 감사를 수행하고 적정하다는 결론에 이르는 경우가 적지 않다.

이는 대형 회계법인 인적 구성을 보면 명백히 드러난다. 2015년《머니투데이》보도에 의하면 삼일회계법인의 경우 경력 5년 이하 회계사의 비중은 전체 인력 2천여 명 중 2012년 57.5%, 2013년 54.4%, 2014년 48.4%로 평균 50%선인 것으로 나타났다. 2016년에는 경력 1년차 회계사에게 감사현장 책임자 역할을 부여해 논란이 된 바 있다. 장기간의 경험을 포함한 전문성을 갖췄다고 보기 어렵기 때문이다.

감사조서의 내용은 감사증거라고 할 수 없을 정도로 조잡한 경우가 많다. 감사인은 감사를 수행하고 감사증거를 문서화하는 것이 기본이다. 그럼에도 감사인이 작성한 감사조서 자체가 없는 경우가 있다. 만들어진 감사조사의 내용이 감사증거라고 보기 어려운 경우도 발견된다. 더욱이 감사조서가 체계적으로 편철되지 않아 제3자가 감사조서를 이해하기 어려운 경우가 있다. 이러한 문제점은 감사인 스스로 외부감사와 관련된 내부통제절차를 마련하지 않거나 만들어진 내부통제절차를 제대로 운영하지 않기 때문에 발생한다. 특히 중소형 회계법인의 경우 각 구성원 회계사가 독립된 사업부로 운영되고 있어 감사조서 작성의 적정성 여부는 대표이사 등의 통제범위를 벗어나 있는 형편이다.

조서의 관리상태도 좋은 점수를 받을 수 없다. 금융감독원은 2013년 1월 회계법인에 대해 품질관리 5년의 성과를 평가하면서 회계법인 '감사조서 보관 및 관리' 부문이 전반적으로 미흡한 것으로 나타났다고 보고했다. 금융감독원에 의하면 별도의 감사조서 보관 장소를 마련하지 않고 조서를 각 사업부별로 보관하거나, 조서 입출을 기록 및 통제하는 절차가 없는 것으로 나타났다.

금융감독 당국은 2011년 일부 기업이 재무제표 작성시 감사인에게 의존하는 관행을 개선할 수 있도록 기업들이 재무제표를 감사인에게 제출할 때 증권선물위원회에도 제출하도록 규정을 개정했다. 회계감사를 받는 기업은 주주총회 6주 전에 재무제표를 스스로 작성하여 감사인에게 제시해야 한다. 하지만 일부 역량이 부족한 기업들은 회계감사가 시작될 때에야 미완의 재무제표를 감사인에게 제시하고 감사인의 의견을 반영하여 재무제표를 완성하는 행태를 보였다. 재무제표의 적정성 여부를 판단해야 하는 감사인이 스스로 완성한 재무제표의 적정성을 검토하는 것은 독립성 위반이다. 감사인이 재무제표 완성에 시간을 투자하다 보면 막상 중요한 감사업무를 소홀히 할 수 있다는 문제점이 계속 지적되어왔다. 이런 관행이 금융감독 당국의 규정 개정으로 완전히 사라졌다고 보기는 어렵다.

2014년 3월 금융감독원에 따르면 18개 국내은행과 10대 대형 증권사·보험사의 회계전문인력은 평균 1~2명에 불과했다. 금융사별 회계전문인력을 보면 시중은행은 3.3명, 10대 증권사 2.5명, 특수은행 2.4명, 지방은행과 10대 보험사가 1.3명으로 조사됐다. 특히 1개 은행과 1개 증권사, 4개 보험사는 결산 담당 회계전문인력이 한 명도 없는 것으로 나타났다. 규제산업인 금융업조차도 회계전문인력이 충분하지 않은 현상이 지속되고 있다. 이는 금융사마저도 재무제표 작성업무를 감사인에게 의존하고 있음을 암시한다.

외부감사인의 감사업무 수행과 관련하여 내부감사 또는 감사위원회와의 교류가 감사절차로 자리 잡지 못하고 있다. 회사의 내부감사 기능과 외부감사인의 업무는 상당부분 중복된다. 또한 내부감사는 회사의 사정을 외부감사인보다 많이 알고 있다. 그럼에도 감사인은 감사수행 과정에서 내부감사로부터 정보를 얻으려는 관심이 아예 없다고 봐도 과언이 아니다. 효율적이고 효과적인 회계감사를 수행하는 데 의미 있는 절차가 실행되지 않고 있는 것이다. 금융감독원은 감리업무를 수행하면서 감사조서를 열람한다. 감사조서에 내부감사 등과 협의하여 수행한 감사절차에 관해서 문서화된 경우는 거의 없다.

알렉시스 토크빌은 그의 저서 『미국의 민주주의』에서 미국 민주주의 발전은 정치행위에 대한 관행이 제대로 설정된 것에 크게 힘입었다고 했다. 우리나라 회계감사 환경에서 관행이 적절하게 형성되었는지는 의문이 아닐 수 없다.

회계법인의 감사품질 향상 노력은 여전히 뒷전

경제적 자원은 희소하다. 그래서 자원은 자본시장에서 효과적이고 효율적으로 배분되어야 한다. 자원배분 결정은 믿을 만한 정보에 근거하지 않으면 자원낭비로 귀결된다. 시장에 공급되는 회계정보가 불투명하거나 믿을 수 없다면 자본배분에 왜곡이 발생한다. 그래서 회계정보의 신뢰성와 투명성 담보는 사회적 관심사가 된다. 즉 회계정보의 품질을 높게 유지하는 것은 회계정보의 제공자, 이용자, 회계법인 등 감사인, 회계정보규제 당국의 주요 관심사다. 이중 회계법인 등 감사인은 회계감사 품질에 대한 책임을 진다.

그렇다면 고품질 회계감사란 어떻게 정의되는가? 고려대 권수영 교수 등이 소개한 미국 회계감사원 의견은 이렇다. "고품질 회계감사란 일반적으로 인정되는 회계감사기준에 따라 이루어진 감사로서, 회계감사를 받은 재무제표와 관련된 공시가 일반적으로 인정된 회계원칙에 따라 표시되어 있고 과오나 부정에 따른 중대한 오류가 없다는 것을 합리적 수준의 확신으로 제시하는 것이다."

그러나 감사인이 제공하는 감사의견의 품질을 측정하기는 쉽지 않다. 그래서 감리지적 여부, 감리지적 사항의 규모, 경영자의 재량에 의해 조정된 이익규모, 회계법인의 규모, 공표된 감사의견 중 한정의견 등 비적정의견 표명 정도, 감사보수의 규모, 재무제표 재작성 정도 같은 정보를 이용하여 감사품질을 가늠하고 있다. 선진국의 회계감독기구는 감사품질을 객관적으로 측정하기 위해 연구를 계속하고 있다.

이와 관련하여 다수의 국가들은 엔론 사태가 일어난 2002년 이후 미국 감사품질 관리제도를 표준으로 삼아 채택하였다. 미국 회계법인 감독기구인 PCAOB는 28개 회계감사 품질지표(audit quality indicators)를 채택했다. PCAOB는 28개 지표에 대한 세부평가와 종합을 통해 감사인별 감사품질을 평가하고 평가결과를 공시한다. 감독 당국이 지표를 지속적으로 모니터링하다 보면 감사인 스스로 감사품질을 향상시키기 위해 노력할 것이라고 전제한다. 감사품질 28개 지표는 감사참여인력 부문, 감사진행, 감사결과 등 3개의 범주로 이루어져 있다.

감사인력 부문에는 감사담당 이사별 감사인력 숫자, 감사담당 이사의 업무량, 감사참여 인력의 업무량, 기술적 회계 및 감사 자원, 전문화된 기술과 적합한 기술을 가진 인력, 감사인력의 경험, 감사인력의 산업별 전문성, 감사인력의 이직률, 서비스센터에 집중된 감사업무량, 감사인력당 교육시간, 감사시간과 위험영역, 감사단계별 감사시간 배분 상태 등 12개의 지표가 있다.

감사진행과 관련하여 법인구성원의 독립성 설문조사 결과, 품질등급과 보상, 감사보수와 노력 그리고 고객위험, 독립성 요건 충족정도, 감사품질 증진을 위한 내부통제구조 개선에 대한 투자 수준, 회계법인의 내부심리 결과, 품질감리 결과, 감사역량 테스트 결과 등 8개의 지표가 있다.

감사결과 부문에는 재무제표 재작성 빈도와 오류수정 규모, 회계부정과 기타 재무제표 작성 오류, 재무보고 수준으로부터 추론한 감사품질, 내부통제 약점의 적시보고 수준, 계속기업으로서의 불확실성 적시보고 수준, 감사위원회 구성원의 독립성 설문조사 결과, 감독 당국의 조치 추세, 부실감사에 따른 손해배상 소송 추이 등 8개 지표로 구성되어 있다.

우리나라도 미국의 감사품질 관리제도를 본떠 감사인품질 관리제도를 마련하였다. 평가지표도 미국의 28개 품질지표와 내용상 크게 다르지 않다. 국내 회계법인들은 이와 같은 지표의 관점에서 감사품질의 유지 또는 개선을 위해 얼마나 노력하고 있는지 궁금하지 않을 수 있다. 회계법인들이 부실감사 논란을 수시로 겪고 있는 형편을 감안하면 당연하다. 몇 가지 지표에 견주어 국내 회계법인의 감사품질 향상 노력을 살펴본다.

먼저 감사인의 전문성 보유 여부에 대한 부분이다. 최근 몇 년간 수주산업의 회계투명성 논란이 뜨거웠다. 대우건설, 대우조선해양 등과 같은 도급업을 주로 하는 회사에 대한 감사는 산업 자체의 고유한 특징, 산업의 추세 등에 대한 전문적 식견이 필수다. 도급업체에 대한 감리지적 사례를 보면 국내 회계법인의 도급업에 대한 전문성 미흡으로 분식회계 내역을 인지하지 못한 것으로 분석된다. 여러 가지 요인이 지목될 수 있으나 감사인들이 전문성 강화를 위해 노력하지 않는 것이 주요 요인이다. 실제로 대형 회계법인의 경우 감사현장에 참여하는 회계사의 경험이 5년차 이하인 경우가 대부분이기 때문에 전문성이 충분하다는 회계법인의 주장은 적절하지 않다. 저가수임 경쟁이 치열하여 대형 회계법인도 고도의 전문성을 갖춘 고임금 회계사를 계속 붙잡아두기 어렵다. 즉 많은 투자를 요하는 산업별 전문가 양성은 우리나라 회계감사업계 현실과 다소 동떨어진 상황이다.

국내 회계법인 감사인력의 이직률은 상당히 높은 편이다. 신입회계사의 80% 정도가 재직하고 있는 대형 회계법인의 이직률이 높아 전체 이직률을 좌우하고 있다. 업계 소식에 따르면 삼일, 안진, 삼정, 한영 등 4대 회계법인의 이직률은 20% 내외다. 4대 회계법인 구성원의 60% 이상이 경력 5년차 이하다. 경력 5년 이상의 회계사는 결국 관리자라는 의미다. 감사현장을 누비는 회계사의 전문성이 어느 정도인지 추측할 수 있는 대목이다. 부연하면 회계사의 회계법인 이직률이 높은 이유는 업무량에 비해 위험은 크고 보수가 적으며 회계사 개인의 성장이 불확실하기 때문이다.

2016년 3월 말 기준 한국공인회계사회에 등록한 회계사는 1만 8천여 명이다. 이중 회계감사를 업무로 하지 않고 있는 회계사는 7,300여 명으로 추정된다. 전체 등록회계사의 39.8% 수준이다. 그런데 이러한 휴업회계사가 지속적으로 늘고 있다. 회계법인은 금융감독원에 사업보고서를 제출한다. 이 자료에 의하면 2013년 3월 기준으로 5,820명 즉 36.5%가 휴업중이다. 2014년 3월엔 6,324명으로 37.5%에 달한다. 대형회계법인은 회계감사와 기타 업무를 나누어 수행하므로 회계감사를 수행하지 않는 사실상 휴업회계사는 더 많다고 볼 수 있다. 휴업회계사가 많고 증가하는 추세라는 점은 기업이나 학계에서 활동하는 회계사가 많다는 것을 감안하더라도 또 다른 문제점을 시사한다. 이는 회계법인들이 감사품질 향상 노력과 투자를 통해 회계사들을 유지하지 못하고 있음을 반증하는 것이다. 공인회계사 합격자 수를 늘린 주요 이유는 우리나라 회계투명성을 개선하기 위한 것이었으나 증가한 공인회계사들이 회계감사 부문에 종사하지 않는 비중이 커지고 있음은 당초 기대하지 않은 것이다.

공인회계사는 매년 40시간 이상의 전문교육을 받도록 하고 있다.

2013년 1월 금융감독원은 감사품질 관리제도 운영 5년간의 성과를 발표하였다. 이 자료에 의하면 공인회계사의 필수교육 이수현황을 관리하지 않은 다수의 회계법인이 지적을 받았다. 필수교육조차 이루어지고 있지 않은 상황에서 전문역량의 강화를 위한 자체 연수가 활발히 이루어지리라는 것은 예상할 수 없는 일이다. 이런 형편은 수익성이 적고 조직화 정도가 약한 중소형 회계법인에서 더 심하다. 중소형 회계법인은 각 공인회계사가 독립된 사업부를 구성하는 경우가 대부분이다. 수익성이 적어 비용을 수반하는 교육훈련은 감사인에게 부담일 뿐 당장 큰 의미를 갖지 못한다.

소속 공인회계사의 독립성 유지 여부에 대한 회계법인의 관리도 미흡한 실정이다. 중소형 회계법인은 대부분 내규로 독립성 관련 정보의 수집, 관리 및 통지를 위한 독립성 정보관리시스템을 구축하고 운영하도록 하고 있다. 앞서 언급한 금융감독원 자료에 의하면 다수의 중소형 회계법인들은 이 시스템을 실제로 구축하고 있지 않다. 구체적으로 보유금지 주식목록, 임직원 주식보유 현황, 타회사 임원겸직 현황 등 독립성 관련 정보를 수집하여 실질적으로 관리하고 있지 않았다.

이런 상황은 크게 개선될 기미가 보이지 않는다. 앞서 '감사인의 도덕적 해이'와 관련하여 이미 언급했듯이 금융감독 당국은 2016년 3월 외감법을 위반하여 사원 및 소속 공인회계사가 주식을 소유한 회사의 재무제표에 대한 감사업무를 수행한 삼정회계법인 등 12곳의 회계법인에 대하여 손해배상공동기금 추가적립, 당해회사 감사업무 제한 등의 조치를 하였다고 발표하였다. 소속 공인회계사는 자신이 회계감사업무에 참여하는 회사의 주식을 거래해서는 안 된다. 이 조치로 소속공인회계사는 일정기간 직무가 정지될 뿐만 아니라 해당회사 및 기타 주권상 장회사와 감사인이 지정된 회사에 대한 회계감사에 참여하지 못한다. 이 사건은 대형 회계법인을 비롯한 우리나라 회계감사업계의 감사품질 유지를 위한 내부통제의 현실을 보여주고 있다.

현재 금융감독 당국은 중형 회계법인 이상에 대해서는 품질감리를 주기적으로 실시하고 있다. 법인의 규모에 따라 2~5년에 한 번씩 실시한다. 감리결과 지적사항에 대해서는 개선권고 조치가 따르고 있다. 하지만 이런 조치의 실효성이 의심받고 있다. 실질적 제재력이 없기 때문에 회계법인의 감사품질 향상 노력은 형식적 수준에 머물고 있는 것으로 추정된다. 앞서 말한 수주산업의 회계투명성 논란과 관련하여 회계법인은 감사품질을 향상하기 위해 시스템을 개선하였다고 주장한다. 그러나 부실감사 사례는 계속 발견되고 있다.

최근 금융감독 당국은 회계법인 대표이사의 감사품질 향상 노력을 유도하기 위해 책임을 강화하기로 했다. 즉 투자자 등 회계정보 이용자가 많은 회사에 대한 부실감사가 중대한 경우 회계법인 대표이사를 제재하도록 규정을 개정할 예정이다. 부실감사가 고의에 의한 것이거나 대규모의 중과실에 의한 경우 관련 회계법인의 대표이사는 등록취소 또는 직무정지 처분까지 받을 수 있게 된다. 이는 그동안 국내 회계법인 대표이사의 감사품질 향상에 대한 관심과 노력이 미흡했다는 의미다.

7장

채찍도 당근도
없다

위대함의 가격은 책임감이다.
윈스턴 처칠

회계정보가 부실해도 회사 관련자가 받는 불이익은 크지 않다. 현재 이런 평가가 주를 이룬다. 경영진이 회계정보를 투명하게 공시하지 않아도 큰 책임이 따르지 않는다. 금융감독 당국의 조치는 해임권고에 그친다. 법적으로는 주주가 경영진을 해임하지 않아도 그만이다. 분식회계로 금융감독 당국이 검찰에 고발하거나 통보한 경우에도 실형으로 징역형을 사는 경우도 드물다. 투자자들에게 손해배상을 한 경우도 많지 않으며 배상을 하게 되더라도 금액이 크지 않다.

감사인과 공인회계사 역시 회계감사를 부실하게 하더라도 신분상 제재와 경제적 부담이 크지 않다. 회계부정 신고에 대한 포상규정이 마련되어 있으나 사실상 신고에 따른 불이익이 보상보다 더 큰 상황이다.

이런 상황이 변하지 않고 지속되는 이유는 무엇일까? 선진국의 사례를 본받아 금융감독 당국은 그동안 관계자 책임 강화를 내용으로 하는 제도개선을 추진했다. 그러나 기업과 감사인은 각자의 이해관계를 반영한 그럴듯한 이유를 들어 이를 번번이 무마시켰다.

분식회계에 대한 경영진의 부담

회계 스캔들이 우리 금융시장을 강타할 때마다 언론과 회계학자들은 경영진의 책임을 강화할 필요가 있다고 주장한다. 이런 주장에 맞추어 금융감독 당국은 경영진의 책임을 강화하도록 추진하겠다고 발표하곤 했다.

그렇다면 현재 금융관련법령에 따른 경영진의 책임은 어느 정도인가? 고의로 분식회계를 범한 경우 회사 경영진에 대한 금융감독 당국의 행정조치는 최고 해임권고에 그치고 있다. 여기서 경영진은 위반 정도에 따라 대표이사, 담당임원, 감사, 감사위원 등을 포함한다. 또 금융감독 당국은 형사조치로 검찰에 회사의 분식회계 사실을 고발하거나 통보하고 있다. 금융감독 당국은 양정기준에 따라 분식회계에 대해 이와 같이 조치하고 중요한 조치결과를 언론에 공표하고 있다. 검찰은 금융감독 당국이 알려준 사실에 근거하여 추가 수사 등을 통해 임원이나 관련 직원에게 형벌을 가하고 회사에 벌금을 부과하도록 기소할 수 있다. 그리고 분식회계로 손해를 본 주주 등 이해관계자는 회사와 임원 등에 대해 분식회계 관련 손해배상 소송을 제기할 수 있다.

금융감독 당국이 분식회계 사건에 대해 조치할 때마다 참조하는 기준이 바로 '감리결과조치 양정기준'이다. 핵심내용은 이렇다. 회사가 어느 회계연도에 분식회계를 범한 경우 해당 사업연도 자산과 매출액의 평균액을 기준으로 위반비율을 계산한다. 상장회사와 금융회사는 공공성이 크다고 보아 앞서 말한 평균액이 크면 클수록 실제 분식비율에 회사 규모에 따른 가중치를 곱하여 위반비율을 계산한다. 가중치는 최대 5이다. 이런 식으로 산출된 위반비율이 높으면 높을수록 행정조치의 수준은 높아진다. 자기자본을 1% 이상 과대 또는 과소 계상한 경우 조치대상이 된다. 조치구간은 1%, 2%, 4%, 8%, 16% 이상으로 5단계로 설정하였다. 회사, 경영진, 감사인(공인회계사)은 위반비율 16% 이상이면 1단계, 위반비율이 1% 이상 2% 미만이면 5단계에 해당되는 조치를 받는다. 가중 또는 감경 사유가 있으면 사실관계를 보아 적용한다.

예를 들어, 2016년 어느 상장회사는 재무제표상 자산이 1천억 원, 매출 1천억 원이었다. 그런데 당기순이익을 50억 원 부풀렸다. 상장회사에 대한 가중치는 규정상 1.2이므로 실제 위반비율은 5%이나 가중치 1.2를 곱하여 위반비율 6%에 해당하는 행정조치를 받게 된다.

회사는 제외하고 먼저 경영진에 대한 행정조치를 좀 더 상세히 살펴보자. 경영진은 고의 분식회계 비율이 1%인 경우부터 조치를 받게 된다. 1%인 경우 담당임원이 해임권고의 조치를 받게 된다. 중과실 분식회계 비율이 8% 이상인 경우 담당임원과 감사위원이 해임권고 조치를 받는다. 과실 분식회계가 24% 이상으로서 조치가 가중될 때 대표이사가 해임권고 조치될 수 있다. 요컨대 과실보다는 중과실, 중과실보다는 고의인 경우 낮은 위반비율에도 고위 경영진이 행정조치를 받을 수 있고 조치대상 경영진의 범위도 넓어진다.

양정기준에 따라 행정조치할 경우 분식회계에 관련된 경영진은 해임 권고에 그치고 있다. 실제 해임은 회사의 주주총회에서 실시한다. 원칙적으로는 주주들이 신임하는 경우 계속하여 경영진으로 재임할 수 있다. 이 조치는 말 그대로 주주들에게 분식회계를 범한 임원을 해임하도록 권고하는 것이다. 그러나 회사는 대부분 감독 당국의 권위에 대항하는 '괘씸죄'로 인해 다른 손해가 있을까 두려워 관련 임원을 해임하고 있다. 하지만 행정조치에 불복하고 행정소송을 제기하여 경영진의 일원으로 계속 재임하는 경우도 있다. 재판절차가 지연되는 경우 행정소송 결론이 나려면 수년이 걸릴 수도 있다.

분식회계로 인한 회사의 경영진에 대한 해임권고는 분식회계 동기를 꺾기에는 부족한 조치다. 그 회사의 임원 자리를 포기하면 그만이기 때문이다. 다만, 금전적 제재로 과징금을 부과하는 경우는 부담이 된다. 회사가 분식회계가 포함된 재무실적을 이용해서 주식 또는 채권을 유가증권시장에서 공모했을 경우다. 공모란 불특정다수 50인 이상을 상대로 증권을 발행하는 것이다. 그러나 상장사 임원이 분식회계로 과징금 처분을 받는 경우는 극소수에 불과하다. 분식회계를 범한 경영진에 대한 행정제재는 상징적인 것에 그치므로 경영진은 분식회계 유혹에 쉽게 무너진다.

분식회계에 관련된 경영진에 대한 형사처벌 규정을 보자. 외감법 제20조 1항에 의하면 고의로 회계처리기준을 위반하여 회사의 재무제표 또는 연결재무제표를 허위로 작성한 자는 5년 이하의 징역 또는 5천만 원 이하의 벌금에 처한다. 실제 분식회계죄로 징역형의 실형에 처한 사람은 금융감독 당국이 고발하거나 통보한 건수와 비교해 극소수에 불과하다. 금융감독 당국이 2009년부터 2013년 3월까지 분식회계 혐의로 검찰에 고발하거나 통보한 회사의 임직원은 157명으로 집계되지만, 이들이 유죄를 받아 실형으로 연결된 경우는 아주 드문 것이 확실하다. (각 개인에 대한 형사조치 통계는 찾아보기 쉽지 않다.) 더군다나 유죄를 선고받더라도 유력한 변호인의 활약으로 사실상 집행유예로 감형되는 경우가 허다하다. 그래서 분식회계에 관여한 회사 경영진의 실제 형사상 부담은 적을 수밖에 없다. 현재의 형벌 수준은 경영진의 분식회계 동기를 꺾기 어렵다고 본다.

회사 경영진을 상대로 한 주주, 채권자 등의 손해배상소송 상황은 어떤가? 자본시장법 제125조와 제162조에 따라 고의 또는 (중)과실로 회계처리기준을 위반하여 재무제표를 작성함으로써 사업보고서, 분기보고서, 증권신고서 등에 기재하거나 첨부하게 한 자에 대해서는 손해배상소송이 가능하다. 이들 보고서를 믿고 투자하여 손해를 본 사람은 해당 분식회계 사실을 안 후 1년 이내에 또는 해당 보고서가 제출된 후 3년 이내에 손해배상소송을 제기할 수 있다. 또한 증권관련 집단소송법 제12조 제1항에 따라 소송청구인이 50인 이상인 경우 집단소송도 가능하다. 다만, 청구의 원인이 된 행위 당시를 기준으로 그 구성원이 보유하고 있는 증권의 합계가 피고회사 발행 증권 총수의 1만분의 1 이상을 충족해야 가능하다.

그러나 소액주주 등이 분식회계에 책임이 있는 경영진을 상대로 손해배상을 청구하여 승소하여 손실을 충분히 보전한 경우는 극소수에 불과하다. 주요 투자자들이 회사 또는 경영진을 상대로 분식회계에 따른 손해배상소송을 제기하여 그것을 계속하기 힘들기 때문이다. 소송

진행기간이 아주 길고 변호인 고용 비용도 부담이 된다. 또한 법원이 손해배상소송에 적극적으로 관여하기를 기피하는 문화도 중요한 원인이다.

예를 들어, 대우전자 분식회계 사건으로 손해를 본 투자자는 10만 명에 달하는 것으로 추정되었다. 2000년 그중 360명이 단합하여 손해배상소송을 제기했다. 사실관계가 명확한 것으로 알려졌음에도 1심 판결이 나는 데만 4년 3개월이 걸렸다. 실제 최종적으로 승소, 손해배상소송이 완료되는 데 약 10년 정도가 소요되었다. 회사 경영진이 최종 부담한 금액은 알려지지 않았다. 그동안 소액주주들이 감당해야 할 소송비용은 말할 것도 없고 입증을 위한 노력과 스트레스는 헤아리기 어려웠을 것으로 추정된다. 원고는 손해를 입증하기 위한 증거를 법원에 제시해야 한다. 그런데 투자자들이 회사로부터 분식자료를 받아 법원에 제출하기는 사실상 불가능에 가깝다. 분식회계에 대해 가장 많은 입증자료를 보유하고 있는 금융감독 당국도 투자자들의 손해배상소송에 이용될 자료를 제공하기를 극도로 꺼린다. 이러다보니 분식회계를 범한 경영진의 실질적인 손해배상 위험은 크다고 볼 수 없다.

경영진을 상대로 증권관련 집단소송을 제기하여 승소하기도 어렵다. 증권관련 집단소송제도는 2004년 도입되었다. 그러나 2016년 8월까지 제기된 건수는 9건 내외다. 게다가 법원이 집단소송 허가를 내린 것은 2010년 2월 진성티이씨에 제기된 집단소송과 2010년 1월 캐나다 은행인 로열뱅크오브캐나다에 제기된 것뿐이다. 진성티이씨 집단소송은 소송허가 후 화해가 이루어져 본안심리는 열리지 않았다. 로열뱅크오브캐나다 소송허가는 2016년 4월에 결정되었다. 본안재판이 3심까지 진행될 경우 언제 재판 최종결과가 나올지 알 수 없다. 나머지 도이체방크, 지에스건설, 동부증권, 동양증권, 진매트릭스, 삼일회계법인 등에 대해 제기된 집단소송은 본안소송 개시 허가를 기다리고 있다.

증권관련 집단소송은 본안소송 허가가 3심제로 운영되고 본안소송 자체도 3심제로 운영되고 있다. 일반 민사소송보다 소송기간이 더 길고 따라서 소송비용도 투자자들이 감당하기 어려운 것이 사실이다. 이러한 상황이다 보니 증권관련 집단소송은 도입된 지 12년이 되었음에도 활성화되지 않고 있다. 증권관련 집단소송 전문가인 김주영 변호사는 2016년 4월 언론과의 인터뷰에서 이렇게 말했다. "집단소송 허가가 쉬운 경우 기업활동에 타격을 줄 수 있기 때문에 소송남발을 방지하고자 집단소송 허가제를 도입했다. 이 제도 도입 당시의 취지에 따라 집단소송 허가여부에 대한 법원의 불허결정에 대해 원고 쪽에서만 항소할 수 있도록 할 필요가 있다." 그는 분식회계 기업이 집단소송 허가 결정을 미루기 위한 절차를 지속하고 있음을 지적한 것이다. 이러한 상황에 비추어볼 때 주주 등 투자자들이 분식회계를 지시하거나 저지른 회사 경영진에 대해 손해배상소송을 제기하여 원상회복을 도모하기란 지극히 어려운 것으로 보인다. 결국 회사와 경영진의 증권 관련 손해배상 소송 위험은 사실상 무시할 수 있을 만한 수준이다.

금융감독 당국의 행정조치, 사법 당국의 형사조치, 민사상 손해배상 제도의 실태는 분식회계를 통한 회사 경영진의 재임기간 연장, 일상적인 보수, 성과달성에 따른 보너스 등 개인적 욕심을 불식시키기 어렵다. 분식회계의 실제 책임자가 경영진이기 때문에 그들이 분식회계에 대해 실질적, 경제적 부담을 느낄 때 회계투명성이 향상될 것이다.

유명무실한 내부고발자 포상과 보호

거의 해마다 우리나라는 대형 상장법인의 회계 스캔들로 몸살을 앓고 있다. 이러한 회계 스캔들은 어떻게 확인될까? 대우조선해양 사건은 회사에 누적된 분식회계를 더 이상 숨길 수 없게 되자 터진 것이다. 몸에 종기가 났는데 더 이상 누구에게도 숨길 수 없는 상태로 커지고 불편해져서 어쩔 수 없이 세상에 공개하게 된 경우다.

금융감독 당국은 해마다 상장법인들 중 무작위로 선별된 일부 회사와 분식회계 혐의가 있는 것으로 알려진 회사를 대상으로 회계감리를 실시하고 있다. 분식회계 혐의가 확인되는 경우 행정조치와 검찰고발 또는 통보조치를 병행하고 있다. 그러나 회사 또는 감사인이 금융감독 당국에 제출한 자료를 통해서 분식회계 사실을 확인하기는 어렵다. 회계장부와 증거자료는 관련 거래가 완전한 것처럼 포장되어 있어 제3자가 분식회계를 알아채기 쉽지 않기 때문이다. 즉, 분식회계는 회사 밖의 제3자가 권위 있는 기관이더라도 포착하기 어렵다.

분식회계를 직시에 발견하거나 실행하기 어렵게 하는 방법은 없을까? 분식회계가 벌어질 때 세상에 바로 알려질 가능성이 있다면 회사 경영진은 분식회계 동기를 쉽게 가지기 어려울 것이다. 즉, 경영진이 분식회계를 지시하고 직원들이 조직적으로 실행한다 하더라도 그중 누군가 감독 당국 등에 제보하고 바로 형사조치와 행정조치가 이어질 것이라고 예상된다면 분식회계는 쉽게 선택될 수 없을 것이다.

기업이나 각종 단체 등의 부조리는 사건의 진상을 잘 아는 사람이 드러내는 것이 제일 신속하고 효율적이며 효과적이다. 실제로 제보를 통해 치부가 드러난 경우는 많다. 2009년 김영수 전 소령은 계룡대 근무지원단의 납품비리를 폭로했다. 2007년 검사 출신 김용철 변호사는 삼성그룹을 퇴사한 후 그룹이 검사들에게 떡값, 즉 일종의 뇌물을 주기적으로 상납했다고 폭로했다. 이보다 앞서 이문옥 전 감사관은 감사원 내부 뇌물사건을 세상에 알렸다. 1992년 이지문 전 해군중위는 군 부재자투표 시 발생한 부정행위를 세상에 알렸다. 범죄 또는 부조리가 발생하는 곳은 따로 정해져 있지 않다.

해외의 경우 '워터게이트' 사건은 중요한 내부고발 사례로 회자된다. 1972년 닉슨 대통령의 재선을 도모하던 공화당 관계자들이 워싱턴의 워터게이트빌딩에 비밀리에 침입하여 민주당 본부에 도청장치를 설치하려다 발각된 초대형 정치 스캔들이었다.

엔론의 분식회계도 내부제보로 세상에 알려지게 되었다. 당시 엔론의 부사장이었던 셰런 왓킨스(Sherron Watkins)는 2001년 8월 최고경영자 케네스 레이 회장에게 회계처리의 문제점 등의 내용을 포함한 8장의 편지를 보내 이의를 제기했다. 그러나 회사 경영진이 진실을 말하지 않고 미적거리자 그녀는 편지를 언론에 공개했고 마침내 엔론의 분식회계 진상이 드러났다. 그 편지는 미국 의회, 증권거래위원회, 법무부가 분식회계의 실체적 진실을 규명하는 데 가장 중요한 요소가 되었다. 셰런 왓킨스는 2002년 2월 미국 상원 상무위원회에 증인으로 출석해 엔론의 회계처리에 대해 증언하기도 했다.

월드컴의 경우도 마찬가지였다. 40억 달러의 비용을 편법처리한 사실이 세상에 알려지게 된 것은 당시 내부감사팀에 있었던 신시아 쿠퍼(Cynthia Cooper)가 내부통제제도를 통해 이를 공개했기 때문이다. 왓킨스와 쿠퍼 두 사람은 그 후 시사주간지 《타임》의 2002년 '올해의 인물'에 선정되었다.

2015년 대우조선해양의 분식회계 사건이 터지자 금융감독 당국은 분식회계 내부고발자에 대한 보상금액을 기존의 최대 1억 원에서 5억 원으로 상향 조정하겠다고 발표했고, 2017년 4월에는 10억 원으로 상향하도록 추진하겠다고 밝혔다.

우리나라에서 분식회계 제보에 대한 포상금 제도는 2004년부터 시행되었다. 미국이 2002년 7월 사베인-옥슬리법을 제정해서 포상금 제도를 도입한 것과 같은 방식이었다. 2006년부터 제보에 따른 포상금이 지급되었다. 2016년 8월까지 전체 포상금 지급건수는 7건이고 전체 누적 포상금은 5억 3천만 원에 불과하다. 이 정도 실적이라면 분식회계 고발에 따른 포상금 제도는 내부고발 촉진제로서의 효력이 미미했다고 할 수 있다.

외감법 제15조 3항이 규정하고 있는 포상금 규정에 의하면 분식회계를 금융감독 당국 등에 신고하거나 고지한 경우 당사자에 대해서는 징계와 시정조치를 감면하도록 하고 있다. 더불어 해당 회사에서 불이익을 받지 않도록 규정했다. 또한 금융감독 당국은 물질적 보상인 포상금을 최대 1억 원까지 지급할 수 있도록 했다. 다만, 증권선물위원회와 감사인이 알지 못했던 사실과 관련한 증거를 제공하고 분식회계에 주로 관여하지 않은 경우에 징계와 시정조치를 감면할 수 있도록 했다.

전문가들은 포상규정의 내용은 합리적인 수준이라고 평가한다. 그럼에도 앞서 본 것처럼 우리나라에서 내부자제보가 적은 이유는 무엇일까? 먼저 내부고발자가 징계와 시정조치를 감면받았다 하더라도 사회생활에서 큰 문제에 봉착하기 쉽기 때문이다. 한국, 일본, 중국 등 의리를 중시하는 유교문화권의 정서상 회사 조직원이 내부고발했다고 알려진 경우 사회정의에 기여했다는 긍정적인 평가보다는 오히려 조직을 배신한 행위로 간주되기 십상이다. 서구에서도 내부고발자에게 가해지는 경제외적 불이익이 있긴 하지만, 동양에서 더 사정이 심각하다.

미국의 경우는 어떨까? 2008년 시카고대와 토론토대는 내부비리에 연루된 230여 개 회사의 사례를 분석해서 발표했다.《비즈니스위크》에 소개된 연구자료를《조선일보》가 재인용한 기사에 따르면 회사의 분식회계 등의 부정행위를 고발한 사람은 직원 19.2%, 언론 16.0%, 정부 당국 16.0%, 애널리스트 14.7%, 회계사 14.1%였다. 직원은 내부사정을 잘 알아 비리도 정확하고 신속히 알아챘다. 조사대상 기업의 비리는 평균 583일 경과 후 드러났는데 직원들은 6개월가량 빠른 398일 만에 인지한 것으로 파악되었다. 하지만 내부고발을 한 임직원들은 평균 82%가 회사로부터 은연중에 해고 압박을 받고 있거나 회사 내에서 따돌림을 당하는 불이익을 받고 있었다.

제보자의 신분이 노출되는 경우도 문제가 된다. 포상규정은 제보자 신분에 대한 철저한 비밀유지를 규정하고 있다. 그러나 회사 안에서 일어나는 분식회계에 대해 알 수 있는 사람들은 극히 일부에 한정되기 때문에 제보자는 조만간 드러나게 마련이다. 제보에 대한 조사를 하다보면 제보자의 신분이 노출될 수 있는데 잠재 제보자는 이에 대해 부담을 느낀다. 덧붙여 포상규정은 내부고발자가 조직에서 인사상의 불이익을 받지 않도록 하고 있으나 실무상으로는 불이익이 일상화되어 있다고 한다.

우리나라 내부고발 포상제도의 원형인 미국의 분식회계 내부고발 제도를 좀 더 들여다보자. 1934년 제정된 미국 증권거래법은 더 이상 회계투명성을 담보하지 못했다. 결국 2001년 엔론과 월드컴의 분식회계 사건이 발생한 후에야 내부고발자 보호가 법제화되었다. 법에 따르면 회사는 내부고발자를 해고할 수 없으며 감사인이 회계감사 중 알게 된 회계부정 등에 대해서는 의무적으로 감독 당국 등에 보고하도록 하였다. 분식회계 등을 제보하여 회사로부터 보복조치를 당한 경우 회사에 대해 손해배상소송을 허용하는 등의 보호조치도 담았다.

사베인-옥슬리법 등에 의한 내부고발자제도 및 포상제도 운영상황은 어느 정도일까? 오라클은 2006년 10월 회사가 그 전년도인 2005년 인수한 소프트웨어업체 '피플소프트'가 연방정부에 시장가격을 초과하는 높은 가격에 프로그램을 제공했다는 전직 직원의 제보로 9,850만 달러 상당의 벌금을 내야 했다. 내부고발자는 포상규정에 따라 1,770만 달러를 받은 것으로 알려졌다.

2014년 미국증권거래위원회는 '도드-프랑크 내부고발자 프로그램에 대한 2015년 의회제출보고서'를 발간했다. 보고서에 따르면 미국증권거래위원회는 2014년 9월 한 내부고발자에게 3천만 달러, 원화로는 약 340억 원의 분식회계 포상금을 지급했다. 이 금액은 당시까지 지급된 내부고발 포상금으로는 최대 금액이었다.

2016년 2월 미국증권거래위원회는 다국적기업 몬산토의 분식회계 혐의를 조사하여 과징금 8천만 달러를 부과했다. 회사는 세인트루이스에 본점을 둔 제초제 제조 농업기업으로서 마케팅 관련 리베이트를 사실과 다르게 계상하는 방식으로 2009년부터 3년간 이익을 조작했다.

전직 재무당당 임원인 내부고발자의 제보에 의해 분식회계가 밝혀졌다. 미국증권거래위원회는 2016년 8월 제보자가 포상규정에 따라 약 2,200만 달러의 포상금을 받게 된다고 발표했다.

한편 제보자가 포상금 수령을 거부한 사례도 있었다. 독일 최대은행 도이체방크의 전 리스크 매니저 에릭 벤아트지와 금융 트레이더 맷 심슨은 2015년 회사의 회계부정을 제보했다. 미국증권거래위원회가 이를 근거로 조사한 결과 2010년 회사가 파생상품평가와 관련해 분식회계를 저질렀음을 밝혀냈다. 회사에는 벌금 5,500만 달러, 원화로는 약 614억 4천만 원이 부과되었다. 2016년 7월 미국증권거래위원회는 제보자 두 사람에게 포상금을 각각 825만 달러씩, 원화로는 총 182억 8천만 원을 지급하기로 했다. 그러나 두 사람은 회사의 분식회계 책임자들이 여전히 미국증권거래위원회의 고위직에 재임하고 있는 등 제재조치가 미흡하다는 이유로 포상금 수령을 거부했다.

우리나라 금융감독 당국은 매년 약 100여 개 회사를 상대로 분식회계에 따른 제재를 실시한다. 그러나 분식회계 제보에 따른 포상금은 1년에 한두 건에 불과하고 포상금도 미국에 비해 턱없이 낮은 액수다.

부실감사에 대한 행정제재 미흡

금융감독 당국은 감리결과와 조치결과를 보도자료로 발표한다. 2016년 2월에는 STX조선해양에 대한 감리결과를 발표했다. 회사는 2008년부터 2012년까지 5개 사업연도에 걸쳐 적게는 2,800억 원 많게는 6,600

억 원의 자기자본을 과대계상했다. 구체적으로 보면 총 공사예정원가를 축소·조작하여 공사진행률을 과대산정했다. 선박의 발생원가를 건설중인 자산(2008년 158억 원) 또는 재고자산(2009년 미착품 288억 원) 등의 자산으로 허위계상했다. 또한 선박별 발생원가를 사실과 다르게 선박 간 부당대체하는 방법으로 공사진행률을 조작했다. 결국 매출액 및 매출채권(미청구공사채권 포함)을 과대계상하고 매출원가 등을 과소계상하여 당기순이익 및 자기자본을 과대계상했다.

감사인인 삼정회계법인과 관련 공인회계사는 선박별 총공사예정원가의 적정성 확인소홀, 선박별 발생원가의 적정성 확인소홀, 건설중인 자산에 대한 감사소홀, 재고자산에 대한 감사소홀, 검토대상 총계정원장에 대한 완전성 확인소홀 등으로 회사가 매출액 및 매출채권 등을 과대계상했음에도 이를 2008년부터 2012년까지 5개 사업연도 감사의견에 반영하지 못했다. 삼정회계법인은 손해배상공동기금 추가적립 30%, STX조선해양에 대한 감사업무 제한 2년의 조치를 받았다. 공인회계사 5명은 STX조선해양에 대한 감사업무 제한 1~2년, 주권상장(코스닥상장 제외)·지정회사 감사업무 제한 1년, 직무연수 6~8시간의 조치를 받았다.

STX조선해양에 대한 감리결과 감사인과 공인회계사에 내려진 조치는 감사소홀에 비해 당사자에게 그리 심각한 것이 아니다. 손해배상공동기금에 내는 추가적립액은 주주 등이 손해배상소송을 제기하여 승소하지 못하면 일정기간 후 회계법인에 반환된다. STX조선해양이 회계감사를 1~2년 못하게 되는 조치는 영업 기회 상실을 의미한다. 회계법인과 공인회계사가 코스피 상장회사와 금융감독 당국이 지정한 회사에 대한 회계감사를 1년 동안 참여하지 못하는 것도 기회비용의 문제다. 직무연수는 말할 것도 없다. 이와 같이 부실감사에 대해 금융감독 당국이 감사인에게 취하는 조치는 직접적인 제재라기보다는 간접 제재로서 실효성이 크지 않다.

회계 스캔들이 터질 때마다 부실감사에 연루된 감사인에 대한 행정제재가 과연 부실감사를 방지하거나 감소시키는 효과가 있는가라는 문제가 제기되었다. 그때마다 부실감사 감사인에 대한 행정제재의 실효성을 제고해야 한다는 데 의견이 모아졌다.

부실감사에 연루된 감사인에 대한 행정조치는 양형기준상 어느 수준일까? 현행 감리 양정기준상 감사인 등에 내려지는 최고 조치수준은 감사인인 회계법인이 과징금 5억 원, 손해배상공동기금 추가적립 100%, 당해회사 감사업무 제한 5년이다. 여기서 과징금은 분식회계를 범한 회사가 감사인이 발행한 감사보고서를 첨부하여 유가증권신고서를 제출하고 자금을 공모한 경우로 한정된다. 실제 조치 사례를 찾아봐도 회계법인과 공인회계사에 대한 과징금 수준도 그리 크지 않고, 사례도 많지 않다. 공인회계사는 최대 등록취소 건의, 검찰고발, 당해회사 감사업무 제한 5년, 주권상장·지정회사 감사업무 제한 1년의 조치를 받을 수 있다. 공인회계사에 대한 등록취소 대신 과징금 5억 원의 조치도 가능하다. 공인회계사에 대한 과징금 5억 원이 부과된 사례는 2017년 1월까지 한 건도 없었다.

앞서 STX조선해양 부실감사에 대한 조치가 실효성이 크지 않다고 지적했지만, 사실 최고 수준으로 조치를 받는 경우에도 실질적인 부담은 그리 크지 않다.

이처럼 행정제재 실효성이 크지 않다는 비판에 따라 최근 금융감독 당국은 조치수준을 강화하는 방향으로 여러 번 제도 개선을 추진했다. 몇 가지 추진 경과를 살펴보자. 금융감독 당국은 2011년 5월부터 5개월 동안 학계·업계·수요자·유관기관 등이 참여하는 민관 합동위원회를 발족하고 총괄 및 분과위원회 등 20여 차례 회의를 개최하여 '회계산업 선진화 방안'을 마련하여 발표하였다. 이는 영업정지 저축은행에 대한 일부 회계법인의 부실감사 책임론이 대두되고 부실감사 회계법인 등에 대한 제재가 약한 것이 부실감사의 원인이라는 지적이 끊이지 않은 것에 따른 것이었다.

이때 행정제재의 실효성 제고안으로 4가지 방안을 추진할 것이라고 했다. 구체적으로 감사업무 제한 강화, 금전적 제재 강화로서 손해배상공동기금 적립규모 확대, 감사인 지정제외 확대, 공인회계사법상 과징금 확대 등이다. 하나씩 살펴보자.

첫째, 감사업무 제한 강화는 부실감사로 조치를 받더라도 업무정지 이상의 조치가 아닌 경우, 동종업종의 다른 회사 감사는 계속할 수 있다는 문제점을 개선하기 위한 방안이었다. 즉, 분식회계 발생으로 다수의 이해관계자에게 피해를 주는 금융산업의 경우 동종업종에 대한 감사업무 제한조치를 신설하겠다고 했다. A저축은행에 대한 부실감사를 한 B회계법인은 전체 저축은행을 감사하지 못하게 제한하는 식의 조치다. 하지만 2017년 3월까지 이 개선안은 도입되지 않았다. 회계감사업계의 반대 때문인 것으로 추정된다.

둘째, 손해배상공동기금 적립규모 확대를 위해 부실감사 적발 시 당해회사 감사보수의 10~100%까지 적립하도록 조치하는 기존 규정을 개정하기로 했다. 개선안으로 고의 또는 중대한 부실감사의 경우 추가 적립 조치를 최대 200%까지 확대할 수 있도록 양정기준을 마련하겠다고 했다. 또 적립된 기금은 특정한 경우 인출을 제한하거나 인출가능 시점을 연장하도록 추진할 것이라고 했다. 인출은 해당회사의 손해배상 용도에 한정되지 않고 동 회계법인의 전체 손해배상금 지급 용도로 사용할 수 있도록 하자는 것이었다. 이 제재 강화방안도 2017년 3월까지 도입되지 않았다. 감사인은 회계감사 보수로 받은 돈 이상을 손해배상 용도로 적립하는 방안에 찬성하지 않는다.

셋째, 외부감사에 대한 감사인 지정제외 확대를 추진했다. 현재 증권선물위원회는 감리조치 결과에 따라 감사인 지정제외 점수를 부과해 부실감사 회계법인에게 불이익을 주고 있다. 구체적으로 과거 3년간 부과된 감리조치결과 지정제외 점수를 누적 합산해 100점 이상에 해당되는 때에는 30점당 1개 회사를 감사인 지정에서 제외하고 있다. 감사인 지정은 순환방식으로 이루어지므로 이 경우 감사인은 1회의 감사인 지정 기회를 잃는다. 그런데 문제는 회계법인이 부실감사를 수차례 반복하더라도 지정 감사업무를 계속적으로 수임할 여지가 있다는 것이었다. 이러한 점을 고쳐 감리조치 시 부과하는 감사인 지정제외 점수를 상향조정[16]하고, 중대하고 반복적인 부실감사는 일정기간 지정자격을 박탈하자는 것이었다. 이 개선안도 2017년 3월까지 도입되지 않았다.

넷째, 공인회계사법상 과징금을 상향조정한다는 것이었다. 기존의 과

---

16 부실감사 정도 등에 따라 단계별로 10점(과실에 따른 부실감사)~200점(고의에 따른 부실감사)을 부과하였으나 이를 20점(과실에 따른 부실감사)~300점(고의에 따른 부실감사)으로 상향조정했다.

징금 부과한도 5억 원은 업무정지에 갈음하여 부과하기에는 금액이 적어 실효성이 없는 것으로 판단하였다. 공인회계사법상 과징금은 금융위원회가 회계법인의 업무정지를(공인회계사는 직무정지) 대체하여 부과할 수 있는 것으로 규정하고 있었다. 이를 개선하여 과징금을 5억 원에서 자본시장법상 회계법인 제재 최대 수준인 20억 원으로 상향조정하여 조치의 실효성을 확보할 수 있도록 하자고 했다. 이 역시 2017년 3월까지 개정되지 않았다. 당초 이 네 가지 행정제재 강화안은 2012년까지 관련 규정을 개정하고 2013년부터 시행하기로 했던 것이다.

2011년 이후에도 행정제재가 부실감사를 근절하기에 미흡하다는 지적에 따라 관련제도 개선이 시도되었다. 2015년 10월 금융감독 당국은 '수주산업 회계투명성 강화방안'의 하나로 분식회계를 방치한 '회계법인'의 대표이사에 대한 중징계 등 실질적 조치 및 감사보수의 3배에 해당되는 과징금을 부과할 수 있도록 관련 규정을 개정하겠다고 했다. 공인회계사법과 외감법상 부실감사에 대한 대표이사의 감독책임을 부과할 수 있으나 구체적 양정기준이 없어 조치할 수 없었으므로 양정기준 개정이 필요했다. 하지만 규제개혁위원회는 2016년 3월 회계법인 대표이사 조치는 과잉규제이며 외감법상 회계법인 대표이사의 감독의무 등이 특정되지 않아 법률유보원칙[17] 위반이라는 사유로 철회 권고하여 양정기준 개정 사안에서 제외되었다. 이후 2016년 6월 규제개혁위원회는 기존 입장을 번복했다. 대우조선해양 사태가 영향을 주었다. 앞으로 회계법인 대표이사는 부실감사로 인해 최대 등록취소 또는 직무정지

---

17 행정기관이 행정제재 등 행정권을 발동함에 있어서 법률상 근거가 명확하지 않으면 안 된다는 원칙.

조치를 받을 것으로 예상된다. 그러나 시행은 상당한 시일이 경과한 후에나 가능할 것으로 예상된다. 또한 감사인의 부실감사에 대해 감사보수의 3배에 해당되는 과징금을 부과하는 방안은 개선사항으로 언급되지 않고 있다.

2016년 7월 금융감독 당국은 회계법인 중간감독자의 감독소홀로 인해 중대한 부실감사가 발생한 경우 위반 정도(중요도, 동기)에 따라 직무정지 조치를 부과하거나, 일정기간 상장법인 등 감사업무에 참여할 수 없다고 조치할 수 있도록 양정기준을 개정하였다. 아울러 중간감독자가 감사업무 담당이사(주책임자)의 지시·위임에 따라 위법행위를 지시, 가담 또는 묵인하는 등 고의적으로 위반했을 경우에는 등록취소 및 검찰고발 등의 조치를 할 수 있도록 했다. 다만, 중간감독자가 위법행위를 방지하기 위해 감독책임을 소홀히 하지 않은 것으로 인정되는 경우에는 조치를 면제하도록 했다. 감사인이 어느 정도 부담을 느끼고 감사품질 향상을 위해 노력할지 두고 볼 일이다.

2016년 7월 더불어민주당의 김해영 국회의원 등은 대우조선해양의 분식회계 사태와 같은 대규모 부실감사가 지속적인 사회문제가 되는 것을 방지하고자 외감법 개정을 발의했다. 행정제재의 실효성 강화를 위해 부실감사 책임을 회계법인 대표이사에게 묻도록 했다. 기존의 회계법인에 대한 과징금이 유가증권신고서와 관련된 경우에 한하였던 것을 부실감사 자체에 대해서도 과징금 5억 원까지 부과할 수 있도록 개정하자는 주장도 있다. 이 외에 2017년 3월 현재, 유한회사에 대한 외부감사 의무화, 감사인 지정제도 대폭 확대 등을 포함한 외감법 개정안이 국회에 제출된 상황이다. 이러한 개정 추진사항이 언제 어떻게 결정될지 예측할 수 없다.

감사인에 대한 상장회사 감사업무 제한 등의 조치는 해외 금융감독 당국도 시행하고 있다. 그러나 해외 선진국의 부실감사와 관련한 금전 제재 수준은 우리나라의 경우보다 강력하다. 분식회계를 저지른 회사 뿐 아니라 감사 책무를 맡은 회계법인에 대해서도 마찬가지다. 미국의 경우 감사절차가 준수되지 않은 것 자체로도 과징금을 부과할 수 있다. 회계법인은 200만 달러, 공인회계사에 대해서는 최대 10만 달러의 과 징금을 부과하도록 하고 있다. 이 업무는 PCAOB가 담당하는데 감사 인에 대한 과징금 부과내역 등 제재내역은 PCAOB 홈페이지를 통하여 확인할 수 있다.

일본의 경우 2008년부터 회계법인과 공인회계사의 부실감사에 대해 과징금을 부과하고 있다. 부실감사의 동기가 고의로 판단되는 경우 최 고 감사보수의 150%를 과징금으로 부과할 수 있다. 과실로 판단되는 경우에도 감사보수액 수준의 과징금을 부과할 수 있다. 2015년 7월 알 려진 '도시바 분식회계' 사건이 최근의 대표적인 부실감사 사례라 할 수 있다. 도시바는 2008 사업연도부터 2014 사업연도까지 7년간 약 2 조 2천억 원(2,248억 엔) 분식회계를 범한 것으로 알려졌다(분식회계 발표 이후 도시바 주가는 40% 이상 하락했다). 감사인인 신일본감사법인에는 부 실감사를 이유로 약 210억 원의 과징금이 부과되었다. 도시바에 대해 서는 약 737억 원(73억 7,350만 엔)의 과징금이 부과되었다.

우리나라는 감사인의 부실감사를 근절하기 위해 여러 가지 행정제재 실효성 증대 방안이 도입되었거나 도입을 준비 중이다. 그러나 감사업 무 제한 관련 제재가 감사품질 향상에 어느 정도 기여하는지는 확인되지 않았다. 우리나라 감사인에 대한 금전제재는 미국이나 일본에 비해 그 정도가 매우 약하다. 감사인은 영리조직이다. 영리조직은 경제적 동인에 가장 잘 반응하고 경제적 부담에 가장 민감하다.

감사인의 낮은 손해배상 위험

외감법은 감사인의 손해배상책임과 관련해 다음과 같이 규정하고 있다. 회계법인 등 감사인은 공정타당하다고 인정되는 회계감사기준에 따라 감사를 실시해야 하며 감사인이 이를 위반해서 중요한 사항을 감사보고서에 기재하지 않거나 거짓으로 기재함으로써 이를 믿고 이용한 제3자에게 손해를 발생하게 한 경우 그 제3자에게 손해를 배상해야 한다. 그런데 이 조항을 살펴보면 회계법인에 손해배상책임을 묻기 위해서는 투자자가 거짓으로 기재된 감사보고서를 신뢰했음을 입증할 필요가 있는 것처럼 해석될 수 있다. 이에 대해 대법원은 따로 입증할 필요가 없다고 판결하였다. 외감법은 또한 감사인이 감사실시와 관련해 스스로 그 임무를 게을리 하지 않았음을 증명하는 경우 면책된다고 규정했다.

결론적으로 감사인이 부실감사를 한 경우 피해투자자들에 대해서 당연히 손해배상책임을 부담해야 한다. 투자자는 거래인과관계를 별도로 입증할 필요가 없고 손해인과관계도 사실상 입증할 필요가 없다. 외감법에 의해 감사인이 투자자의 손해인과관계에 책임이 없음을 입증해야 하기 때문이다. 즉 증명책임이 투자자에서 감사인에게로 전환되었다.

이와 같은 규정에 따라 감사인에 대한 손해배상 청구가 용이한 것으로 보인다. 다만, 감사인의 손해배상 금액은 회사와의 과실비율을 고려하기 때문에 투자자의 실제 손해액보다 줄어들게 된다.

서울고등법원은 2008년 9월 26일 과거 대우전자 주식을 매입한 후 손실을 본 소액주주 351명이 감사인인 안진회계법인 등을 상대로 제기한 150억 원대 손해배상 청구소송에 대해 판결했다. 판결 내용은 원고 일부 승소로 감사인 등은 소액주주들에게 투자손실액의 60%를 배상하라는 것이었다. 결국 안진회계법인은 100억 원 정도 배상액을 부담하게 되었다. 소액주주의 손해배상 승소금액으로는 당시 최고금액이었다.

대우전자가 1997 사업연도부터 3년간 재고자산, 매출 등과 관련하여 3조 7천억 원 상당액을 분식회계한 것으로 알려지자 소액주주들은 2000년 대우전자와 안진회계법인에 150억 원 규모의 손해배상소송을 제기했다. 이후 대우전자가 파산하여 소송은 회계법인만을 상대로 진행되었다. 소송이 진행되는 과정은 순탄치 않았다. 2006년 1월 서울고등법원은 투자자의 소송가액 대비 배상금 비율을 30%로 제한했다. 투자자들은 이 판결에 불복했다. 대법원은 2007년 10월 상고심에서 손해배상액 산정에 문제가 있다고 보고 서울고등법원에 돌려보냈다. 약 1년 후 2008년 앞서 말한 것과 같이 투자손실액의 60% 배상으로 최종판결이 선고되었다. 소송기간은 햇수로 9년이 걸렸다. 원고가 소송대리인에게 지급한 소송비용이 얼마인지는 알 수 없으나 소송기간, 소송가액 등을 고려할 때 상당한 금액으로 추정된다.

2016년 5월경 삼일회계법인은 산업용 보일러 제조업체인 한솔신텍의 분식회계 사건과 관련하여 9개 기관투자자와 소액주주 326명에게

57억 원의 배상금을 지급했다. 이에 앞서 2015년 10월 항소심 재판부는 다음과 같이 판결했다. "한솔신텍은 건설도급계약을 이행하여 수익을 올리는 회사로서 특정 건설공사에서 발생한 손실을 다른 공사현장의 손실로 허위 처리하는 방식으로 공사진행률을 조작하였다. 이는 건설회사의 전형적인 분식회계 수법이다. 회계법인이 감사업무를 게을리한 경우, 즉 과실이 있는 경우 배상책임이 있고 삼일회계법인은 외감법 제17조 제5항에 비추어 그 임무를 게을리 하지 않았음을 입증하지 못했다." 재판부는 회계법인의 책임을 30%로 제한했다. 이후 삼일회계법인은 승산이 없다고 보아 대법원에 대한 상고를 포기했다.

이에 앞서 2012년 6월 금융감독원은 코스닥시장 상장법인인 한솔신텍에 대한 회계감리 결과를 발표했다. 한솔신텍의 매출액 과대계상 금액은 2008년 168억 원, 2009년 264억 원, 2010년 396억 원이었다. 한솔신텍의 분식회계는 2011년 삼성중공업이 인수를 위한 실사에 나서면서 불거졌다. 인수설이 나돌자 주가는 2만 4,850원까지 올랐으나 분식의혹으로 7천 원까지 떨어져 투자자들이 손해를 봤다. 투자자는 손해배상소송 기간 5년여 동안 한솔신텍 및 삼일회계법인을 상대로 치열한 사실관계 공방을 벌였다. 소송기간 동안 원고와 피고가 제출한 준비서면은 전체 1,400페이지가 넘었다. 이 경우에도 기관투자자와 소액주주들이 소송대리인에게 지급한 소송비용은 알려지지 않았다.

2016년 4월 대법원은 화학섬유 제조업체 티케이케미칼이 이촌회계법인 등을 상대로 제기한 손해배상소송에서 손해액 15억 중 40%인 6억 원은 회계법인에게 책임이 있다고 판결했다. 티케이케미칼은 2011년 8월 비상장법인인 자동차부품업체 태주의 주식 80만여 주를 15억 원에 매입했다. 매입 시 이촌회계법인이 수행한 태주의 2010년 감사보고서를 이용하여 취득가를 산정한 것으로 알려졌다. 감사보고서에 기재된 매출채권 78억 원과 단기대여금 99억 원은 회수불가능한 상태였음에도 이촌회계법인은 감사업무를 게을리 했다는 것이 대법원의 판단이었다. 대법원은 이 경우에도 투자자가 감사보고서만 믿고 투자해서는 안 된다는 취지에서 회계법인의 책임을 40%로 제한했다.

앞서 말한 소송사건들은 투자자들이 그래도 일부 승소한 사례로 투자자들에게 의미 있는 경우라고 할 수 있다. 하지만 금융감독원이 회계법인에 과실이 있다고 판단하더라도 민사소송 과정에서 투자자들이 회계법인으로부터 받는 배상액은 일부에 한정되었다. 앞의 경우들이 그 예다. 과실상계[18]를 했기 때문이다.

고려대 경영대학 이한상 교수는 2014년 12월 한국회계학회와 한국공인회계사회가 대한상공회의소에서 주최한 '회사와 감사인의 법적 책임'이라는 주제의 심포지엄에서 분식회계에 따른 소송결과를 분석해서 발표했다. 2006년부터 2014년 5월까지 회계법인을 상대로 한 분식회계 관련 소송 44건 중 57%인 25건에서 회계법인이 일부 또는 전부 패소했다. 그런데 회계법인이 부담한 배상금액은 평균 2억 8천만 원에 불과했다. 투자자의 소송가액은 평균 10억 3천만 원선이었다.

우리나라 감사실무 관행에 비추어 회계법인이 감사업무를 게을리 하지 않았다고 법원이 판단하는 경우도 많다. 《비즈니스워치》의 2016년 보도에 따르면 분식회계에 따른 소액주주 등의 손실이 상당했음에도

---

18 채무불이행이나 불법행위로 인한 손해배상 청구에서 피해자(채권자)에게도 과실이 있을 경우 배상책임 여부나 손해액을 정할 때 그 과실을 참작하는 것.

최근 3년간 회계법인에 제기된 손해배상소송 중 상당수가 회계법인의 승소로 끝났다. 최근 소송가액이 10억 원이 넘는 사건 5건 중 4건에서 회계법인이 면책 판결을 받았다.

TOP 30 회계법인 과거 3년 피소사건 순위

회계법인	원고	제소 이유	청구 금액	소송 결과
한울	지노시스템	감사기준 미준수	50억 원	피고 승소 종결
삼영	프로디젠 주주 124명	부실감사	25억 6,800만 원	원고 일부승
태성	디에이치패션 주주 10명	부실감사	24억 5,400만 원	피고 승소 종결
삼일	코어비드 주주 71명	부실감사	17억 5천만 원	피고 승소 종결
삼일	중앙부산저축은행 채권자	부실감사	11억 원	피고 승소 종결

(출처 : 《비즈니스워치》)

    감사인의 부실감사에 따른 손해배상 위험은 위의 사례에서 본 것과 같이 제한적이라 할 수 있다. 게다가 소송 진행에 필요한 금전적 부담과 시간, 노력은 피해투자자들이 소송을 기피하게 하는 요인으로 작용하고 있다. 앞서 말했듯이 소송에서 회계법인 등 감사인은 자신이 부실감사를 하지 않았다는 것을 입증하는 책임을 부담하지만 부실감사로 피해를 본 투자자들도 사실관계와 손해액을 입증하기 위해서는 관련 자료를 법원에 제출해야 한다. 그러나 증거수집에 어려움이 있는 투자자들은 소송을 기피할 수밖에 없다.

    한편, 감사인이 부실감사에 관련될 때 금전적 부담이 적은 것은 다음과 같은 이유 때문이기도 하다. 우리나라의 회계법인은 상법상 유한회사다. 대우조선해양 사태처럼 회계법인에 수백억 원 이상의 책임이 있다고 법원이 판결해도 법인의 출자금과 유보된 금액이 이보다 적다면 투자자의 피해액 보전은 일부에 그친다. 여기서 유보된 금액은 공인회계사법에 따른 손해배상준비금 적립액, 외감법에 따른 손해배상공동기금 적립액, 이익잉여금 등을 포함한다.

실제로 감사인의 부실감사로 인한 투자자의 손해액은 감사보수와 비교가 안 될 정도로 큰 규모로 발생하고 있다. 법원의 판결액 집행이 어렵거나 불가능하다면 감사보수를 획득하기 위해 분식회계를 방조하거나 부실하게 회계감사한 책임을 감사인에게 묻기 어렵다. 이런 상황이 예상된다면 공인회계사는 회계법인이 파산하더라도 자기 고객을 끌고 다른 회계법인으로 옮기면 그만이고 부실감사로 이어질 수 있는 저렴한 감사보수 앞에 굴복하게 된다.

이러한 문제점은 일부 해소되고 있기는 하다. 국내 대형 회계법인들은 대체로 해외 대형 회계법인과 업무제휴협약을 체결하는데 협약의 조건으로 전문가배상책임보험에 가입해야 한다. 금융감독원에 제출된 감사인의 사업보고서 현황에 따르면 2015년 3월 기준으로 국내 141개 회계법인 중 27개사는 총 1조 원 규모의 보험가입금액을 유지하고 있다. 그러나 나머지 회계법인은 회계정보이용자에 대한 보호장치가 미흡한 실정이다.

3부

햇빛은
최고의 방부제

KPMG 설문조사 결과 회계법인 등의 감사인이 분식회계 사실을 발견하는 경우는 4% 정도에 불과했고, 기업 내부고발이나 내부감사기구에 의해 94%가 걸러지는 것으로 나타났다. 엔론의 분식회계를 공개한 셰런 왓킨스는 엔론의 인수합병그룹 부사장이었다. 월드컴의 분식회계를 공개한 신시아 쿠퍼 역시 내부감사팀 소속이었다. 한편 우리나라 기업의 감사위원들은 재무제표를 이해하지 못하는 퇴직 원로 임원들이 맡는 경우가 많다.

8장

내부의 파수꾼을 키우자

기업 이사회에 사외이사가 많으면 많을수록 기업활동은 투명해진다.
하지만 기업투명성이 더 많은 사외이사 구성의 결과인지 아니면
기업투명성에 큰 가치를 부여하는 기업이
더 많은 사외이사를 선임하는지는 분명하지 않다.
웨인 가이(와튼스쿨 교수)

회사의 재무제표에 대해 외부감사인이 감사를 실시하지만 이들은 외부인이다. 대형 회사에 대해서는 감사인이 상주하다시피 하면서 인증작업을 수행하는 경우도 있다. 그러나 그런 경우도 감사인은 외부인이다. 외부인이 내부사정을 내부인보다 더 잘 알 수는 없는 노릇이다. 그런 의미에서 기업 자체에서 회계부정이 애당초 발생할 수 없도록 내부구조가 만들어져야 한다. 그러나 내부구조가 잘 짜여 있다 하더라도 그 운용에 문제가 있다면 회계부정 방지에 별다른 의미가 없다. 회계부정이 발생하면 이를 적시에 발견할 수 있는 구조가 운영되어야 한다. 따라서 회계부정 방지 또는 적발을 위한 내부자의 역할은 그 무엇보다 중요하다.

사외이사의 독립성 강화

회사가 대형화되면 이해관계자가 많아지고 다양해진다. 채권자, 종업원, 거래처, 주주 등이 대표적인 이해관계자다. 이들은 조금씩 다른 이해관계에 따라 행동한다. 채권자는 대여금과 이자가 당초 계획대로 회수되기를 바란다. 직원은 일의 대가로 급여를 가급적 많이 받고 오래 근무할 수 있기를 바란다. 거래처는 지속적으로 거래하면서 자기 사업이 성장하고 특히 회사에 대한 채권이 제대로 회수되기를 바란다.

그런데 주주의 경우에는 소액주주와 대주주를 구별해서 봐야 한다. 회사 경영실적에 따라 주가가 변동되고 그에 따라 배당금을 받는 소액주주와 회사 경영에 직접 관여하고 보수를 받는 대주주의 입장은 다르다. 경영권을 갖는 대주주는 회사 내부 실정에 대해 훨씬 잘 알고 소액주주는 대체로 모른다. 그래서 대주주가 소액주주를 희생하여 자기의 이익을 도모하는 경우가 발생한다. 채권자, 거래처, 직원도 회사 내부 실정에 대해서는 소액주주와 입장이 크게 다르지 않다. 그래서 그들도 희생될 수 있다.

주주가 경영에 관여하지 않는 경우, 즉 전문경영인이 지배하는 경우는 어떤 일이 발생할까? 전문경영인은 회사를 경영하고 보수를 받는 사람들이다. 당연히 그들도 경영실적에 따라 가능하면 오랫동안 많은 보수를 받고자 한다. 보수는 흔히 말하는 성과보수를 포함한다. 전문경영인도 대주주를 포함한 이해관계자를 희생하여 자기이익을 우선하는 경우가 발생한다.

우리나라에서 분식회계를 포함해 대주주의 경영 관여 전횡이 심각한 문제로 대두된 계기는 IMF 외환위기였다. IMF는 외환위기를 겪고 있던 우리나라에 금융지원 조건의 하나로 사외이사 제도를 도입할 것을 요구했고 1998년에 사외이사 제도가 도입되었다. 사외이사는 회사에 늘 출근하지는 않지만 이사회에 참여하여 자신의 경험과 식견에 비추어 회사의 중요 의사결정에 의결권을 행사한다. 사외이사는 이런 업무를 수행하고 일정 보수를 받는다. 대형 회사는 많은 보수를 지급하고 소형 회사는 적은 보수를 지급하는 것이 일반적이다.

주식회사의 공공성이 커지고 사회적 책임이 날로 증대되고 있는 상황에서 사외이사는 중요한 기능을 수행할 수 있다. 그런데 실제로는 도입취지와는 다르게 운용되고 있다는 지적이 많다. 사외이사가 거의 대다수의 상장기업에서 대주주와 경영진에 대해 감시와 견제의 기능을 제대로 발휘하지 못하고 있으며, 따라서 모든 주주들의 이익을 대변하지 못하고 있다는 얘기다. 심지어 우리 사회에 사외이사 제도는 잘 맞지 않아 폐지할 필요가 있다는 주장까지 제기되고 있다. 아직도 우리나라에서 사외이사는 지배주주 또는 전문경영인의 의사를 거드는 '거수기'에 불과하다는 주장이 계속 제기되고 있다.

그렇다면 우리 사회에서 사외이사가 제대로 역할을 수행하지 못하는 이유는 무엇일까? 먼저 우리나라의 사외이사 제도가 독립성을 확보하기에 충분하지 않다는 점을 들 수 있다. 상법 제382조와 제542조의 8항은 사외이사에 대해 규정하고 있다. 상법은 사외이사 결격사유를 아주 꼼꼼히 열거해놓았다. 제382조는 사외이사 자격이 없는 자를 규정하고 있다. 예를 들어 최대주주가 자연인인 경우 본인과 그 배우자 및 직계존비속은 사외이사가 될 수 없다고 규정하고 있다. 제542조의 8항은 사외이사직을 상실하는 경우를 열거하고 있다. 상법은 두 조항의 요건을 충족하는 경우, 즉 신분상의 요건을 갖춘 경우 당연히 독립성이 확보될 수 있다는 접근방식을 취하고 있다. 그러나 이는 사외이사 제도가 당초 의도대로 정착되지 못하는 이유 중 하나다. 사외이사가 실제로 실질적 독립성을 유지하고 있는지 문제가 되는 경우에도 우리나라 상법은 두 가지 요건만 충족하면 사외이사의 독립성에 아무도 이의를 제기할 수 없는 상황이다. 심지어 법원마저도 사외이사의 실질적 독립성이 훼손되었다는 판결을 할 수 없다.

이런 제도상의 허점에 더해 우리나라 기업문화가 사외이사 제도를 표류하게 하는 데 일조하고 있다. 즉 독립적인 사외이사가 이사회에 실질적으로 참여하도록 해야 하는데 우리나라 기업들은 이질적이거나 잘 알지 못하는 외부인사에 대한 거부감이 상당히 크다. 심지어 기업들은 사외이사가 의사결정에 참고할 정보를 아예 제공하지 않는 경우가 많다. 정보를 제공하는 경우에도 회사에 어떤 의미를 가지는지 잘 알려주지 않는다. 물론 형식적으로는 그렇게 보이지 않는다.

또한 우리나라에서 사외이사로 활동하고 있는 인사들을 살펴보면 대주주와 지연, 혈연, 학연 등으로 연관된 경우가 상당히 많다. 또한 회사의 대주주 또는 경영진과 인간적으로 밀착된 관계를 유지하고 있는 대학교수들도 많이 포진하고 있다. 저명한 대학교수들은 대형 그룹에 소속된 여러 계열사를 돌아가면서 사외이사로 선임되고 있다. 대학교수들은 법규상 사외이사 요건을 충족하는 데는 문제가 없어 보인다. 그러나 이들이 과연 기업의사결정에 실질적인 독립성을 어느 정도로 유지하면서 참여하는지는 알 수 없다.

그렇다면 사외이사 제도의 모태가 된 미국의 사외이사 제도는 어떤지 살펴볼 필요가 있다. 경제개혁연구소 이지수 연구위원의 2003년 논문 「사외이사제도 규율체계와 관련한 우리나라와 미국의 제도상 차이」에 따르면 현재 미국에서 사외이사의 독립성을 확보하기 위한 제도는 이중적이다. 이중적이라는 것은 연방법과 주법이 서로 보완하고 있다는 의미다. 연방법 측면에서 상장회사는 미국증권거래법과 증권거래위원회(SEC)의 규정을 준수해야 할 뿐만 아니라 각 증권거래소의 규정도 준수해야 한다. 거래소 규정에 따르면 신분관계와 경제적 이해관계에 의해 독립성이 유지되지 않는 경우 사외이사가 될 수 없다. 이 부분은 우리나라의 사외이사 규정과 비슷하다.

그러나 주법 차원에서 사외이사의 독립성 유지 장치는 우리나라에 많은 시사점을 제공한다. 미국에서 회사법은 연방법이 아니라 주법이다. 즉, 미국의 회사는 설립된 주의 회사법을 준수해야 한다. 각 주법원은 회사법 영역인 주주의 대표소송과 관련하여 사외이사의 경제적 또는 정신적 독립성 여부에 대해 개입하고 있다. 이에 대해서는 델라웨어 주법원의 판례를 참고할 필요가 있다.

문제의 판례는 2003년 미국의 IT 기업인 오라클(Oracle Corp.)사건 판결로서 주주의 대표소송과 관련되어 있다. 이 판결의 요지는 사외이사는 경제적으로 독립되어 있을 뿐만 아니라 정신적으로도 독립되어 있어야 한다는 점이다. 사실관계에 앞서 델러웨어 주의 대표소송 절차를 알아보자. 델라웨어 주법상 주주가 이사를 상대로 주주대표소송을 제기하는 경우 회사는 특별소송위원회를 구성하되 여기에는 독립적인 이사만이 참여하도록 하고 있다. 특별소송위원회는 주주대표소송 거부여부를 판정하고 주법원은 독립적인 판정이라고 판단하는 경우 이의를 제기하지 않아 그 법률적 효력을 인정하고 있다.

사건의 사실관계는 이렇다. 오라클의 소액주주들은 "회사 이사 중 4명이 2001년 12월경 회사가 그 이전에 공시한 회사 경영실적 예측치가 허위일 수 있다는 것을 미리 알고 보유 주식을 처분하여 다른 주주에게 손해를 입혔다"고 주장하며 이사회를 상대로 주주대표소송을 제기했다. 이에 오라클은 델라웨어 주법에 따라 특별소송위원회를 구성하고 그 위원회로 하여금 소장을 검토하여 소송을 계속할지 아니면 소송을 각하할지를 결정하게 하였다. 위원회는 이후 각하를 결정했다. 그러나 주법원은 다르게 판단했다.

오라클은 사외이사였던 스탠퍼드대학 교수 2명을 특별소송위원회 구성원으로 임명했다. 주법원은 특별소송위원회의 구성원 2명이 회장과 친분관계가 있는 스탠퍼드대학교의 교수인 점을 감안, 소송에 참여할 수 없다고 판단했다. 그 근거는 이렇다. 4명 이사 중 1명인 오라클의 최대주주 엘리슨 회장은 스탠퍼드대학에 오랫동안 기부를 했고 그의 아들이 스탠퍼드대학에 두 번 입학을 지원했으나 불합격한 것이 사외이사인 스탠퍼드대학 교수에게 정신적 부담을 유발하여 독립성을 훼손했을 수도 있다는 것이었다. 문제의 이사 1명은 스탠퍼드대학 교수 1명이 경제학 박사과정을 이수할 때 지도교수를 역임했고 절친한 관계였다. 때문에 그 교수의 독립성도 훼손되었을 가능성이 크다고 주법원은 인정했다. 또 다른 이사 1명은 스탠퍼드대학에 많은 기부금을 냈고 스탠퍼드대학 교수인 사외이사 1명에게 회사에서 강연해줄 것을 부탁했다. 강연 후 5만 달러 상당의 주식이 스탠퍼드대학 법학대학원에 기부되었던 사실도 독립성에 영향을 미쳤다고 주법원은 판단했다. 이 판결 이후 미국 각 주법원은 사외이사의 독립성과 관련하여 정신적 독립성까지 세밀하게 들여다보는 상황으로 바뀌었다.

이러한 견지에서 볼 때 우리나라 사외이사 제도는 어떻게 바뀌어야 할까? 먼저 사외이사 독립성 유지를 위한 조건을 따질 때 현재보다 법원이 더 깊이 관여할 수 있도록 개정할 필요가 있다. 상법에서 사외이사 배제 요건을 열거하는 것만으로는 독립성을 확보할 수 없음이 많은 사례를 통해 드러났기 때문이다. 물론 기업들 입장에서는 사외이사의 독립성 여부에 따른 불확실성이 커질 것이라고 반대할 것이 확실하다. 하지만 전반적으로 사외이사 제도가 명실상부한 견제와 감시기능을 충분히 수행할 수 있도록 하기 위해서는 기업이 스스로 사외이사의 독립성과 관련된 불확실성 요소를 감수하도록 할 필요가 있다. 회사는 그런 위험을 피하기 위해 사외이사를 선택할 때 독립성 시비가 생길 수 있는 여지를 없애려고 노력할 것이기 때문이다.

소액주주만이 일정한 비율로 사외이사를 선임할 수 있도록 제도화하는 것도 고려할 필요가 있다. 이 제도는 이스라엘이 도입한 것이다. 이 사회에 최소 2명의 독립이사를 포함해야 하며 그중 한 명은 반드시 사외이사여야 한다. 독립이라는 의미는 지배주주 등과 일체의 이해관계가 없어야 함을 의미하며 사외이사 선임은 지배주주가 아닌 주주의 과반수 찬성이 있어야 한다. 또한 사외이사는 회계 또는 재무전문가여야 한다.

현재 우리나라에서 사외이사는 대부분 남성들의 전유물이라고 할 수 있다. 일정 규모 이상의 상장회사에 대해서는 여성 사외이사를 선임하도록 제도화할 필요가 있다. EU는 2012년 여성임원할당제(40%)를 도입하도록 하고 불이행시 벌금을 부과하는 등 이행을 독려하고 있다. 여성임원할당제는 성평등을 위해 도입했지만 이사회에 대한 견제 기능도 기대된다.

또한 스웨덴이 채택한 것처럼 이사회가 아닌 주주총회 산하에 이사 후보 추천위원회를 두는 방안도 고려할 수 있다. 사외이사의 독립성 강화를 위해 우리나라에서도 이러한 외국의 제도들을 시도해볼 만하다.

회사 내부감사기구 활동 정상화

워런 버핏은 누구든지 스스로에 대한 준법감시인이 되어야 하며 이는 결국 자신이 하는 모든 일이 신문 1면에 보도될 수 있으며 어떤 것이든 면밀한 심사를 견뎌낼 수 있이아 하나는 뜻이라고 했다. 자신이 무슨 일을 하건 언제든지 신문 1면에 보도되어도 떳떳할 수 있으려면 늘 제3자의 기준에서 엄격하게 스스로를 통제해야 한다.

사업보고서 제출 시 상장회사는 내부통제제도에 대한 회사의 자체평가, 이에 대한 외부감사인의 검토의견, 감사의 내부감사보고서 등을 제출해야 한다. 이러한 규정은 외부감사인이 분식회계를 막아내는 것은 한계가 있어 회사의 내부통제제도를 통해 분식회계를 사전에 예방하는 것이 더 효과적이라는 의미를 담고 있다. 그렇다면 현재 운용되고 있는 내부통제제도의 상황을 알아보자. 적정의견을 받은 감사보고서의 경우 내부통제제도에 대한 자체평가와 감사인의 평가는 거의 대부분 양호한 것으로 나온다. 그러나 회계 스캔들은 계속되고 있다.

분식회계를 예방하는 데 무엇보다도 선행되어야 할 부분은 회사 자체의 역할이다. 7장에서 내부고발자와 관련해 언급했듯이 실제로 세계적인 이슈가 된 엔론과 월드컴의 회계 스캔들도 내부검증에 의해 세상에 알려졌다. 셰런 왓킨스는 공인회계사로서 감사업무와 투자관리 경험이 있었는데 엔론 합류 후 투자자산 관리업무를 주로 수행하였다. 엔론의 인수합병그룹 부사장으로 근무하던 그녀는 2001년 8월 회계처리에 규정을 어긴 사항이 있음을 인지하고 최고경영자 케네스 레이에게 소명을 요구했으나 그는 거부했다. 그녀는 이를 공론화하였고 미국 금융감독 당국의 조사 이후 엔론의 분식회계 내역이 밝혀졌다. 한편 신시아 쿠퍼는 공인회계사로서 월드컴의 내부감사팀에 합류했다. 2002년 그녀의 내부감사팀은 밤 시간을 활용하는 등 비밀리에 감사를 수행하여 월드컴의 38억 달러 규모 분식회계를 공개했다.

우리나라의 내부감사기구의 활동은 어떻게 평가되고 있는가? 연세대 손성규 교수는 2016년 9월 9일 여의도 전경련회관에서 열린 한국공인회계사회 세미나에서 우리나라 기업의 감사위원회 구성원들이 재무제표를 이해하지 못하는 퇴직 원로 임원들이 맡는 경우가 많다고 했다. 그는 이것이 감사위원은 회계정보를 이해할 수 있어야 한다는 요건을 관련 규정에 명시한 외국의 경우와 다른 점이라고 지적했다. 이로 인해 회계관리에서 전문성이 떨어지며 독립성까지 저해되고 있다고 덧붙였다. 이는 우리나라 회사의 내부감사기구의 위상을 단적으로 표현한 것이라고 할 수 있다.

하루 빨리 내부감사기구가 본연의 기능을 다함으로써 회계부정을 최소화할 수 있도록 해야 한다. 이를 위해서는 세계 각국이 모범으로 삼고 있는 미국의 내부감사기구가 어떻게 운용되고 있는지 고려할 필요가 있다.

미국은 모든 상장회사에 감사위원회를 설치하도록 하고 있다. 이경훈 변호사가 2007년 11월『상장회사감사회』회보에 기고한 칼럼에 따르면 KPMG와 미국이사협회(National Association of Corporation Directors)는 2006년 1월경 미국 내 상장기업의 감사위원회 위원인 이사 315명을 대상으로 조사를 실시했다. 감사위원회는 3~4명의 사외이사로 구성되며 그들은 대개 다른 회사의 대표이사 또는 재무담당이사, 사외이사 활동 전문가, 그리고 외부감사인 경력이 있었다. 감사위원의 독립성과 전문성을 상당히 확보한 것으로 추정할 수 있는 감사위원 구성이었다. 이들은 다른 내부이사보다 평균 27% 더 많은 보수를 받고 있으며 감사위원회 활동에만 연 50~150시간을 할애하고 있다.

감사위원회위원장은 통상 외부감사인이나 다른 회사의 대표이사 또는 재무담당이사로 근무하는 위원이 맡고 있다. 이렇게 함으로써 감사위원회 위원 중 1명 이상을 재무전문가로 하도록 한 사베인-옥슬리법을 준수하게 된다. 감사위원회는 연 평균 8회 정도 열리며 위원들은 직접 참석하거나 화상회의로 안건 심사에 임한다. 참석인원은 회사의 재무담당이사, 내부감사인, 외부감사인, 법무실장, 관재인, 대표이사 등이다. 대부분의 미국 감사위원들은 회계판단 및 추정에 대한 감독과 사베인-옥슬리법 제404조에 따른 내부통제 구축을 감사위원회가 수행해야 할 가장 중요한 과제로 지적했다.

그런데 여기서 주목할 만한 점이 있다. 삼정KPMG 김유경 상무의 칼럼 「감사위원회 및 감사의 역할(1): 회계감독 및 외부감사인 감독」에 따르면 내부감사기구의 활동은 기업 내부의 회계처리를 감독하는 것에 그치지 않으며, 감사기구는 외부감사인의 활동을 감독한다. 내부감사기구는 전문성과 시간의 제약으로 내부회계감독이 제한되므로 자체 감독활동보다는 경영진의 영향으로부터 외부감사인의 독립성을 유지하여 감사품질을 향상시키는 데 더 중요한 역할을 할 수 있기 때문이다. 그래서 미국, 영국 등은 외부감사인의 선임과 감독, 외부감사인의 보수 승인 등의 권한을 감사기구에 부여하고 있다. 그럼으로써 외부감사인이 경영진의 영향으로부터 벗어나 내부감사기구를 위해 종사하는 구조를 갖추게 된다.

그렇다면 선진국에서 감사기구의 회계감독 역할은 법규상 어떻게 규정되어 있을까? 사베인-옥슬리법에 따르면 감사위원회는 상장회사의 회계 및 재무보고 절차 감독과 재무제표 감사를 목적으로 이사회에 의해 설립된다. 감사위원회는 이사회의 구성원들로 이루어진다. 뉴욕증권거래소 상장규정에 의하면 감사위원회의 목적은 상장회사의 공표 재무정보의 신뢰성을 감독하는 이사회의 역할을 지원하는 것이다. 감사위원회는 공표되는 재무제표와 관련해 경영진 및 외부감사인과 논의하며 재무정보의 신뢰성과 관련된 주요 이슈에 대해 전체 이사회와 함께 검토한다. 이는 감사기구의 의무이자 책임이다. 영국의 기업지배구조 모범규준은 감사위원회의 역할과 책임을 기술하고 있는데 미국과 거의 차이가 없다.

반면 우리나라의 감사 또는 감사위원회의 역할은 외감법의 내부회계관리제도의 운영 등에 규정되어 있으나 미국과 영국처럼 구체적으로 명확히 구분해 규정하지는 않고 있어 그 역할이 유효하게 실행되기에는 미흡한 수준이라고 볼 수 있다.

이러한 해외의 사례를 볼 때 회사 내부감사기구는 외부감사인을 감독해야 한다. 외부감사인의 선임과 해임, 외부감사인과 회계처리 관련 의사소통, 외부감사인의 성과평가 등이 내부감사기구의 대표적인 역할이다. 미국 사베인-옥슬리법에 의하면 미국 상장회사의 감사위원회는 외부감사인의 선임, 보수결정, 업무에 대한 감독 책임을 지며 외부감사인은 감사위원회에 감사보고서 관련 사항에 대한 직접적인 보고 의무를 진다.

이러한 영미의 감사위원회 활동은 우리나라 내부감사기구가 어떻게 운영되어야 하는지에 대해 많은 시사점을 제공한다. 현재 금융감독 당국은 감사기구에 역할과 책임을 강화할 것을 요구하고 있다. 먼저 감사기구가 내부감사를 형식적으로 수행하거나 내부통제 상의 문제점을 방관한 경우 관련 감사나 감사위원에 대해 해임권고조치나 형사조치를 취할 수 있도록 외감규정시행세칙 개선을 추진하겠다고 했다.

또한 영국과 미국처럼 내부감사기구가 외부감사인을 감독할 수 있도록 외부감사인의 선임 권한을 경영진에서 감사 또는 감사위원회[19]로 이전하고 감사위원회가 외부감사인의 보수, 감사투입시간 등을 협의하여 결정하고 이를 문서화해 유지하도록 하며 외부감사인과의 주기적인 커뮤니케이션을 활성화할 수 있도록 유도하겠다고 했다. 이는 다른 관

---

19 자산총액 2조 원 이상인 상장회사와 증권회사는 의무적으로 감사위원회를 설치해야 하며 자산총액 1억 원 이상인 상장회사는 상근감사를 설치하거나 감사위원회를 설치할 수 있다.(3장 중 'IMF 외환위기 이후 바뀐 회계제도' 참조)

점에서 내부감사기구가 경영진과 외부감사인을 각각 감시하도록 하여 회계투명성을 개선하겠다는 의미를 담고 있다.

내부감사기구의 독립성 유지라는 새로운 회계관행을 정립하기 위해서는 무엇보다 제도의 구체성 확보가 중요하다. 내부감사기구의 구성에 관한 모범을 만들어 계도하는 것도 내부감사기구의 실효성을 신속히 개선하는 조치가 될 수 있다고 생각한다.

이러한 제도개선을 추진하는 목표는 감사기구의 전문성과 독립성을 확보하는 것이다. 독립성이 없는 감사기구는 경영진이나 지배주주를 감시하기는커녕 그들의 하수인으로 전락할 것이다.

우리나라 경영환경이 미국이나 영국과는 다른 상황이라는 주장도 있다. 그러나 미국에서 사외이사 제도는 경영진의 전횡을 방지하기 위해 1940년대에 처음 도입되었다. 그리고 도입 당시부터 확실한 효력을 발휘할 수 있도록 이사회 구성원 중 40% 이상은 회사와 이해관계가 없어야 한다고 명확히 규정했다. 반면 우리나라의 경우 내부통제 관리제도가 도입되는 과정에서 보듯이 경영진 또는 지배주주의 간섭을 확실하게 배제하지 못했다.

내부고발자에 대한 보호조치 강화

앨버트 아인슈타인은 "세상이 위험한 것은 악을 행하는 사람 때문이 아니라 악행을 보고도 아무런 조치도 취하지 않는 사람 때문"이라고 말했다.

분식회계 사실은 외부자인 감사인과 금융감독 당국이 발견하기 쉽지 않음을 이미 말한 바 있다. 외부인은 분식회계를 찾아내는 작업의 일환으로 문서검증과 관련자의 진술에 의존하여 조사를 진행한다. 하지만 관련 문건이나 진술이 진실을 가장하면 분식회계를 찾아내기는 불가능에 가깝다. 실제로 분식회계의 대부분은 내부통제활동에 의해 걸러지는 것으로 알려져 있다. KPMG가 1998년 실시한 설문조사 결과 감사인이 분식회계 사실을 발견하는 경우는 4% 정도에 불과하다. 앞서 언급했듯 기업내부의 내부통제 활동이나 내부감사기구에 의해 나머지 94%가 걸러지는 것으로 나타났다. 나머지 2%는 기타 다른 요인에 의해 적발되었다. KPMG는 5천 개의 미국 상장회사를 포함한 기업공개회사, 정부조직, 그리고 비영리법인에 대해 설문조사지를 배포하였고 500개 기업이 응답한 내용을 분석하여 보고했다. 내부감사인, 보안임원(Security Executive), 재무담당이사(CFO), 대표이사(CEO), 법무자문위원(General Counsel) 등이 응답했다.

분식회계에 관여하거나 간접적으로 아는 사람이 부담 없이 이를 외부에 드러낼 수 있다면 기업경영진의 분식회계 동기는 상당부분 감소할 것이다. 그렇다면 결국 기업내부자가 분식회계를 외부에 알리는 구조를 만드는 것이 중요하다. 우리나라도 분식회계에 대한 내부고발을 활성화하기 위한 제도를 마련하였고 개선을 추진하고 있다. 2016년에는 분식회계에 대한 내부고발자의 제보 포상금을 1억 원에서 5억 원으로 증액하는 조치를 취하기로 했으나 2017년 3월까지 포상금 최고 한도는 정해지지 않았다. 2017년 4월에는 포상금 한도를 10억 원까지 증액하는 것을 추진한다는 발표가 나왔다. 그렇다면 포상금을 증액하는 것으로 분식회계 제보가 획기적으로 증가할 수 있을까? 어느 정도 제보를 증가시키는 요인으로 작용할 수 있을 것이다. 하지만 제보자에 대한 포상금뿐만 아니라 보호조치에 대해서도 좀 더 고민할 필요가 있다. 제보를 주저하게 만드는 다양한 요인들이 아직도 남아 있기 때문이다.

분식회계를 주도하거나 다른 임직원에게 지시한 당사자가 분식회계를 금융감독 당국에 제보한 경우 혜택이 없는 점도 문제가 된다. 분식회계의 내용을 가장 많이 아는 사람은 분식회계를 주도하거나 지시한 사람이라는 점은 누구도 부인할 수 없다. 이들이 분식회계를 제보할 만한 유인책을 어느 정도 마련하는 것도 고려할 필요가 있다. 자백만큼 분식회계의 진실을 적나라하게 보여줄 수 있는 방법은 없다. 분식회계에 관여한 경우에도 혜택을 부여하는 사례를 연구하여 제도상의 개선점으로 삼을 수 있을 것이다.

제보나 조사에 협조하여 일종의 면책이 된 경우를 보자. 엔론의 분식회계 내용을 많이 알고 있던 회계법인 아서앤더슨의 감사팀장은 미국 금융감독 당국의 분식조사에 협조하여 그 책임을 대부분 면한 것으로 알려져 있다. 그의 협조가 없었다면 분식규모를 파악하는 데 상당한 공권력이 낭비되었을 것이고, 회계부정의 전모를 파악하지 못했을 수도 있다.

제보자가 해당기업에 근무하는 경우 제보를 꺼리게 되는 이유는 보복당할 가능성이 크기 때문이다. 현재 외감법은 내부제보자에 대한 보호규정이 있다. 먼저 제보를 받은 금융감독 당국은 제보자의 신원을 비밀에 붙여야 한다. 이를 위반한 자는 7년 이하의 징역 또는 7천만 원 이하의 벌금에 처할 수 있다. 해당기업은 제보한 임직원에게 불이익을 줄

수 없으며 이를 위반할 경우 3천만 원 이하의 과태료에 처할 수 있다. 부당한 대우로 신고자에게 손해를 입게 한 회사와 해당회사의 임직원은 연대하여 신고자에게 손해를 배상할 책임이 있다.

위와 같은 보호규정이 있음에도 분식회계 관련 제보가 거의 없는 이유는 보호프로그램이 충분하지 않기 때문이다. 우리 사회에는 제보자를 백안시하는 문화가 팽배하다. 또한 기업의 분식회계를 제보한 직원이 인사상 불이익을 당하는 경우 국가가 이를 적극적으로 보호하는 구체적인 프로그램이 없다. 실제로 제보자가 불이익을 당해 당장 생계 걱정을 해야 한다면 누가 회계부정을 제보하겠는가? 그런 경우 제보자는 외로운 투쟁을 해야 한다. 한마디로 제보자는 만신창이 인생을 살게 될 가능성이 더 크다.

그러므로 분식회계 제보자는 그가 원하는 경우 어떠한 경우에도 신분이 노출되지 않도록 하는 신분보호프로그램을 만들어야 한다. 분식회계를 금융감독 낭국이 조사하는 과정에서 제보자에게 연락하는 것도 조심해야 한다. 사실관계 확인을 위한 절차도 극도로 은밀히 진행해야 한다. 이와 관련해 익명 제보방식을 고려할 필요가 있다. 익명 제보자도 변호사를 선임하여 제보할 수 있어야 한다. 다만 선임된 변호사는 실명으로 하고 그의 연락처는 금융감독 당국에 제공되어야 한다. 변호사를 선임한 익명의 제보자도 포상금을 신청할 수 있도록 할 필요가 있다.

제보자의 신원이 노출되었을 때의 구제책도 구체적으로 정할 필요가 있다. 미국에서는 제보자가 기업으로부터 해고 등의 불이익을 당했을 경우 불이익이 없었을 때의 상황으로 회복하는 것을 구제의 원칙으로 한다. 금전적 수익과 고용관계의 원상회복을 전제로 하는 것이다. 이는 제보자가 복직됨과 동시에 그 전에 받지 못한 급여에 이자를 가산한 금액을 지급받는 것을 의미한다. 당연히 소송비용, 변호사비용, 특별보상 등을 포함해 상당히 포괄적인 구제를 받는다. 제보자의 복직이 거부될 경우 향후 10년의 연봉을 받는 것으로 판례가 확립되어 있다.

다른 한편 금융감독 당국마저도 제보자의 신원을 알 수 없는 경우 제보된 분식회계 혐의를 확인하기 위한 조사를 확대할 필요가 있다. 현재 금융감독 당국은 익명에 의한 제보가 있을 경우 회계정의 구현일 수도 있고 음모일 가능성도 있다는 입장을 취한다. 그래서 분식회계 조사에 임하지 않으려는 태도를 보이기도 한다. 익명에 의한 제보라 하더라도 그 신빙성 여부를 심사하여 조사에 착수할 필요가 있다. 익명의 제보에 의해서도 조사가 적극 진행될 수 있도록 제도화하고 대외적으로 알려 익명에 의한 제보를 늘릴 필요가 있다. 간접적으로 기업 경영진의 분식회계 유혹을 낮추는 효과도 있을 것이다. 분식회계 사실을 아는 사람은 누구든지 이를 제보할 가능성이 있음을 염두에 두지 않을 수 없기 때문이다.

분식회계 제보에 대한 포상금도 증액할 필요가 있다. 유교문화권에 속한 아시아 국가들 중 상당수는 정서적 유대감이 매우 크다. 이런 경향은 기업문화에도 큰 영향을 미쳐 정직과 충성도 같은 가치가 중시된다. 이는 분식회계에 대한 내부제보를 꺼리게 하는 요인이 되고 있다.

이런 요인을 차단할 장치 중 하나는 포상금을 많이 지급하는 것이다. 적어도 미국의 포상 규정에 상응한 정도의 포상이 필요하다. 우리나라보다 내부고발이 활성화된 미국의 경우 사베인-옥슬리법과 도드-프랑크법에 따라 분식회계가 확인된 기업은 거액의 벌과금을 납부해야 한다. 포상금은 이 벌과금에 비례한다. 예를 들어 분식회계 기업이 100만 달러 이상의 벌과금을 지불하는 경우 내부제보자는 그 벌과금의 10%에서 30%까지 포상금을 지급받을 수 있다. 대형 분식회계를 제보한 경우 천문학적인 포상금을 수령한 경우도 적지 않다. 2010년경 헤지펀드의 불공정거래를 제보하여 2,800만 달러의 벌과금이 부과된 사례가 있었다. 이에 대한 포상금은 100만 달러 수준이었던 것으로 알려졌다. 우리나라에서라면 만약 대우조선해양에 대한 분식회계를 내부자가 제보했을 경우 받을 수 있는 최대 포상금은 1억 원에 불과했다. 미국의 경우와는 비교도 되지 않는다.

포상금을 줄 수 있는 재원에도 차이가 있다. 미국의 경우 포상금 재원은 분식회계 기업에서 나온다. 즉 미국은 투자자보호기금을 만들어 포상금 지원 재원으로 이용하고 있다. 우리나라는 금융감독원 운영 예산에서 나온다. 좀 더 구체적으로 말하면 포상금 예산은 금융기관에서 대부분 나온다. 금융감독원 예산은 대부분 금융기관에 대한 감독비로 구성되어 있기 때문이다. 금융감독원에서 포상금으로 준비하는 금액도 전체 예산 가운데 아주 미미한 액수이다보니 포상금 한도를 적게 설계하게 된다. 원인행위 제공자가 포상금을 부담하는 것으로 제도를 개선할 필요가 있다.

부연하자면 현재 금융감독 당국에는 수시로 기업의 회계부정 제보가 들어온다. 제보의 동기와 제보의 신뢰성을 판단하기는 쉽지 않다. 먼저 제보자가 해당기업과 원한관계에 있어 그 기업의 경영을 어렵게 하려는 목적으로 제보를 할 수도 있다. 이런 경우 제보 내용은 허위일 가능성이 있다. 아니면 회계부정 기업의 불법행위를 응징하려는 정의감에 의한 것일 수도 있다. 이런 진실한 내부고발은 당연히 바람직하다. 그러나 제보 내용을 이해하기 어려운 경우도 있는데 거기서 신뢰할 만한 정보를 추출하기란 쉽지 않다. 따라서 제보 내용을 분석하기 위한 시스템이 먼저 구축되어야 하고 이를 운용하기 위한 인력을 양성하는 것도 중요하다.

분식회계에 대한 유인을 억제하기 위한 조치로 내부고발자 보호조치는 필수적이다. 분식회계를 막기 위해서는 발생 현장에서 바로 제어하는 시스템을 만드는 일이 가장 바람직하기 때문이다. 말하자면 회계처리에 직접 관여하는 당사자의 감시가 다른 어떤 방법보다 효과적이다.

9장

회계감사의
전문성을 높이자

품질은 우연이 아니다.
품질은 늘 높은 의지, 신실한 노력, 현명한 지향 그리고 능숙한 수행의 결과다.
말하자면 품질은 많은 선택 중 지혜로운 선택을 대변한다.
윌리엄 A. 포스터(1915~1945, 미국 군인)

감사보고서 품질이 낮은 이유가 회계정보의 신뢰성을 검증할 시간과 노력이 부족하기 때문이라면 감사보수가 인상되도록 유도할 필요가 있다. 회사 규모에 비해 감사보수가 현저히 적다면 감사가 충분히 실시되지 않았을 것으로 추정할 수 있다. 감사인 조직이 일정 수준의 감사를 수행할 수 없음에도 회계감사를 수임하였다면 부실감사 가능성이 있다. 반면에 조직이 잘 정비된 감사인이 개별 회계감사를 잘할지 여부는 또 다른 문제다. 한편 부실감사가 발견되었다고 해서 그때마다 감사인의 책임을 엄격하게 묻는 것으로 규정을 개정하는 것이 반드시 좋은 결과로 이어지지 않을 수도 있다. 강도 발생 비율이 올라간다고 해서 그때마다 형벌을 높일 수 없는 것과 마찬가지다. 회계감사 품질향상을 위한 몇 가지 방안을 정리해보았다.

합리적인 수준의 회계감사 보수

현재 '자본시장의 파수꾼'으로 불리던 회계감사업계는 시장의 신뢰를 크게 잃은 상황이다. 시장은 국내기업 회계감사보고서를 별로 신뢰하지 않는다. 우리나라에서 회계투명성을 갉아먹는 요인으로는 감사인 간의 심한 저가수주 경쟁 그리고 외부감사대상 회사가 회계법인에 일감을 주는 관계에서 생기는 경제적 독립성 상실이 지적되고 있다. 저가수주는 감사에 들이는 시간, 인원, 노력의 감소로 이어지고 부실감사 가능성 증가라는 악순환의 출발점이라는 판단이다. 이러한 점에 근거하여 현재 감독 당국과 업계, 학계에서는 회계감사 보수를 현실화하기 위해 논의 중이다.

회계감사 보수 인상을 유도하기 위한 방법은 다양하게 제기되고 있다. 그중 하나가 감사보수 예치제다. 회계감사 보수를 사전에 금융감독 당국이나 한국공인회계사회에 공탁하도록 해야 한다는 주장이다. 아주대 김광윤 교수는 2014년 4월 '한국감사인포럼'에서 이렇게 말했다. "감사인이 소신 있는 감사의견 표명으로 감사인의 독립성을 보장하기 위해서는 비적정의견을 표명해도 감사보수를 차질없이 받을 수 있도록 해야 한다. 그러기 위해서는 감사보수를 금융위원회나 한국공인회계사회에 사전에 예치하는 제도를 강구할 필요가 있다."

회계업계는 감사보수 규정을 제정할 것도 요구하고 있다. 회계감사 효익은 불특정다수에 전파되는 공공재적인 특성을 충분히 가지고 있기 때문에 가격규제가 필요하다고 보는 것이다. 표준감사보수 규정을 금융감독 당국, 공인회계사회, 상장회사협의회 등 관련 기관 간에 협의

하여 만들고 공정거래법 위반요소는 정책적으로 국가가 선택할 수 있
는 문제라고 주장한다. 보수 규정에는 회사의 규모, 산업의 특성에 따
라 하한선과 상한선을 명시하자고 한다. 이러한 제안은 큰 틀에서 1999
년 폐지된 회계감사보수 규정을 부활시키는 것과 다름없다. 또한 감사
보수를 평균적으로 인상하는 것을 전제로 한다.

감사보수 규정을 다시 도입하는 것은 회계감사시장에서 가격기구가
제대로 작동하지 않으므로 정부가 나서서 가격을 결정해주는 것과 다
름없다. 그러나 감사보수를 일률적으로 올린다고 해서 감사인이 감사
에 더 공을 들여 감사품질을 전반적으로 향상시킬 것이라고 예단할 수
는 없다. 정부가 정해준 감사보수만 받고 감사에 노력을 기울이지 않을
가능성도 배제할 수 없기 때문이다. 감사인 스스로 감사업무를 충실히
수행해 고품질 감사보고서를 높은 가격에 파는 것이 순리일 것이다. 다
른 감사인이 저가에 감사의견을 제공한다 하여 따라하는 것은 부조리
한 것이 아닌가.

감사계약 체결방법을 선택할 때에도 회계감사의 공공재적인 요소를
감안해야 한다는 주장이 있다(권수영·손성규·이영한 교수의 「한국 감사시장
의 적정 감사보수 산정에 관한 연구」 참조). 정부계약 체결방법 중 제한경쟁
을 선택하자는 입장이다. 제한경쟁에 의한 정부계약은 낙찰제가 기본
이다. 낙찰제는 크게 네 가지 방법이 있다.

첫째, 최저가 낙찰제다. 예정가격 이하 최저가격으로 입찰한 자를 낙
찰자로 결정하는 것인데 자유경쟁원리에 충실한 면이 있으나 감사인의
덤핑 수주에 따른 부실감사 가능성이 있다. 둘째, 제한적 최저가 낙찰
제다. 예정가격의 일정 비율 이상으로 (예를 들어 90%) 가장 낮게 입찰한

자를 낙찰자로 선정하는 것이다. 덤핑을 막고 감사인을 보호하는 효과가 있으나 예비가격을 한국공인회계사회 등 공신력 있는 기관에서 정해야 하는데 정보보안이 용이하지 않은 문제점이 있다. 셋째, 적격심사 낙찰제다. 경험, 능력, 재무상태 등의 용역수행능력과 입찰가격을 종합적으로 심사하는 제도다. 이는 덤핑과 담합의 소지를 줄일 수 있다. 다만, 회계법인의 능력을 합리적이고 객관적으로 평가하는 것이 어렵다는 단점이 있다. 넷째, 차저가 낙찰제. 입찰된 가장 낮은 가액은 제거하고 그 다음 낮은 가액으로 낙찰자를 결정하는 방법이다. 최저가를 제시하는 것이 최선이 아니므로 덤핑을 줄일 수 있다. 단점으로 최저가 낙찰이 아니라는 것을 검토할 공신력 있는 제3자가 필요하며 담합을 완전히 배제할 수 없다는 것이다. 낙찰제를 이용할 경우 어느 한 방법만 고수할 수 없고 운용결과를 반영하여 지속적인 개선이 필요하리라 본다.

회계감사 보수가 어느 정도 되어야 감사인은 감사품질을 높이려는 노력을 기울일까? 먼저 국가 간 비교를 통해 적절한 수준을 생각해보자. 금융감독당국과 한국공인회계사회가 주체가 되어 주기적으로(예를 들어 1년) 국가별 감사보수 비교분석 자료를 만들어 일반에 공개할 필요가 있다. 그러면서 감사보수가 현저히 낮을 경우 감사품질 또는 회계정보의 질이 의심될 수 있으므로 투자결정에 유의할 필요가 있음을 강조한다면 회사와 감사인, 그리고 일반 대중의 감사보수에 대한 태도가 조금씩 변화할 것이다.

우리나라 기업의 감사보수는 외국기업에 비해 현저하게 낮음을 이미 살펴보았다. 감사보수가 낮은데 감사인이 선진국 수준의 감사노력을 기울일 가능성은 별로 없을 것이다.

사실 우리나라에서 감사보수가 낮은 이유는 반대로 생각해보면 감사인이 이를 감당할 만하기 때문이다. 영리기업이 손해보는 장사를 영위할 리가 없다. 상품이나 서비스를 공급하는 입장에서 생산원가와 판매비, 관리비는 판매가격을 결정할 때 가장 중요한 요소다. 영리기업은 원가에 일정 이윤을 추가한다. 한국의 감사인은 저가로 감사를 수임해도 손해보는 상황이 거의 발생하지 않는다. 원가가 아주 낮은 감사서비스를 제공하고 있기 때문이다. 감사인의 파트너들은 그래도 기대 수준의 마진을 취할 수 있는 상황이다.

우리나라에서 감사원가 구성요소 몇 가지만 살펴보면 그 사실을 확인할 수 있다. 예를 들어 감사실패로 인한 손해배상소송 위험은 그리 크지 않다. 일부 대형 회계법인을 제외하고 소송에 대비한 보험에 가입하지 않아도 되어 보험비용도 발생하지 않는다. 감사반을 구성할 때도 임금이 낮은 회계사들 위주로 구성할 수 있을 만큼 회계사의 숫자가 넉넉하다. 또한 실질적인 감사시간과 감사노력을 줄여 비용을 절감하고 있다. 전문성을 유지하기 위한 교육훈련도 실시하지 않아 비용을 더 절약한다.

선진국에서는 회계감사보수가 회계감사대상 회사의 어떠한 특성과 밀접하게 관련되어 있는지 오랫동안 연구했다. 시카고대학의 댄 시뮤닉(Dan A. Simunic) 교수는 1980년 논문 「감사서비스의 가격결정: 이론과 증거」(The Pricing of Audit Services : Theory and Evidence)를 발표했다. 이 연구는 후행 연구에 지속적으로 인용되었다. 여기서 그는 감사위험, 감사업무의 복잡성, 자산총액, 자회사의 수, 영업의 다양성, 해외점포, 매출채권 비율, 재고자산 비율, 당기순손익, 감사의견 등이 감사보수의 결정변수가 된다는 점을 실증했다. 그 실증모델에 의하면 자산총액이 감사보수를 설명하는 가장 큰 변수였다.

시뮤닉 모델을 이용하여 2006년 프랑스 나탈릭 공티에-브자시에(Nathalic Gonthier-Besacier, 그레노블 경영대학원) 교수와 알랭 샤트(Alain Schatt, 스트라스버그 경영대학원) 교수는 프랑스의 127개 상장회사를 대상으로 분석했다. 분석결과 자산총액과 감사보수 각각에 대한 자연로그값은 비례관계[20]가 있는 것으로 나타났다.

또한 북아이오와대학의 케빈 스완슨(Kevin Swanson) 교수는 2008년 그의 논문 「미국 금융기관에 대한 감사보수 결정요인」(The Determinants of Audit Prices for financial Services Institutions In the United States)을 발표하였다. 이는 감사보수와 감사대상 회사의 특성 간 상관관계를 분석한 것이다. 대상회사는 상위 37개 미국 금융기관이었다. 분석결과 감사보수, 자산총액, 매출액 각각의 자연로그값은 상관관계가 큰 것으로 나타났다. 제조업을 대상으로 한 후행연구에서는 감사보수와 상관관계가 가장 큰 것은 자산총액[21]이었다.

이런 연구들을 참고하여 선진국과 우리의 감사보수를 비교해볼 필요가 있다. 또 감사보수와 감사대상 회사의 자산총액 사이의 상관관계를 고려하고 감사인의 원가요인을 감안하여 감사보수, 감사노력 그리고

---

20 A=0.005+0.678B, [A=감사보수의 자연로그값, B=자산총액의 자연로그값, R스퀘어=0.82, t=0.088]
21 A=6.6168-0.37280(B)+0.830282(C)-0.35638(D)-0.51676(E), [A=감사보수의 자연로그값, B=자산총액의 자연로그값, C=매출액의 자연로그값, D=당기순이익의 자연로그값, E=직원수의 자연로그값]

감사품질을 개선할 방안을 강구해야 한다. 경제적 사건의 복잡성이나 이해관계가 나라마다 크게 다르지는 않다.

감사인 등록제 시행

2011년 11월 1일 금융위원회와 금융감독원은 그 동안의 논의를 거쳐 마련된 감사인 등록제를 시행하겠다고 발표했다. 감사인 등록제란 회계법인의 내부통제구조와 운용실태를 평가하여 일정 수준 이상인 회계법인만 상장법인과 금융회사에 대해 회계감사를 하도록 허용하는 것을 말한다.

감사인 등록제와 유사한 제도로 공공입찰 참가 자격제도가 있다. 물품, 공사, 기타 서비스 등 공급계약을 할 때 사적자치의 원칙이 적용되어 법적 규제나 타인의 어떤 영향력에서 벗어나 계약 당사자 간의 합의로 자유롭게 체결할 수 있다. 국가 또는 지방자치 단체 등이 발주하는 공공계약도 사적자치의 원칙이 당연히 적용된다.

그러나 물품 등의 공급 중 파급효과가 광범위하여 국가경제에 미치는 영향이 큰 경우가 있다. 공공계약이 바로 그런 경우다. 공공계약은 투명성과 안전성 확보가 중요한 의미를 지니므로 국가는 공공계약상 공급자의 자격을 제한한다. 이를 제도화한 것이 공공입찰 참가 자격제도다. 국가계약법 제27조에 의하면 경쟁의 공정한 집행 또는 계약의 적정한 이행을 해칠 염려가 있거나 입찰 참가가 부적합하다고 인정되는 자는 공공계약에 참가할 수 없다.

마찬가지로 감사인이 제공하는 감사보고서도 공공의 이익에 크게 영향을 미치는 경우 회계감사는 투명성과 안전성이 중요하다. 그런 의미에서 감사인 등록제의 도입은 의미가 있다. 다만 등록이 부정되는 감사인은 사실상 '사형선고'를 받은 것이나 마찬가지이므로 합리적이고 신중한 접근이 필요하다.

사실 감사인 등록제는 규모가 작은 소형 회계법인과 감사반은 감사품질이 기대 이하이므로 상장사와 금융기관에 대한 회계감사에서 배제하겠다는 금융감독 당국의 의지가 담긴 제도라고 할 수 있다.

2011년 11월 발표된 회계산업 선진화 방안에 따르면 금융감독 당국은 회계법인 감사품질을 개선하기 위해 품질관리 기준 중 핵심 평가지표를 구체화하고 계량화하겠다고 했다.

회계법인의 품질관리 평가지표는 외부 감독기관의 징계결과, 사후심리결과, 독립성 모니터링, 회계법인 업무의 수임과 유지에 대한 모니터링, 업무담당이사의 투입시간 모니터링 결과, 연간 의무교육 이수 여부 등을 포함한다.

금융감독 당국은 등록요건 등 세부사항을 정하기 위해 T/F팀을 만들어 작업하고 있었으나 이후 회계업계 간의 첨예한 이해관계 대립 때문에 구체적인 내용은 정할 수 없었다. 회계법인 내부통제구조가 일정 수준 갖추어진 대형 회계법인은 저절로 늘어날 회계감사 발주를 기대하고 입을 다물지 못했다. 반면 등록요건을 충족하지 못할까 노심초사하는 중소형 법인은 상황 변화에 바짝 긴장했다. 일부 상장사에 대한 감사를 수행하고 있던 작은 회계법인과 감사반연합회 소속 회계사들은 강력히 반발했다.

코스닥시장 상장법인을 감사하고 있던 감사반들은 감사인 등록제가 시행되면 고객을 잃는다. 이들은 생업을 잃는 것과 마찬가지여서 사태의 심각성을 공유하며 감사인 등록제에 반대의사를 분명히 했다. 이런 상황 때문에 감사인 등록제는 시행이 어려웠다.

하지만 대우조선해양 사태가 불거진 2016년 7월 초 언론은 금융감독 당국이 감사인 등록제를 다시 추진할 것이라고 했다. 5년 전 추진했던 것과 기본 취지는 같다. 감사품질을 한 단계 개선하여 회계투명성 수준을 높이기 위함이다. 일부 상장회사와 금융회사의 감사의견 구매 형태를 막아보자는 의도도 포함된다. 이를 위해 한국공인회계사회와 한국상장사협의회가 외부에 연구용역을 의뢰한 것으로 알려졌다. 금융위원회는 연구용역 결과를 바탕으로 의견수렴 절차를 거쳐 '회계투명성 및 신뢰성(책임성) 강화방안'을 2017년 1분기까지 마련하고 관련법 개정안을 제출했다. 임종룡 금융위원장도 20대 국회 첫 정무위원회 업무보고에서 부실감사 예방을 위한 감사인 등록제를 포함한 제도개선을 시사했다.

앞으로 추진될 감사인 등록제는 내부통제가 양호[22]하고 충분한 자본을 확보하여 부실감사 등에 따른 손해배상 능력이 있는 회계법인에게만 이해관계자가 많은 유가증권시장 상장법인, 코스닥시장 상장법인 등 사업보고서 제출법인과 금융회사에 대한 회계감사를 허용한다는 것이다. 회계법인이 이런 회사에 대해 감사를 하려면 금융감독 당국에 회계법인 등록을 신청하고 심사를 거쳐 증권선물위원회가 인가하는 방식

---

22   고품질 감사서비스를 제공할 수 있는 인적·물적 설비를 갖추었다는 의미.

이 될 것이 유력하다. 현재는 자본금 5억 원 이상, 회계사 10인 이상인 회계법인은 상장사에 대한 회계감사에 제한이 없다. 2016년 6월 기준으로 이런 요건을 갖춘 회계법인은 150여 개에 달한다. 이중 4대 회계법인은 2015년 기준 개별재무제표 회계감사 시장의 51.29% 시장점유율을 차지하고 있다.

감사인 등록제가 시행되면 4대 회계법인과 중소형 회계법인 간에 수익구조 양극화가 심해질 것으로 보인다. 중소형 회계법인들은 부실감사의 주역은 대형 회계법인인데 왜 자신들이 손해를 봐야 하나며 불만을 토로하기도 한다. 이 문제는 감사인 등록제를 시행할 경우 중소형 회계법인 평가 시 충분히 감안해야 할 사안이다.

실제 감사인 등록제를 시행하려면 여러 가지 결정해야 할 문제들이 있다. 일정 기준에 도달한 회계법인만 등록할 수 있도록 할지 아니면 모든 회계법인에 대해 상장사 감사업무를 수행할 수 있도록 하고 나중에 부실감사와 연루된 경우에만 등록을 취소할지 여부를 결정해야 한다. 처음으로 도입되는 만큼 선진국의 사례를 참조할 수밖에 없다.

미국, 영국, 일본 등 선진국의 경우 이미 감사인 등록제를 도입했다. 영국, 일본, 오스트레일리아는 미국 제도를 따랐다. 미국의 사례를 살펴보자. 미국은 2002년 엔론 사태와 월드컴 사태 이후 감사인 등록제를 시행하고 있다. 상장회사회계감독위원회(PCAOB)가 회계법인 등록업무를 담당한다. 사업보고서 제출대상 법인, 비상장 증권사, 투자자문사 등에 대해 회계감사를 수행하려고 하는 회계법인은 PCAOB에 등록해야 한다.

PCAOB는 소정 요건을 갖춘 신청서를 접수받아 45일 이내 등록 여부를 결정한다. 물론 신청서 내용에 문제가 있거나 소명이 필요하다고 판단할 경우 보완을 요청한다. 보완 후 제출된 등록서류에 대해 심사하여 다시 45일 이내에 등록 여부를 승인하다. 해당 회계법인이 보완 요청을 이행하지 않은 경우 등록은 승인되지 않는다. 필요하다고 판단하는 경우 PCAOB는 청문회를 개최하여 등록 여부를 결정하기도 한다. 등록이 거부되는 경우는 주로 회계법인의 내부통제가 PCAOB 평가기준에 현저하게 미달된 경우로 알려져 있다.

PCAOB에 제출할 회계법인 등록서류에는 다음과 같은 사항을 기재해야 한다.

1. 회계법인 상호, 소재지국, 본점 주소 및 연락처, 인터넷 주소, 팩스 번호

2. 회계법인 대표 등 주요 인사 3인의 이름, 전화번호, 주소

3. 회계법인의 법적 형태와 관할 법원

4. 관계 회사 현황

5. 회계법인 라이센스 번호와 라인센스 발급 기관

6. 등록신청 연도 포함 최근 2년간의 고객이름과 감사보수

7. 등록신청 연도 포함 최근 2년간의 비상장 증권사 고객이름과 감사 보수

8. 회계법인의 내부통제 정책(독립성 준수여부를 모니터링하는 절차 포함)

9. 형사, 민사, 행정 관련 소송 현황과 진행 중인 증권관련 민사소송 현황

10. 감사절차와 관련한 회계법인 자체의 평가

11. 감사대상 회사와 회계법인 간의 회계상의 의견불일치 내역

12. 회계법인 소속 회계사 명단

13. 임직원 숫자

14. 규정준수 서약서

15. 서명날인

그동안 회계감리 업무를 수행하면서 감사인 등록제와 관련하여 개선이 필요하다고 느꼈던 몇 가지는 다음과 같다.

첫째, 회계법인이 중소형인 경우 내부통제구조는 사실상 작동하지 않는 경우가 많다. 즉, 각 회계사가 사업부 단위이기 때문에 대표이사 또는 다른 주요 임원의 명령에 따르는 일사분란한 조직이 아니다. 감사인 등록을 심사할 때 내부통제구조와 운용실태에 따라 가점을 주는 방안을 고려해야 한다.

둘째, 회계법인이 전문화 조직인 것은 분명하나 감사대상 회사가 영위하는 사업의 특징과 실태를 충분히 이해하지 못하는 회계사가 감사에 참여하는 경우가 많은 것으로 확인된다. 대형 상장회사의 감사에 관련되는 회계사는 업무 경험 등이 중요하므로 등록시 이를 반드시 고려해야 하고 주기적으로 점검할 필요가 있다. 점검 결과가 좋지 않은 경우 상장사에 대한 감사기회를 박탈하는 것이 바람직하다.

공인회계사 합격자 숫자가 증가하고 회계법인 숫자도 증가하여 회계감사 시장에서 경쟁이 날로 치열해지고 있다. 회계감사는 상당한 수준으로 표준화가 가능한 업무다. 투자자들은 시장이 인정하는 고품질 감사보고서가 발행될 수 있도록 감사인 등록제가 마련되고 운영되길

바란다.

회계법인에 대한 품질감리 강화

피터 드러커는 "제품이나 서비스의 품질은 그에 대한 투입 자원이 아니라 이용자가 그것으로부터 얻는 혜택에 좌우된다"고 했다. 감사인 등록제로 감사업무에 필요한 자원이 충분한지 확인한다 해도 그것만으로는 고품질 감사를 담보할 수 없다.

우리나라는 2007년 초 사전적 또는 예방적 회계감독 기능 강화를 위해 미국의 PCAOB의 기능을 일부 차용해 회계법인에 대한 품질감리제도를 도입하였다. PCAOB는 사베인-옥슬리법에 따라 자본시장의 신뢰도 제고를 위해 설립된 기구로 상장법인의 감사보고서를 발행하는 회계법인의 등록, 감사기준, 품질관리기준 등의 제정과 개정, 등록된 회계법인에 대한 검사, 조사, 그리고 징계업무를 담당하는 기관이다. 그러므로 품질감리제도란 금융감독 당국이 감사인의 감사품질을 일정 수준 이상으로 유지할 수 있도록 모니터링하는 것이다. 품질관리제도는 회계감사 계약 전부터 감사의 실시, 감사보고서의 발행, 그리고 그 이후까지 회계감사의 전 과정을 통제 또는 관리하는 감사인의 내부통제제도다.

품질감리제도를 도입하면서 감사인의 품질관리 운영상태를 점검하고 문제점이 있을 경우 개선을 유도하기 위해 금융감독원은 품질감리를 담당하는 조직을 구성해 운영하고 있다. 상장회사 전체 중 1% 이상을 감사하거나 자산총액 1조 원 이상의 상장회사를 감사하는 회계법인은 금융감독원 품질감리 대상이다. 나머지 회계법인과 감사반 전체에 대해서는 한국공인회계사회가 품질감리를 담당하고 있다.

금융감독원은 감사인의 품질관리제도의 구축과 운영의 적정성을 살펴보고 다른 한편으론 개별회사에 대한 감사업무를 적절히 수행하고 있는지 확인한다. 확인결과 미흡한 사항이 있는 경우 개선하도록 권고한다. 관련 규정에 의하면 금융감독원은 개선을 권고받은 회계법인이 1년이 경과한 후에도 미흡사항을 개선하지 않은 경우 이를 공표할 수 있다. 현재까지 문제점이 개선되지 않아 공표된 사례는 전무한 것으로 알려졌다.

앞서 말한 품질감리제도의 평가요소를 좀 더 살펴보자. 금융감독원은 국제품질관리기준을 존중하여 한국공인회계사회가 제정한 '감사 등 업무의 품질관리기준' 여섯 가지, 즉 경영진의 운영책임, 윤리적 요구사항, 업무의 수임과 유지, 인적자원, 업무의 수행, 모니터링의 각 요소가 적절히 구축되고 잘 운영되고 있는지 확인한다. 대형 회계법인에 대해서는 거의 매년 품질감리를 실시하고 있으며 그 밖의 중소형 회계법인에 대해서는 품질감리 주기가 대형 회계법인보다 길다.

2013년 초 금융감독원은 회계법인 품질감리제도 도입 5년의 성과와 향후 과제를 발표하였다. 감사인의 품질관리 수준이 개선되었으므로 품질감리가 실효성이 있었다고 자평하였다. 그러면서 중소형 회계법인의 경우 아직 개선할 사항이 많다고 시사했다. 이를 확대해석하면 감사인은 품질관리제도를 공고하게 구축할 필요가 있고 금융감독원도 좀더 꼼꼼히 품질감리를 실시하여 문제가 되는 경우 개선하도록 강하게 유도할 필요가 있다는 의미다. 지속적으로 터지는 크고 작은 회계 스캔들이 회계법인의 품질감리를 강화해야 하는 직접적인 이유다.

우리나라 회계법인의 품질관리 실태를 조금 더 구체적으로 살펴보자. 중소형 회계법인은 모두 감사업무 수임과 배정, 인사, 자금관리 등이 개별팀 단위로 이루어지고 있다. '한지붕 여러 가족'의 형태다. 조직이 독립채산제로 운영되다 보니 전체 감사인 차원에서 공유해야 하는 정보도 대부분 팀 내에서만 공유되고 있다. 감사인 구성원 모두의 의식 변화와 환경변화가 없는 경우 개선되기 어려운 사항이다. 감사품질 개선에 중요한 요인이므로 독립채산 정도가 강할수록 이를 감사인 평가에 가장 중요한 감점 항목으로 채택할 필요가 있다. 그렇게 하면 회계법인은 조직화에 대한 동기가 커질 것이다.

대형 회계법인은 중소형 회계법인과 비교하여 품질관리제도가 얼마나 우수할까? 대형 회계법인은 조직화 정도가 나은 편이다. 그래서 대표이사의 지휘 아래 감사품질 향상 노력이 효과를 볼 수 있다. 그렇지만 회계투명성이 전반적으로 개선되지 않고 있다는 비판은 대형 회계법인에게 돌아가야 한다. 대부분의 대형 회계 스캔들은 이른바 '빅4' 회계법인의 부실감사와 연관되어 발생했는데 앞서 본 것처럼 우리나라 상장사의 절반 이상은 대형 회계법인이 감사를 수행하고 있다.

향후 감사품질을 개선하기 위해서는 감사인 스스로 품질을 관리하는 내부통제구조를 좀 더 체계적으로 만들어 운용하지 않으면 안 된다. 품질관리제도가 우수하면 우수할수록 부실감사 위험은 감소하기 때문이다. 실제 분석결과도 마찬가지다.

앞서 말한 금융감독원의 품질감리제도 5년 평가에서도 조직화 정도가 약한 중소형 회계법인은 품질관리제도가 취약한 것으로 평가되었다. 당시 금융감독원은 중소형 회계법인의 품질관리제도 개선을 유도하기 위해 품질감리를 지속할 방침임을 밝혔다. 개선 속도가 빨라지도록 감리를 강화할 필요도 있다.

품질감리 요소별로 어떤 점이 개선되어야 할까? 먼저 감사인의 실질적인 독립성이 확보되어야 한다. 감사인과 그 구성원이 감사대상 회사로부터 정신적으로 그리고 경제적으로 독립되어야 회계감사가 공평하고 중립적으로 수행될 수 있음은 회계감사의 공준이다. 그런데 감사인 임직원의 주식보유 현황, 인증업무 이외의 서비스제공 현황, 감사대상 회사의 임직원 겸직현황 등 독립성 관련 정보시스템이 구축되지 않거나 구축되어 있어도 형식적으로 운영되는 경우가 있다. 독립성은 중립적인 외부감사의 기초임에도 이에 대한 감사인 자체 점검이 미흡한 실정이다. 이러한 문제는 앞서 지적했듯 2015년 후반기와 2016년 상반기 다수 회계법인 소속 공인회계사 주식보유 현황 조사를 통해 사회적으로 논란이 된 바 있다. 이후 금융감독 당국은 감사인에게 독립성 점검 시스템 강화를 주문했다.

감사인은 감사업무, 기업가치평가 등 인증업무를 수임하는 경우 먼저 업무수행 위험평가 제도를 구축하여 운영하도록 하고 있다. 실무상으로 보면 대개 형식적으로 인증업무 위험평가가 이루어지고 있다. 이 점에서도 중소형 회계법인과 감사반의 경우가 좀 더 부정적인 평가를 받고 있다. 감사인에 따라 업무의 수임과 유지에 관한 기준 자체가 없는 경우가 있다. 있더라도 마지못해 만든 평가결과를 감사조서 등에 편철하는 경우도 보인다. 수익 창출에 급급한 영세 감사인 입장에서 관련

위험을 과소평가한 결과다. 금융감독 당국과 정보이용자부터 인증 관련 위험을 체감하고 위험평가에 기초하여 수임여부를 결정할 수 있도록 품질감리에 반영할 필요가 있다.

회계감사를 수행할 때 감사인은 감사대상 회사의 규모, 상장여부, 업종, 감사위험 등을 고려하여 감사 프로그램 또는 감사 체크리스트를 옆에 두고 감사를 수행한다. 예를 들어 은행 등 금융업을 영위하는 회사에 대한 회계감사를 수행하면서 제조업의 특성이 반영된 감사 프로그램을 가지고 한다면 제대로 된 감사를 수행할 가능성이 줄어든다. 그런데 현재 중소형 회계법인과 감사반 등 감사인은 대체로 감사대상 회사의 업종에 관계없이 한국공인회계사회가 만든 표준감사 프로그램을 감사업무에 이용하고 있다. 영세 감사인 입장에서 감사 프로그램을 업종에 맞게 만드는 것이 현실적으로 부담인 것은 사실이다. 적은 감사보수에 비추어 업종별 감사프로그램을 마련하기란 어렵지만 그렇다고 현재의 관행을 지속할 수는 없다.

공인회계사는 감사업무를 수행하기 위해 관련 법규를 준수하고 전문적 소양을 유지해야 한다. 또한 감사인은 공인회계사의 인증업무 수행 정도를 평가하고 그 결과를 보존해야 한다. 금융감독 당국의 징계내역도 마찬가지다. 그런데 일부 감사인은 이러한 공인회계사 고과요소를 승진, 승급, 보상 등에 적절히 반영하지 않고 있다. 각 팀별 독립채산제의 영향이 크다. 그렇다고 막연히 이를 미루기만 할 수는 없는 노릇이다. 감사품질 향상과 밀접하게 관련되기 때문이다.

현재 우리나라 감사보고서는 각 감사업무 수행에 소요된 시간을 기재하도록 하고 있다. 감사보고서 이용자가 참고하여 감사품질을 평가할 수 있게 하자는 취지다. 그런데 기재된 감사시간의 객관성 정도는 확인하기 어렵다. 객관성을 유지하거나 강화하는 방법은 감사인 내부 통제구조가 지금보다 견고하게 설계되고 운영되도록 금융감독 당국이 유도하는 수밖에 없다. 각 회계감사별로 업무수행이사와 심리이사의 감사투입시간이 불충분한 것도 문제다. 이와 관련 2013년 1월 금융감독원은 품질감리 5년의 성과를 발표하면서 업무수행이사와 심리이사의 감사투입시간이 적다고 지적했다. 회계감사 참여자들은 많은 시간을 투입했다고 주장하지만 이들의 주장을 입증하기란 어렵다.

미국에서는 2003년부터 품질감리제도가 시작된 이래 감사품질에 어떤 변화가 있었을까? 앨러배머대 리처드 휴스턴(Richard Houston) 교수와 오클라호마주립대 채드 스테파니아크(Chad Stefaniak) 교수는 2013년 논문 「회계감사 이후 리뷰 메커니즘에 대한 업무수행이사의 인식: 내부품질 리뷰와 PCAOB의 감리결과에 대한 검토」(Audit partner perceptions of post-audit review mechanisms: An examination of internal quality reviews and PCAOB inspections)를 통해 PCAOB의 품질감리는 감사품질을 높이는 것보다는 감사절차상 흠결을 찾는 데 집중되었다고 비판했다. 반면 남가주대 마셜경영대학 마크 데폰드(Mark DeFond) 교수는 2010년 논문 「회계사들은 어떻게 감독되어야 하는가: PCAOB의 감리와 미국공인회계사회의 동료 리뷰 비교」(How should the auditors be audited?: Comparing the PCAOB inspections with the AICPA peer reviews)를 통해 PCAOB 품질감리는 규제효과, 소송위험, 감사기준 불이행에 따른 평판비용 등의 요인으로 감사품질을 높이고 있다고 밝혔다. 다른 연구결과에서도 미국 품질감리는 감사품질을 높이는 데 기여하고 있음을 보고하고 있다. 미국에서는 PCAOB 출범 이후 대형 회계 스캔들이 거의 발생하지 않고 있다.

공공재적인 성격을 가지고 있는 감사보고서는 불특정다수의 투자자 보호를 위해 일정 수준의 정보가치를 담보할 필요가 있다. 미국의 사례에서 보듯 품질감리 강화는 전반적인 감사품질 향상에 기여한다. 업계의 거부반응은 투자자보호의 중요성에 비하면 아무것도 아니다.

회계관행 혁신을 위한 업계의 자정 노력

로마의 시인 오비디우스는 "그 어느 것도 습관보다 강하지 않다"고 말했다.

법제화되지 않았으나 기업회계 또는 회계감사에서 일반적으로 행해지고 있는 행태를 회계관행이라 한다. 회계 스캔들이 터질 때마다 금융감독 당국은 제도개선 사항을 발표한다. 그중 회계관행과 관련하여 문제가 심각하다고 판단할 때는 몇몇 개선사항을 외감법 등 법규에 반영한다. 하지만 미진한 점이 아직 없지 않다. 회계관행과 관련해 비교적 시급히 개선되어야 할 사항들을 몇 가지 지적하고자 한다.

감사 전 재무제표 제출

우리나라에서 부실감사 원인으로 지목된 것 중 하나가 바로 감사대상 회사의 재무제표를 감사인이 작성하는 관행이다. 이러한 문제점을 개선하기 위해 금융감독 당국은 2013년 외감법을 개정하면서 감사 전 재무제표를 외부감사인과 증권선물위원회에 주주총회 6주 전에 제출하고 연결재무제표는 주주총회 4주 전에 제출하도록 의무화했다. 2015년 말 기준으로 어느 정도 개선 내용이 준수되었는지 아직 확인되지는 않았다. 금융감독 당국은 상장법인 등 사업보고서 제출법인에 대해서는 확인하였으나 비상장법인에 대해서는 전체적으로 확인하지 않았기 때문이다.

감사 전 재무제표 작성을 외감법에 정한 이유는 현장 감사기간이 다 지나도록 감사대상 회사의 재무제표를 감사인이 받지 못하는 경우가 비일비재하고 이로 인해 감사다운 감사가 실시되지 못하는 경우가 많기 때문이다. 감사인의 이런 애로사항은 설문조사 결과 드러났다. 더 심각한 경우도 있다. 현장 감사기간이 전체 5일인데 마지막 날 재무제표가 제시되고 감사팀은 감사현장에서 철수한다. 이후 회계사들은 다른 감사현장에서 감사를 하다 저녁에 사무실로 퇴근하여 이 회사의 감사조서를 작성하고 완성하지 못하면 휴일에 작업하는 경우도 허다하다. 회계감사가 제대로 될 리 만무하다. 회계사들은 이러한 현실을 받아들이며 일하다가 힘에 부치면 다른 일자리를 알아본다. 깐깐한 감사를 실시하는 회계사의 경우 감사대상 회사가 감사인에게 다음 감사 때부터 그 사람을 감사팀에서 배제할 것을 요청하는 경우도 있다고 한다. 이것은 우리나라 회계감사업계의 현실이다.

하지만 제도 개선 후 약 2년이 경과한 현재, 2만 개 이상의 외부감사 대상 회사 중 어느 정도가 재무제표 작성과 부속서류를 사전에 작성하여 외부감사에 임하는지 관련 통계치는 나와 있지 않다. 필자의 경험과 회계감사 현실에 비추어볼 때 재무제표와 부속서류가 모두 작성되어 감사인에게 제시되는 경우는 현재 극히 드물다고 본다. 이를 개선하기 위한 조치가 필요하다.

예를 들어 감사인에게 '감사 전 재무제표와 감사 전 요구자료'가 현장감사 실시 이전에 입수되었는지 보고하도록 의무화하는 것이 필요하다. 상장법인은 자본시장법이나 상장규정에 의해 규제도 강하고 금융감독 당국이 수시로 모니터링하여 감사 전 재무제표 제출의무를 대체로 준수하고 있다. 그러나 다른 외감법 대상회사인 2만 개 정도의 비상장법인들은 회계관행상 감사 전 재무제표 제출의무를 그리 중요하게 생각하지 않고 있고 감사인도 울며 겨자 먹기로 감사 착수 전에 재무제표를 받지 못해도 '을'의 입장에서 거기에 순응하고 있는 것이 현실이다. 우리나라 감사인들이 감사대상 회사에게 적극적으로 자료를 요구하지 못하는 상황을 타개하여 감사품질을 한 단계 높여야 한다. 관행이 미흡하면 관련 법규가 관행을 선도해야 한다.

감사조서 작성

감사조서 작성에 관한 감사관행도 개선할 점이 많다. 감사조서는 회계사가 어떻게 감사를 수행하고 재무제표의 적정성을 어떻게 평가했는지 판단할 수 있는 유일무이한 자료다. 그러나 현실의 감사조서 작성 사례를 보면 개선할 점이 많다.

먼저 감사조서의 체계성이다. 대형 회계법인의 경우 감사조서는 어느 정도 체계를 갖추고 있으나 중소형 회계법인의 감사조서 체계는 이해하기 어려운 경우가 많다는 평가다. 또한 금융감독 당국의 감리를 더 자주 받는 상장회사에 대한 감사조서의 체계는 비상장회사에 대한 감사조서보다 좀 더 체계적이다. 비상장회사에 대한 감사조서는 심각한 경우 감사인이 어떤 감사절차를 취했는지 알 수 없을 정도로 조악하다. 사회학자 게오르그 짐멜은 "형식이 내용을 결정한다"고 했다. 감사조서를 체계화하기 위해서는 금융감독 당국의 제도개선도 중요하지만 회계감사업계를 대변하는 한국공인회계사회의 노력이 필수적이다.

한국공인회계사회는 비상장회사 외부감사에 대한 회계감리를 전담하는 조직이다. 밖으로 많이 드러나지 않으나 실제 우리나라 감사품질을 결정하는 것은 비상장회사에 대한 감사다. 외부감사대상 회사 중 약 90%가 비상장회사다. 한국공인회계사회는 비상장회사에 대한 감사조서 체계의 문제점을 잘 알고 있다. 업계의 이익을 대변하는 한국공인회계사회는 감사인과 회계사에게 부담이 되는 제도개선에 대해 자주 반대해왔다. 하지만 앞으로는 우리나라 회계투명성 수준에 대한 국제사회의 평가에 귀 기울여야 한다.

감사조서의 내용에도 개선할 점이 많다. 감사조서를 살펴보면 감사를 통해 확인하려는 목표를 기술하고 이를 확인하기 위해 감사인이 취한 조치를 기재하는 것이 원칙이다. 회사가 보유하고 있는 상장주식의 실재성을 확인하기 위해 증권사로부터 입수한 조회서를 받아 회사의 주장과 일치하면 인정해주는 절차로 진행된다. 그리고 이 점을 반드시 조서에 기재해야 한다. 이런 식의 감사목표는 확인하기 지극히 쉽다. 공인회계사가 아니어도 이런 절차는 이해할 수 있고 실시할 수 있다.

회계감사는 이런 단순한 절차만으로 이루어지지 않는다. 고도의 판단이 요구되는 경우가 많다. 회계감사를 유효적절하게 수행하기 위해서는 감사대상 회사로부터 확인해야 할 사실관계도 많고 이해하기 어려운 금융실무가 개입되는 경우도 있다. 예를 들어 금융업자들이 개발하는 복잡한 파생상품과 수주산업을 영위하는 회사에 대한 전문지식뿐만 아니라 장기간의 실무경험도 필수불가결하다.

그럼에도 불구하고 대형 회계법인조차 감사현장에서 실무를 수행하는 회계사의 실무경험이나 지식이 미흡하여 감사조서 내용이 불충분한 경우가 발견된다. 이런 경우 충분한 교육을 통해 이를 보완해야 하지만, 수익성이 그리 크지 않은 우리나라 감사인의 입장에서 업무시간에 교육을 충분히 실시하는 경우는 흔치 않다. 중소형 회계법인의 경우는 더 열악하다. 감사조서의 내용이 충실한지 감사인은 자문해봐야 한다.

감사위험 평가 및 감사조서 작성관행과 관련하여 또 다른 문제점이 있다. 현재 우리나라에서는 어느 회사의 결산과 관련하여 분식회계가 발견되지 않은 경우 그 회사에 대한 회계감사를 실시한 감사인이 감사조서를 부실하게 작성했다 하더라도 외감법 위반으로 조치되는 경우는 없다. 심지어 감사인이 감사위험이 없다고 판단하는 경우, 즉 회사가 분식회계를 저지르지 않았으리라고 거의 확신하는 경우 감사를 실시하지 않고 감사보고서를 작성해도 문제가 되지 않는다.

그 이유는 감사인이 재무제표 작성과 관련해서 부차적인 책임을 지기 때문이다. 이는 감사보고서에 다음과 같이 구현되어 기재된다. '재무제표를 작성할 책임은 회사의 경영자에게 있으며 감사인은 감사기준에 따라 감사를 실시하고 감사의견을 표명하는 것이다.' 감사인과 공인회계사는 회계감사에 대한 직업적 전문가임에도 그 임무를 형식적으로 수행하는 관행이 아직도 비일비재하다. 스스로 전문가임을 자임한다면 이러한 현실을 개선하기 위해 자체적으로 노력해야 할 것이다. 여기에 더해 금융감독 당국의 개선조치도 필요하다. 회사의 분식회계 여부와 무관하게 전문가가 그 역할을 소홀히 한 것이 분명하다면 마땅히 책임을 물어야 한다.

최고경영진의 수감 참여

문제되는 회계관행의 하나로 외부감사대상 회사 최고경영진의 수감태도도 언급된다. 감사대상 회사의 경영진은 감사대상 사업연도 실적과 관련하여 회계처리상의 문제점과 그에 대한 처리방침에 대해 감사인에게 직접 보고하지 않는다. 감사인은 회계팀 등 부서가 제시하는 재무제표를 살펴보고 의문사항이 있으면 자료를 요구하고 확인하는 절차를 따른다. 감사인이 경영진으로부터 직접 결산결과를 보고받고 의문사항에 대해 경영진에게 질의하고 답변하는 절차가 필요하다.

이러한 절차는 결산에 대해 경영진의 관심을 유도할 뿐만 아니라 더 나아가 분식회계를 예방할 수도 있다. 누구든지 자신이 직접 한 말에 대해서는 더 책임감을 느끼기 때문이다. 좀 더 효과를 증진시킬 수 있는 방법은 이를 공식적인 절차로 규정하고 회사와 감사인 모두가 이 과정에 상당 시간을 투입하는 것이다. 당연히 그 전말을 기록으로 남길 필요가 있다. 이러한 절차가 꼭 필요한 이유는 상장회사의 대표이사가 분식회계에 대한 조사를 받을 때 회계처리 등 중요한 결산내용에 대해 잘 모르고 있는 경우들이 아주 많이 발견되기 때문이다.

회계 스캔들에 대한 정부 당국과 국회의 성숙한 대응

금융감독 당국이나 국회가 회계 스캔들에 대응하는 방식에도 개선해야 할 점이 있다. 문제가 터졌을 때 개선방향을 찾기보다는 과거의 사실관계에 집중하는 경향이 있다. 즉, 분식회계 또는 부실감사에 대한 사후조치 수준을 강화하는 데 몰두해왔다. 벌칙을 강화하여 분식회계에 대한 동기를 불식시킬 수 있다고 보는 것이다. 그보다는 사전예방을 위해 회계관행을 실질적으로 개선하는 절차를 마련하고 감사대상 기업들과 감사업계의 저지 노력을 극복하는 것이 선행되어야 한다.

우리나라의 회계관행이 더 개선되기를 기대해본다. 투자자 보호에 회사와 감사인의 더 많은 관심과 노력이 필요하다는 인식이 개선의 출발점이다.

규제강화가 꼭 능사는 아니다

윈스턴 처칠은 "정부가 10만 개의 규정을 가지면 그것은 곧 법에 대한 모든 신뢰와 존경을 말살할 것"이라고 말했다.

부실감사에 대한 법적 책임은 1997년 IMF 외환위기 이후 지난 20여 년간 사회적 관심과 논란의 대상이 되어왔다. 금융감독 당국, 법조계뿐만 아니라 시민단체, 일반인도 부실감사에 주목해왔다. 부실감사는 회계투명성을 훼손하고 주식투자 등 투자활동에 악영향을 주었다. 결과적으로는 금융질서를 어지럽혔다.

대기업이 분식회계나 부실감사에 연루된 경우에는 국가경제, 더 나아가 세계경제에도 악영향을 끼치게 된다. 대우그룹 사태를 겪으면서 우리 경제는 상당기간 침체를 경험했다. 그 책임을 지고 대형 회계법인인 산동회계법인이 파산하는 것을 지켜보기도 했다. 엔론 사태는 미국 경제 전체를 혼란에 몰아넣었다. 그 결과 새로운 규제기관인 PCAOB 가 설립되었고 회계법인들은 이전과는 판이하게 다른 규제환경에서 감 사업무과 컨설팅업무를 수행하고 있다.

대형 회사에 대한 부실감사가 언론에 보도되어 일반에 알려질 때마다 공인회계사와 회계법인에 대한 책임을 묻는 분위기가 반복되고 있다. 이후에는 회계감사에 대한 규제가 강화되어왔다.

IMF 이후 외감법을 개정하여 부실감사에 대한 벌칙을 강화했다. 이에 대해서는 앞에서 설명했다. 2016년 6월경에는 대우조선해양 분식회계 사태로 회계법인 대표이사에게도 부실감사 책임을 묻는 방안이 규제개혁위원회 심사를 통과했다. 향후 회계감사에 직접 참여하지 않았더라도 내부통제상 책임이 있을 경우 회계법인 대표이사에게도 행정조치 등의 처분이 가능해질 것이다.

그런데 여론몰이에 따라 감사인에 대한 책임을 묻고 규제를 강화하는 것이 과연 부실감사가 발생하지 않도록 하는 데 얼마나 효과가 있을까?

공인회계사는 직업적 전문가로서 책임을 진다. 즉, 전문가는 동종업계 평균 이상의 주의의무를 다하여야 하고 그 자신의 과실 또는 적절하지 못한 처신에 대해서 책임을 진다. 그런데 사회가 요구하는 주의의무가 커짐에 따라 전문가가 기존의 주의의무에 상응하여 업무를 수행했다 하더라도 책임을 지는 경우가 늘어나고 있다. 예를 들어 의료행위의 과실 범위가 점차 넓어짐에 따라 해당 의사가 책임을 지는 경우가 확대되고 있는 것처럼 공인회계사에 대해서도 주주 등의 투자자에 대한 손해배상의 의무와 범위가 확대되어야 한다는 주장이 제기되고 있다.

문제는 공인회계사가 현실적으로 기울일 수 있는 주의의무 수준과 공인회계사에 대한 사회의 기대 수준 중 어느 것을 강조하느냐에 따라 공인회계사의 책임 수위는 얼마든지 달라질 수 있다는 점이다.

흔히 공인회계사가 회계감사를 실시한 후 시장에 제공하는 회계정보가 투자자의 기대 수준에 미치지 못한 경우를 부실감사라 말한다. 투자자의 기대 수준은 경제상황, 자본시장의 전통과 관행, 공인회계사의 직업윤리 정도, 회계규제의 발전상황 등 복합적인 요인에 의해 얼마든지 달라질 수 있다.

금융감독 당국, 법조계 일부 인사 및 시민단체, 일부 언론은 감사시간의 한계로 재고자산 실사입회를 허술하게 하거나 재무제표 부속명세서 등 입증서류를 확인하지 않은 것은 용서할 수 없는 행위라고 본다. 또 허위 재무제표 가능성을 상당부분 인지하고도 감사보고서에 적정의견을 내는 것은 범죄행위이고 그로 인해 제3자에게 손해가 발생한 경우 감사인에게 엄격한 민형사상 책임을 물어야 한다고 주장한다.

이런 관점을 뒷받침하는 사례들은 다음과 같은 것들이다. 하나는 미국의 사례로 엔론 사태 이후 부실감사에 대한 손해배상 청구 요건이 완화되어 공인회계사의 책임범위가 늘어난 경우이고, 다른 하나는 독일의 사례로 유가증권 거래와 관련된 부실감사를 투자사기죄로 처벌할 수 있도록 형법을 개정한 경우다.

앞서 언급한 것처럼 우리나라에서도 부실감사와 관련해서 외감법, 공인회계사법 그리고 자본시장법을 개정하여 공인회계사의 책임을 강화했다. 법원에서도 부실감사에 따른 공인회계사의 책임을 강화하고 있다. 이런 추세는 부실감사가 공인회계사 개인의 직업적 해이 때문이라는 관점에 기초하고 있다.

그러나 공인회계사, 회계법인, 한국공인회계사회, 회계학자 등의 입장은 이와 다르다. 회계감사가 갖는 구조적, 제도적, 사회적 한계를 고려할 때 공인회계사에게 지나친 역할을 기대하는 것은 불합리하다는 것이다. 즉 그들은 공인회계사가 회사의 부실 가능성을 예측하거나 부도방지를 목표로 하는 것은 지나친 역할 확대라고 본다. 대신 부실감사를 예방하기 위해 관행과 제도를 개선해야 한다고 주장한다. 예를 들어 회계감사 보수가 너무 낮아 감사투입 자원이 부족해지는 것이므로 감사보수가 현 수준에서 대폭 인상되도록 제도를 개선해야 한다고 주장한다.

또한 그들은 회계감사에 대한 우리 사회의 기대가 지나치게 높으며 공인회계사가 현실에서 수행할 수 있는 역할은 제한적이라는 점을 강조한다. 그러면서 최근 공인회계사에 대한 책임강화 추세에 따른 행정제재, 형사책임, 손해배상소송 등은 지나치다고 주장한다. 심지어 분식회계에 대한 책임을 회계법인과 공인회계사에 떠넘기는 식의 처벌은 일종의 희생양 만들기와 마찬가지라고 말한다.

공인회계사의 책임 유무를 회계감사에 대한 사회적 기대 수준에만 맞추거나 반대로 회계업계의 입장만 반영하는 것은 둘다 설득력이 별로 없다.

지금까지 정부는 외부감사에 대한 사회적 기대에 부응해 공인회계사의 책임을 강화하고 회계업계는 방어하기에 급급한 상황이 지속되었다. 2016년 당국은 회계법인의 중간감독자에 대한 조치기준을 마련했다. 회계법인 대표이사에게 회계감사에 대한 내부통제 책임을 묻는 것이 감사품질을 높일 것이라는 전제에 따라 회계법인 대표이사에 대한 책임 강화를 추진하고 있다.

현재 기조에 따라 감사인의 책임을 강화하는 입법만 계속한다면 예기치 않은 부작용을 낳을 수도 있다. 가령 회계법인이 책임이 무거운 외부감사업무를 기피하고 부차적인 경영컨설팅업무에 더 집중함으로써 결국 회계감사가 더 부실해질 수도 있다. 경험 많고 유능한 공인회계사가 회계법인을 떠나 위험이 적은 다른 직장으로 옮기는 상황이 증가하고 그렇지 못한 공인회계사가 회계법인에 남아 회계감사를 수행하게 될 수도 있다. 그런 경우 회계감사업무가 마비되는 사태까지는 아니더라도 감사보고서의 수준이 낮아질 것이라는 것은 충분히 예측할 수 있다.

이는 통계에 의해서도 입증된다. 2013년 회계법인 사업보고서에 의하면 2014년 3월말 기준 한국공인회계사회에 등록된 회계사는 1만 6,867명이었고 이중 회계법인 소속은 9,265명(4대 회계법인은 5,282명), 감사반 소속은 1,274명, 기타 6,324명이었다. 기타로 분류되는 공인회계사(37%)는 감사업무를 수행하지 않는다. 2016년 여름에는 대우조선해양 사태로 인해 보수에 비해 감사에 따른 책임을 무겁게 묻는 분위기가 전개되자 대형 회계법인에서 경력이 많은 공인회계사들이 이직하고 있다고 보도되기도 했다.

반대로 회계업계의 입장에 따라 회계감사 관련 제도가 마련된다면 부실감사 관행은 개선되기 불가능할 것이다. 그렇게 된다면 회사의 부실경영 상태를 통제하기 어렵고 회사의 경영진도 회계투명성에 대한 관리를 소홀히 할 것이다. 당연히 주주나 채권자도 자신의 재산을 지키기 어려울 수 있다. 투자자들은 회계정보를 신뢰하지 않을 뿐만 아니라 자본시장에 참여하는 것을 꺼리게 될 것이다.

어느 한쪽에 조금 치우치게 회계감사 관련 규범이 만들어지면 회계업계와 회계정보 이용자 간의 대립과 갈등을 초래할 수 있다. 나아가 자본시장이 본연의 기능을 발휘하는 데 부정적인 영향을 줄 수 있다. 심지어 경제성장에 악영향을 주고 사회적 불안도 야기할 수 있다.

그래서 회계업계와 금융감독 당국은 서로의 입장에 대해 깊이 고찰할 필요가 있다. 회계업계는 부실감사행위가 미치는 악영향을 면밀히 검토하고, 금융감독 당국은 공인회계사가 처한 감사환경에서 부실감사에 대해 어느 정도 책임을 묻는 것이 타당한지 생각해봐야 한다.

그런 과정을 통해 공인회계사는 직업적 전문가로서 의식을 새롭게 다지고 부실감사에 대한 책임을 스스로 떠맡게 될 것이다. 투자자 등의 이해관계자 역시 부실감사에 따른 공인회계사의 책임을 충분히 이해하고 그들이 처한 구조적 한계를 개선하기 위한 방법을 마련하는 데 동조하게 될 것이다.

10장

눈에는 눈
이에는 이

매년 수십만 달러의 급여를 받고 자신에 대한 급여를 책정하는 경영진은
급여를 받는 것이 아니다. 그들은 급여를 명목으로 잉여가치를 전용하고 있다.
마이클 해링턴(1928~1989, 미국의 사회민주주의자)

회계투명성을 개선하는 데는 회계정보를 생산하고 검증하는 기업과 감
사인의 노력이 일차적으로 중요하다. 하지만 이것만으로는 충분하지
않다. 회계정보를 투명하게 생산하지 않을 수 없도록 강제할 필요가 있
다. 기업이나 감사인과 상호작용하는 다른 주체들도 회계투명성 개선
을 위해 해야 할 역할이 있다.

경영진이 회계부정을 통해 경제적 이익을 영속적으로 향유하도록 방
치할 수는 없다. 회계부정으로 인한 손해가 신속히 그리고 충분히 회복
되지 않는다면 그것도 문제다. 그리고 감사인의 독립성이 훼손되지 않
도록 점검하고 필요한 경우 회계제도도 개선해야 한다.

경영진 보수환수제

STX조선해양은 2008년부터 2012년까지 매출액을 부풀리고 매출원가는 낮추는 방식으로 분식회계를 했다. 금융감독원이 발표한 내용에 따르면 2012년 말 기준 분식회계는 총 6,600억 원 규모였다. 강덕수 전 회장은 2013년 봄 채권단에 자율협약을 요청하기에 앞서 2012년 실적성과급으로 10억 원이 넘는 돈을 받았다. 분식이 발생한 전 기간에 걸쳐 받은 성과급은 40억 원이 넘는 것으로 보도되었다.

대우조선해양의 경우에도 비슷한 성과급 지급 사례가 있다. 검찰청은 대우조선해양의 분식회계에 대한 수사를 진행했다. 금융감독원도 회계감리를 실시했다. 언론은 회사 경영진이 5조 원 이상의 분식회계를 저지른 것으로 보도했다. 전 대표이사인 남상태와 고재호를 포함한 경영진은 분식회계에 근거하여 220억 원의 성과급을 받았다고 한다.

대우조선해양은 2001년 기업재무구조 개선 작업을 마치고 2002년부터 대주주인 산업은행과 협의하여 업무협약을 마련했다. 업무협약은 경영목표로 해양플랜트 등의 수주목표, 매출액, 순이익을 포함한다. 해당 경영목표 달성 여부에 따라 임직원의 성과급이 책정되는데 언론 보도에 따르면 경영목표를 달성한 것으로 처리하기 위해 회사는 당기순이익에 대한 시뮬레이션까지 시행했다고 한다.

분식회계를 통해 경영목표를 달성한 것처럼 처리하고 성과급을 받아갔다면 그 성과급 수령도 잘못된 일이다. 지급된 성과급은 어떻게 할 것인가? 일반인들의 상식으로는 어떻게 해서든지 환수하는 것이 타당하다. 그러나 현실은 그리 녹록치 않다. 법적 수단이 마련되어 있지 않기 때문에 분식회계를 통해 지급된 성과급을 회수하기 어렵다. 우리나라에서는 보수환수제가 아직 시행되고 있지 않다.

보수환수제는 역사가 그리 오래되지 않았다. 당초 보수환수제는 금융기관 임원의 고용계약에 언급되기 시작했다. 새로 만들어 판매한 금융상품이 장기간에 걸쳐 금융기관 경영성과에 기여하지 못하면 이미 지급된 보수를 환수하거나 지급할 보수를 무효화할 수 있는 제도였다.

미국의 경우를 보자. 2002년 제정된 사베인-옥슬리법에 의하면 증권거래위원회는 회계사기에 연루된 금융회사 경영진에게 보수 환수를 요구할 수 있다. 이 경우 회계사기 관련 재무제표 공시 후 1년간의 성과급에 한한다. 여기서 회계사기는 경영진이 고의로 분식회계를 하고 성과급을 받아간 것에 한정된다고 보면 된다. 2005년에는 '포춘 100대 기업' 중 3% 미만의 회사가 보수환수제를 채택했으나 2010년에는 그 비율이 82%로 증가했다. 실제로 증권거래위원회는 상장사 고위 임원에 대해 몇 건의 보수환수를 추진했다. 2016년 미국 금융소비자보호국은 허위 예금계좌 및 신용카드계좌를 만들어 경영실적을 조작한 혐의로 웰스파고은행에 1억 8,500만 달러(약 2,040억 원)의 과징금을 부과했다. 이 은행의 이사회는 최고경영자 존 스텀프에게 부여된 스톡옵션(6,900만 달러)과 소매금융 대표 캐리 톨스테트에게 부여된 수톡옵션(6,700만 달러)을 취소해서 실질적으로 보수를 환수했다.

2010년 제정된 도드-프랑크법은 보수환수제 대상을 확대했고 증권관리위원회는 과실여부를 불문하고 분식회계에 연루된 상장사와 정부자금을 지원받은 금융회사 경영진에게 2년분 성과보수 환수를 요구할 수 있다. 현재 미국의 기업들은 보수환수제를 도입하지 않으면 상장이

되기 어렵다. 있다. 또한 대표이사는 물론 이사회 구성원의 성과급도 환수할 수 있는 제도를 마련하여 시행하고 있다.

영국은 2015년 금융회사에 한해 보수환수제를 도입했다. 최대 6년간의 성과보수를 환수할 수 있도록 제도화했다. 영국의 보수환수제는 미국과 별 차이가 없는 것으로 평가된다. 즉 경영진의 고의 또는 과실 유무를 따지지 않고 분식회계에 의한 성과급이 지급된 경우 환수하도록 규정하고 있다.

KB금융지주, 신한은행, 하나은행 등은 선진국의 사례를 따라 보수환수제 관련 사규를 규정해놓은 것으로 알려졌다. 그러나 어떤 운용성과가 있을지는 아직까지 알려지지 않았다. 보수환수제가 본격 도입되면 우리 경제에 어떤 영향이 있을지 궁금하다. 스탠퍼드대학교 에드 드한(Ed Dehaan) 교수 등의 공동연구에 의하면 보수환수제를 채택하면 경영진의 분식회계 동기가 줄어든다. 자발적으로 보수환수제를 도입한 회사에서는 고의 또는 중과실에 의한 분식회계를 감소시키는 효과가 명확하다는 얘기다. 공동연구자들은 이렇게 덧붙인다. "투자자들은 보수환수제를 채택한 기업의 재무제표를 더 신뢰하고, 이사회는 보수환수제가 제대로 작동될 때 경영진의 성과급과 관련하여 경영실적에 더 가중치를 두어 책정한다."

계명대 회계학과 손혁 교수는 논문 「보수환수제의 경제적 효과」에서 보수환수제의 경제적 효과에 대해 다음과 같이 말한다. 첫째, 보수환수제는 경영자의 재무제표 왜곡에 대한 유인을 사전에 완화시킨다. 투자자는 보수환수제로 인해 경영자가 제공하는 정보를 신뢰할 수 있다. 둘째, 보수환수제는 적절한 설계를 통해 투자의 효율성을 제고할 수 있다. 즉, 경영자는 적절한 보수환수제 하에서 자신의 부와 투자자의 부를 일치시킬 가능성이 높다. 셋째, 경영자의 지분율이 높아지거나 고정보상을 환수하는 경우 보수환수제의 유용성은 낮아진다. 그는 보수환수제의 유용성에 대해 이렇게 덧붙였다. "이 제도가 도입되는 경우 경영자의 분식회계 유인을 줄여 결과적으로 무리한 경영을 추진하지 않게 할 수 있다."

그렇다면 한국기업에 보수환수제 도입준비는 어느 정도 진행되고 있을까? 우리나라는 현재 보수환수제 시행을 검토하는 단계에 있다. 우선 입법이 이루어져야 한다. 제윤경 더불어민주당 의원은 "대우조선해양의 임원진이 분식회계에 기초해 받은 100억 원[23]에 이르는 성과급은 환수하는 것이 마땅하다"고 말했다. 그는 보수환수 관련 입법을 준비하고 있다며 언론과의 인터뷰에서 이렇게 말한 바 있다. "국회 입법조사처를 통해 보수환수제 해외사례를 찾고 있다. 조사한 사례를 통해 조만간 부당하게 지급된 성과급을 환수할 수 있는 입법을 준비할 것이다." 그러면서 그는 미국의 사례를 참조할 것이라고 했다.

미국에서 시행하는 보수환수제를 좀 더 살펴보자. 사베인-옥슬리법에 의하면 증권발행회사가 증권법상 재무상태 보고규정을 위반하여 재무재표를 재작성하는 경우 증권거래위원회는 증권발행사의 대표이사 또는 재무담당이사로부터 보너스, 인센티브 보수, 증권발생으로 얻은 이익을 환수할 수 있다. 금융위기 이후 2008년 입법된 비상경제안정화법에는 구제금융을 받은 금융기관에 대한 환수규정이 있다. 이에

23　앞서 기술한 것처럼 언론에서는 220억 원의 성과급이 지급되었다고 한다.

따르면 금융기관 임원 중 보수 상위 5인과 직원 중 보수 상위 20명은 분식회계된 재무성과를 기초로 한 보너스 등을 받은 경우 환수 대상이 된다.

그렇다면 미국 기업들이 채택한 보수환수제의 구체적인 특징은 무엇일까? 미국의 경우 제품, 비용구조, 자산규모, 감독기관의 규제 등이 회사마다 다르고 이에 따라 기업들은 다양한 보수환수규정을 마련해놓았다. 보수환수를 촉발하는 사건의 수와 타입, 보수환수규정이 적용되는 직원의 수, 보수환수의 대상이 되는 급여 종목 등과 같이 보수환수제의 현실적인 세밀한 규정들은 회사와 경영자마다 각기 다르게 정할 수 있다. 구체적인 규정은 다르더라도 보수환수제 자체는 미국 기업들이 외부압력으로 채택할 수밖에 없는 상황이고 회사와 경영자가 보수환수제의 기본 구조를 무력화할 수도 없다.

애리조나주립대 경영학과 교수 일로냐 바벤코(Ilona Babenko) 등 4인의 연구결과에 따르면, S&P 1,500기업 중 보수환수제를 채택한 회사는 2001년 1%에서 2012년 50% 이상으로 크게 늘었다. 실제 환수계약의 내용은 사베인-옥슬리법, 미국 경기회복 및 재투자법안, 도드-프랑크법이 제시한 것과 상당 부분 다른 형태로 나타났다고 한다. 그리고 보수환수제 채택 여부와 구조는 산업별로 중요한 차이가 있었다. 회사들은 다음과 같은 요인이 있을 때 보수환수제를 기꺼이 채택했다. 첫째 과거 회사에 경영자의 비행이 있었을 때, 둘째 사기, 과실 그리고 이익조작을 발견하기 어려울 때, 셋째 경영진의 불법행위 범위가 넓을 때, 넷째 경영진이 경영성과를 조작할 보수 관련 동기가 있을 때, 다섯째 이사회가 주주로부터 독립적일 때가 그것이다.

그들에 따르면 보수환수제는 여러 의미를 함축한다. 먼저, 보수환수제 도입은 낮은 위험 선호도와 관련 있어 보인다. 즉, 보수환수제는 낮은 주가변동성, 보다 많은 현금 보유, 적은 연구개발비, 극소수의 특허출원 등 위험기피 현상을 유발한다. 보수환수제가 있는 기업은 대표이사의 임기가 짧고 주요 임원 이직률이 높다. 또한 경영진의 보수가 많은 동시에 해고 가능성이나 보수감소 가능성도 크다. 셋째, 보수환수제를 도입한다 하더라도 경영진의 분식회계 동기를 조절하기 위해서는 다른 추가조치가 필요하다. 왜냐하면 보수환수제가 보편적으로 채택되면 보수환수제의 분식회계 조절 기능이 무더지기 때문이다. 그러면서 기업이 선택할 수 있는 보수환수제의 패턴을 크게 제한할 경우 적어도 몇몇 기업에는 예상하기 어려운 추가비용, 예를 들어 보수환수제 설계 비용 같은 비용 부담이 있을 것이라고 지적한다.

전문경영인으로서 단기실적에 따라 보수를 받고 고용기회가 좌우되는 경우 그들은 단기경영실적에 민감하게 마련이다. 단기경영실적에 따라 전문경영인의 업무능력을 평가하는 문화가 팽배해지고 있다. 자본시장은 단기실적에 크게 좌우되는데 경영진 평가도 대체로 그렇다. 결론적으로 보수환수제 도입이 모든 기업의 분식회계를 막을 수는 없겠지만, 적어도 이를 견제하는 효력은 있다고 할 수 있다.

감사인의 독립성 여부 모니터링

미국 회계감사기준 독립성 기준(Auditing Standards 1005)은 이렇게 규정하고 있다. "감사인이 독립적이기 위해서는 지적으로 정직해야 한다. 독립적인 것으로 인정받기 위해서는 감사대상 회사, 그 경영진 그리고 주주에 대한 의무 또는 이해관계가 없어야 한다. 독립적인 감사인은 실제로 독립적이어야 할 뿐만 아니라 정보이용자가 그 독립성을 의심하게 하는 상황을 피해야 한다."

감사인이 중립적으로 감사를 수행하고 의견을 제시하기 위해서는 감사인과 감사대상 회사 사이에 이해관계가 있어서는 안 된다. 이해관계가 있는 경우 감사인은 사익을 추구할 수 있고 감사의견을 믿기 어려워지기 때문이다. 감사인의 독립성 훼손은 2015년과 2016년 사회적인 이슈가 되었다. 감사대상 회사 주식을 회계사들이 취득하고 매각하는 과정을 반복한 경우가 여러 건 발견되었기 때문이다. 이런 문제들과 관련해서 감사인의 독립성 유지 또는 개선을 위한 조건들을 생각해보자.

감사인은 외감법과 그 하위규정에 기술된 독립성 유지요건을 충족하기만 하면 독립성이 확보되는 것으로 생각하기 쉽다. 예를 들어 감사대상 회사의 주식을 소유하지 말라거나 감사와 특정 비감사서비스를 동시에 수행하지 말라는 등의 요건만 준수하면 된다고 이해하는 것이다. 우리나라에서는 대개 그렇게 받아들이고 있다. 하지만 외관상의 독립성 못지않게 중요한 것이 정신적 독립성이다. 미국의 경우 감사인 또는 공인회계사가 감사대상 회사에 대해 호의적이거나 적대적인 정서를 가질 수 있는 경우에는 언제든지 독립성이 훼손되었다고 본다. 이는 미국 증권거래위원회가 제정한 독립성 요건의 주요 내용 중 하나다. 그러므로 공인회계사가 감사대상 회사와 독립성 훼손 관계에 있다고 판단될 가능성이 있다면 투자자 등 이해관계자로부터 소송을 당할 수도 있어

늘 조심하지 않을 수 없다.

감사인은 스스로 감사대상 회사와 독립되어 있다는 것을 입증할 필요가 있다. 하나의 방편으로 좀 더 체계적이고 강화된 감사인 독립성 검증 시스템을 구축해야 한다. 당연히 독립성 준수를 위한 회계사 대상 교육과 주기적인 확인이 포함된다. 그런데 실제로는 감사인이 독립성 확인절차로 각 공인회계사로부터 독립성 확인서를 받는 수준에 머물고 있다. 독립성 확인서의 내용도 독립성 위반 시 부담하게 될 책임에 대해 명확하게 기술하지 않아 실효성이 미흡하다는 지적도 있다.

우리나라 감사인의 독립성 유지를 위한 내부통제 현황을 보여주는 보도가 있다. 2016년 6월 《세계일보》 기사에 따르면 더불어민주당 박용진 의원이 15일 금융감독원으로부터 받은 「회계법인 내부통제시스템 테마감리 결과보고」를 분석한 결과 이들 회계법인은 회사 내규에 '감사 기업의 주식을 보유해서는 안 된다'는 구체적인 정책을 명시하지 않았고, 신입 회계사로부터 독립성 확인서를 받지 않았다. 입사 전부터 보유하고 있던 주식을 통제하는 절차도 없었으며, 주식 보유 사실이 적발될 경우의 구체적인 인사·징계 규정 역시 없었다. 또 파트너급 이상만 주식보유 현황을 신고하게 하거나, 1년에 한 번만 주식보유 현황을 신고하도록 해 정확한 거래 내역을 파악하는 게 사실상 불가능했다.

또한 우리나라에서는 변호사와 회계사의 윤리교육도 취약한 수준이다. 미국에서 변호사가 되기 위해서는 윤리시험에 별도로 합격하지 않으면 안 된다. 공인회계사의 경우도 마찬가지다. 직업적 전문가로서 윤리상 문제가 되는 상황을 숙지하지 않으면 시험에 합격하기 어려울 정도로 시험의 난이도가 상당히 높다. 미국에서는 전문가의 윤리에 대한 가치부여가 이런 식으로 구현되고 있다.

반면 우리나라 공인회계사의 윤리교육은 미국에 비해 상당히 빈약하다는 지적이 종종 있어왔다. 그나마 다행인 것은 공인회계사 시험에서 윤리과목에 배점을 할 것이라는 발표가 나온 것이다. 그렇지만 이미 활동 중인 공인회계사의 인식변화가 더 중요하다. 그들의 숫자가 절대적으로 많기 때문이다. 그래서 공인회계사의 윤리교육 프로그램을 좀 더 공고하게 마련하여 운영해야 한다.

감사인의 독립성 유지 여부에 대한 금융감독 당국의 모니터링 체계도 개선할 필요가 있다. 현재 금융감독원과 한국공인회계사회는 공인회계사의 독립성 여부를 일부 확인하고 있다. 그런데 독립성 확인절차가 제대로 갖추어져 있다고 보기 어렵다. 금융감독원은 품질감리 시 감사인의 독립성 유지 시스템 구현 정도를 평가하고 있다. 그러나 각 상장회사에 대한 감리 시 공인회계사의 독립성 여부를 확인하는 정도다. 2015년 공인회계사의 주식보유 현황은 주식계좌 등 조회 동의서를 받아 확인할 수 있었다. 금융감독 당국은 감사를 수행한 공인회계사의 주식보유 여부 등 독립성 유지 여부를 독자적으로 확인할 수 있는 절차를 장기적인 관점에서 고민할 필요가 있다. 특히 독립성이 훼손된 경우에는 과징금 부과 등 금전적 처벌을 제정해 시행한다면 독립성에 대한 공인회계사의 인식도 새로워질 것이다.

우리나라는 2011년부터 국제회계기준을 본격적으로 채용했다. 국제회계기준은 원칙 중심의 회계처리기준으로 개별 기업이 회계처리방식을 선택하는 데 다양성과 자율권을 부여한다. 반면 회계감사를 수행하는 감사인의 입장에서는 많은 시간을 투입할 수밖에 없다. 조금 논란의 여지가 있어 보이는 사건에 대해서는 검토할 시간과 노력이 더 많이 필요하기 때문이다. 그럼에도 불구하고 2011년 이후 우리나라 회계감사 시장이 더욱 황폐해진 결과 시간당 감사보수가 오히려 평균적으로 감소한 것으로 나타났다. 예를 들어 현대자동차의 시간당 감사보수는 2003년 12만 3천 원 선이었으나 2013년에는 9만 4천 원으로 낮아졌다. SK텔레콤의 경우 2003년 7만 4천 원에서 2013년 7만 원으로 하락했다. 대한항공의 경우 2009년 9만 원에서 2013년 5만 6천 원으로 내려갔다. 자산과 부채 그리고 매출액 등이 증가하여 감사업무가 증가했음에도 감사보수가 낮아지는 추세는 감사인의 감사대상 회사에 대한 경제적 예속을 추측하게 한다. 감사보수의 하락은 감사인의 독립성을 저해하는 요소가 되므로 독립성 점검 시 고려해야 할 사항이다.

이미 지적했듯이 감사인이 감사대상 회사에 회계감사업무뿐만 아니라 세무서비스, 컨설팅, 기업인수합병 관련 서비스 등을 제공할 경우 감사인의 독립성이 저해되어 감사품질이 악화될 가능성이 크다는 주장이 있다. 그러므로 감사보수와 기타 서비스의 비중을 모니터링하여 미리 정해놓은 범위를 벗어나지 않도록 제한해야 한다고 한다. 그러나 피감사업체에 대한 비감사서비스 제공이 회계감사의 독립성을 반드시 훼손하는 것은 아니라는 연구결과도 있다.

서강대 경영대학원 김진경의 석사논문 「비감사서비스의 제공이 감사인의 독립성에 미치는 영향」에 따르면 동일 감사인에게 지급하는 비감사 수수료가 전체 수수료 중에서 차지하는 비중과 비적정의견 사이에 유의적인 상관관계가 존재한다는 증거는 찾을 수 없었다. 비감사서비스를 제공하는 경우 감사인의 피감사기업에 대한 다양하고 정확한 정보를 바탕으로 경영자의 이익조정의 유인을 줄이고 보다 효율적인 감사업무를 수행하여 높은 품질의 감사서비스를 제공할 수 있다는 것이다. 그리고 동일 감사인이 비감사서비스를 제공하는 것이 회계감사의 염가상품화를 초래하여 직접적으로 감사 비용을 낮추지는 않는 것으로 나타났다고 한다.

문제는 비감사서비스가 회계감사의 이해와 상충되는 경우다. 공인회계사법은 회계기록과 재무제표의 작성, 내부감사업무의 대행, 재무정보체제의 구축 또는 운영, 그 밖에 재무제표의 감사 또는 증명업무와 이해상충의 소지가 있는 자산 실사 등의 업무는 감사대상 회사에 제공할 수 없다고 규정하고 있다. 현재 이 규정에 포함되는 앞의 세 가지 업무는 그 범위가 명확하여 감사인이 제공하는 경우가 거의 없다. 네 번째 이해상충의 소지가 있는 자산 실사 등의 업무 범위에 대해서는 실무상으로 문제가 된 경우가 거의 없었다. 즉, 감독 당국이 이해상충 여부를 판단한 경우가 없었다는 의미다.

감사인의 수익 중 비감사보수가 감사보수와 거의 대등한 상황이 20여 년째 지속되고 있다. 감사대상 회사가 한정된 상황에서 감사인은 비감사보수 증대를 통해 영리를 도모하고 있다. 회계감사와 이해가 상충되는 비감사서비스를 제공한 적이 없다고 감사인들이 주장할 수는 없을 것이다. 금융감독 당국은 감사대상 회사에 대한 자산매수도 등 비감사서비스 제공이 감사품질을 저해하고 있다고 보아 이에 대한 제한을 추진하고 있다.

회계감사를 수행하면서 그것과 서로 상충되는 비감사서비스를 동시에 제공함으로써 감사인의 독립성이 심각하게 훼손된 사례는 엔론 사태가 대표적이다. 미국에서는 그런 문제가 엔론 사태를 초래했다는 비판에 따라 사베인-옥슬리법이 마련되었다. 이 법은 회계법인 등 감사인이 9가지 서비스를 감사대상 회사에 제공할 수 없다고 규정했다.

1. 감사대상 회사의 장부기록, 회계처리기록 또는 재무제표 관련 서비스
2. 감정 또는 평가서비스, 공정의견, 현물출자보고서
3. 재무정보시스템의 설계 및 이행
4. 보험계리서비스
5. 내부감사서비스
6. 관리직능 또는 인적자원
7. 브로커 또는 딜러, 투자자문, 투자은행서비스
8. 법률서비스
9. 감사와 관련 없는 전문서비스

실효성을 확보하기 위해 감사대상 회사에 감사인이 제공할 수 있는 서비스에 대해 감사대상 회사의 감사위원회가 사전승인할 것을 명시했다. 각 회사의 감사위원회는 관련 업무를 적절히 수행하기 위해 승인가능한 감사인의 서비스를 열거하고 있다. 그리하여 감사인의 독립성이 지속적으로 유지될 수 있는 틀을 갖추고 있다. 이런 기준은 우리나라 감사인의 독립성 유지를 위한 개선책 마련에 시사점을 제공한다.

사회 문제를 개선하는 방법은 다양하다. 감사인의 독립성 유지와 강화를 위한 조치도 다양하게 시도할 수 있다. 그리고 감사인의 독립성

훼손 요소가 새롭게 발견되면 그 사안에 맞게 또다시 개선하면 된다.

회계 스캔들 예방을 위한 법원의 역할

힐러리 클린턴은 "대법원은 견제와 균형을 위한 기관도, 법을 해석하는 기관도 아니다. 대법원은 법을 변화시키고 형성하는 기관이다"라고 말했다.

상장사의 주식에 투자한 후 해당 회사의 재무제표가 분식된 사실이 알려져 손해를 본 경우 투자자는 그 회사와 귀책사유가 있는 임원을 상대로 손해배상을 청구할 수 있다. 회계감사를 실시한 감사인과 관련 공인회계사도 마찬가지다.

감리자료 제출명령권 발동

현실적으로는 투자자가 손해를 입힌 사람들에게서 손해배상을 제대로 받아내기 어렵다. 분식회계 사실과 그 정도를 투자자가 법원에 입증해야 하는데 그게 말처럼 쉽지 않다. 사실 투자자들이 분식회계를 직접 규명하기란 불가능하다. 지분율 3% 이상 주주는 회사의 회계장부를 열람할 수 있으나 열람권 행사 그 자체로 분식회계를 적발하기는 거의 불가능하다. 대부분의 경우 회계장부 자체는 분식회계를 여실히 보여주지 않는다. 그 상황을 이해하기 위해서는 경영진 또는 직원의 설명이 필요하기 때문이다.

실제로 상장회사의 분식회계를 찾아내는 일은 공권력을 행사하는 금융감독원이 거의 전담하고 있다. 그것도 영업이 활발히 이루어지는 회사에 대해서만 실시된다. 투자자들은 금융감독원의 감리자료를 받아 법원에 제출함으로써 분식회계를 증명하고 관련자들에게 손해배상을 청구할 수 있다. 그런데 이것도 쉽지 않다. 피해자들이 증거제출 요청을 하더라고 금융감독원은 기업의 분식회계 정보가 개인정보 등을 포함하고 있음을 이유로 자료제출을 대부분 거부하기 때문이다. 이 부분은 입법을 통해 개선할 수 있으나 법원 역시 직권으로 감리자료 제출명령권을 적극적으로 발동할 필요가 있다. 이에 대해 법원은 지극히 소극적이다.

투자자의 과실상계 비율 조정

투자자들에게 손해배상 청구권이 있어도 실제 손해액을 그대로 배상받는 경우는 거의 없다. 법원이 원고인 투자자의 과실을 상계하기 때문이다. 간혹 전액을 변상하도록 하는 경우가 있긴 하지만, 대체로 법원은 많게는 80% 적게는 60%까지 과실상계를 인정하고 있다. 그래서 투자자가 받을 수 있는 손해배상액은 많아야 40%에 그친다. 실제 손해액 중 상당 부분은 투자자의 책임이라고 보는 것이다.

과실상계의 범위는 상당히 넓은 편이다. 법원이 적극적인 사례분석을 통해 투자자의 과실상계 비율을 낮추는 방향으로 개선해나간다면 분식회계와 부실감사가 감소할 것이라는 주장이 지속적으로 제기되고 있다. 재무제표가 제대로 작성된다면 투자자는 합리적으로 투자할 수 있게 될 것이다. 경영실적이 투자의 결정적인 기준이고, 그것은 재무제표에 드러나는데 재무제표를 보고 투자한 투자자에게 과중한 책임을 묻는 것은 말이 안 된다. 그 대상은 회사와 감사인이 되는 것이 맞다. 재무제표는 투자의사결정의 가장 중요한 근거이기 때문이다.

증권 관련 소송절차 개선

투자자들이 손해배상을 청구할 때 가장 크게 느끼는 애로사항은 소송 기간이 너무 길고 변호사 선임비용 등 금전적 부담이 상당하다는 점이다. 그래서 투자자들에게 증권 관련 손해배상 청구소송은 그야말로 '먼 나라' 이야기다. 많은 투자자들은 손해배상소송 자체를 그냥 포기해버린다. 게다가 법원은 당사자들이 소송의 진실을 법원보다 더 잘 알기 때문에 공평한 결과가 나오도록 서로 합의점을 찾도록 유도한다. 그러나 불특정 다수가 관여하고 있는 증권 관련 손해배상소송은 이러한 결과를 기대할 수 없다. 투자자들 각자의 입장이 달라 회사 및 책임 있는 감사인과의 손해배상 협상이 제대로 이루어지기 어렵기 때문이다. 그럼에도 법원은 증권 관련 소송을 일반 손해배상소송과 그다지 다르게 취급하지 않는 태도를 보이고 있다. 피해를 입은 증권투자자들이 금전적으로나 소송기간 측면에서 법원에 접근하기 쉽도록 사회적 합의에 따른 제도화가 마련되어야 할 것이다.

집단소송제도 운용 실태

집단소송제도와 그 운용실태를 살펴보자. 결론적으로 집단소송제도는 도입되었으나 효과가 없어 유명무실한 상황이다. 집단소송은 증권 투자를 하면서 여러 사람에게 같은 이유로 손해가 발생했을 때 집단적으로 손해배상 청구를 할 수 있도록 2005년 도입된 제도다. 이 제도의 장점은 피해집단의 일부가 손해배상소송을 진행해서 승소하면 나머지 피해자도 별도의 소송 없이 배상을 받을 수 있다는 점이다.

당초 법이 마련된 취지는 분식회계로 다수의 피해자가 발생한 경우 피해자를 규합하여 효율적으로 구제절차를 진행할 수 있도록 하자는 것이었다. 입법의 본보기는 미국의 집단소송제도를 대부분 차용했다. 그러나 집단소송으로 손해배상을 청구하려면 사전에 법원의 허가가 필요해서 입법 당시부터 실효성이 의심되었다. 일단 본소송을 개시하기까지 기간이 많이 소요된다. 집단소송 개시 허가가 나기까지 3단계 절차를 진행해야 하는 상황이다. 회사는 집단소송 개시결정에 대해 3번 항고를 제기할 수 있기 때문이다.

이 과정에서 너무나 많은 시일이 소요되기 때문에 피해자들은 애당초 집단소송을 포기하기 쉽다. 이런 측면에서 현재의 집단소송제도는 증권투자자 피해 회복을 위해 마련되었으나 실질적으로는 우리도 선진국의 제도를 가지고 있다는 상징적 의미에 불과한 실정이다.

이런 문제를 개선하기 위해서는 집단소송절차를 간소화하는 법률 개정이 필요하다. 현재 피해자들이 집단소송을 제기하면 회사 등의 피고는 재판을 지연시킴으로써 원고를 지치게 만들고 법원의 의사결정에 이의를 제기하는 항고절차를 남용하는 것으로 보이는 경우가 많다.

가중처벌제도 또는 징벌적 손해배상제도 도입

분식회계 또는 부실감사와 관련하여 고의 또는 반복적인 과실이 있는 경우 손해배상을 강화할 필요성도 제기된다. 이는 영미법상의 징벌적 손해배상과 유사한 것이다. 징벌적 손해배상제도란 피해금액에 상응하는 액수만을 보상하도록 하는 것이 아니라 유사한 행위가 재발하지 않도록 처벌의 성격을 띤 손해배상금을 부과하는 제도다. 우리나라에도 분식회계와 관련된 징벌적 손해배상제도를 도입하자는 논의가 간혹 있었으나 제도화되지는 못하고 있다. 입법을 통해 징벌적 손해배상제도를 도입하기에는 아직 상당한 기간이 필요하다고 본다.

징벌적 손해배상제도 도입에 앞서 실질적 정의를 구현하기 위해 고의 또는 반복적인 과실이 개입된 경우 법원 차원에서 증권 관련 손해배상 책임을 강화하는 것이 필요하다. 투자자들이 실제 손해액을 받는 정도까지 손해회복이 이루어질 필요가 있고 이를 통해 기업과 감사인의 정당한 주의의무 수준을 현재보다 높여 세계 최하위인 회계투명성 수준을 개선하는 것이 시급하기 때문이다.

금융감독 당국의 회계감리 강화

회계 스캔들을 줄이기 위해 금융감독 당국의 감리제도에도 변화가 필요하다. 금융감독원은 상장사의 감리 노력에 집중하고 한국공인회계사회는 비상장사에 대한 감리를 수행하고 있다. 회계 스캔들이 크게 문제되는 것은 이해관계자가 많은 상장사이므로 금융감독원의 상장사 감리 현황을 살펴보자. 2천 개 이상의 상장사에 대한 감리를 담당하는 금융감독원 실무직원은 2016년 말 기준 30명이 채 되지 않았다. 이들은 회사의 회계장부와 감사인의 감사조서를 살펴보고 분식회계 및 부실감사를 발견할 경우 필요한 조치를 취한다.

감리자원이 적다보니 감리대상 회사는 분식회계 위험이 크다고 판단되는 회사와 분식혐의가 있다고 판단되는 회사로 사실상 제한된다. 당기순이익이 장기간 발생하는 등 우량회사로 알려진 회사에 대해서는 주기적인 감리를 실시하지 않고 있다. 이들 회사는 분식회계 위험이 거의 없다고 판단하는 것이다. 그런데 실제로는 이런 회사들에서 발생한 회계 스캔들이 국가적 이슈가 되어왔다. 감리와 관련해 금융감독 당국의 접근방식에 변화가 필요한 이유다.

참고로 미국의 감리제도가 어떻게 운용되는지 간략히 살펴보자. 미국 증권시장에 상장된 회사는 2013년 4월 현재 뉴욕증권거래소 2,014개, 나스닥 2,470개, 아멕스 808개로 전체 5,292개다. 미국에서 상장사에 대한 감리는 증권거래위원회(SEC)가 담당하고 상장사회계감독위원회(PCAOB)는 상장사에 대한 회계감사를 수행하는 회계법인의 감사절차를 감리하고 있다.

미국의 감리제도는 감독 당국과 상장사에 부담으로 작용할 수 있다. 상당한 수준의 투명성을 요구하고 있기 때문이다. 예를 들어 SEC는 거의 매년 각 상장사의 사업보고서 등 공시서류를 투자자 관점에서 살펴보고 의문사항을 전자공시시스템(EDGAR)에 공시한다. 각 상장사는 소명자료를 작성해 전자공시시스템에 올려 감리담당자, 나아가 정보이용자의 의문사항을 해소한다. 이 부분은 뒷부분에서 다시 살펴보겠다. 감리제도 운용 자체만으로 회계투명성을 개선할 수 있다고 보는 우리나라와는 달리 감리 정보를 투명하게 공개하여 활용할 수 있게 함으로써 회계정보의 품질과 감리의 품질을 보장한다. 향후 감리제도가 갈 방향에 대한 단서가 될 수 있다.

회계투명성 개선은 규제기관의 노력만으로는 이룰 수 없다. 법원과 금융감독 당국의 역할, 그리고 관련 제도의 유기적인 조합을 통해 시너지 효과를 발휘할 수 있을 것이다.

해외의 회계감독제도

앨버트 아인슈타인은 "모범사례는 가르치는 방법 중 하나가 아니다. 사실 이것은 가르치는 유일한 방법이다"라고 말했다.

대우조선해양 분식 스캔들로 금융감독 당국은 제도개선을 추진하고 있다. 언론에 따르면 금융감독 당국이 회계법인의 업무내용을 조사해서 필요한 경우 조치할 수 있도록 하는 방안이 포함되어 있다. 현재 금융감독 당국은 회계법인에 대한 품질감리를 실시하고 있으나 그 권한이 분명하지 않을 뿐만 아니라 감리 후 실시하는 조치도 실효성이 없어 보인다. 조사권을 부여하는 이유는 회계법인 수익 중 경영자문서비스, 즉 컨설팅의 비중이 거의 절반을 차지하고 있음에도 그 부분에 대해 감독권이 미치지 못하고 있고 기업과 회계법인의 유착 여부도 확인하기 불가능하기 때문이다.

회계감독은 우리나라 자본시장, 나아가 금융시장이 본연의 기능인 필요자금 융통기능을 제대로 발휘할 수 있도록 하는 데 그 목적이 있다. 이에 다른 나라의 회계감독제도를 참고하여 향후 발전 방향을 모색해보고자 한다.

미국의 회계감독제도

미국의 경우 엔론 사태 이전에는 회계법인에 대한 금융감독 당국의 정기적인 감독은 없었다고 해도 과언이 아니다. 엔론 사태로 회계법인에 대한 감독이 필요하다는 여론이 비등했다. 그 결과 PCAOB라는 독립적인 기관이 설립되었다.

PCAOB는 미국 전역에 10곳의 지점을 두고 800여 명의 직원이 회계법인 감독업무를 담당하고 있다. 그들은 미국 소재 회계법인과 미국 상장사에 대한 회계감사를 실시하는 외국 회계법인 등 약 2,500개에 대해 정기적인 품질관리를 실시하고 필요한 경우 제재를 가한다. PCAOB는 대형 회계법인에 대해서는 품질관리를 매년 실시하고 중소형 회계법인에 대해서는 약 3년마다 감리를 실시한다. 현장 감리가 원칙이지만 소형 회계법인에 대해서는 관련 서류를 받아 사무실에서 품질감리를 실시한다. 그 예산은 2016년의 경우 약 2,700억 원에 달했다.

PCAOB는 회계법인의 독립성 심사, 부실감사(감사대상 회사의 분식회계 여부를 불문하고) 여부 등을 심사하여 필요한 조치를 취하고 있다. PCAOB는 문제가 있다고 판단되는 공인회계사 개인에 대해 최대 10만 달러, 회계법인에는 최대 200만 달러까지 과징금(Civil Money Penalty)을 부과하도록 SEC를 통하여 행정법 판사에게 민사소송을 청구할 수 있다. 고의 또는 반복적인 과실이 있다고 판단되는 경우 기본 과징금의 7.5배를 부과할 수 있는데 공인회계사는 최대 75만 달러, 회계법인은 최대 1,500만 달러다.

SEC는 상장사 5천여 개에 대해 앞서 언급한 것처럼 매년 사업보고서를 심사하고 투명성을 위해 소명할 사항을 전자공시시스템에 공시한다. 2016년 현재 SEC의 감리담당 직원은 각 산업별 전문가 300명 정도다. 대상 기업은 소명사항에 대한 답변을 준비하여 역시 전자공시시스템에 공시한다. 대상 기업은 영업기밀에 속하는 사항 등을 공시기피 사항으로 SEC에 신청할 수 있고 SEC는 심사 후 대체로 기밀사항을 제외하고 공시하도록 요구한다. SEC는 기밀사항에 준하는 사항이라 하더라도 서류를 받아 심사한다.

SEC는 공시서류에 허위가 기재되었거나 보고사항이 누락된 경우 과징금을 부과하도록 연방지방법원에 민사소송을 제기할 수 있다. 과징금 한도는 물가상승률을 반영하고 거의 매년 상승하고 있다. 상장사가 분식회계를 한 경우 행정법 판사는 2017년 1월 15일 기준으로 관련 개인에 대해 위반행위별로 약 18만 1천 달러, 법인에 대해 최대 약 90만 5천 달러의 과징금을 부과할 수 있다. 이론적으로는 위반행위가 개별 주주와 채권자 등 투자자별로 계산될 수 있어 천문학적인 과징금 부과도 가능하다. 다만, 행정법 판사는 과다한 과징금 부과를 자제하고 있는 경우가 많다.

2015년 6월 미국 컴퓨터 제조업체인 사이언스코퍼레이션은 분식회계 혐의로 1억 9천만 달러의 과징금을 부과받았다.

우리나라와 미국의 과징금 부과주체가 다른데, 우리나라에서는 증권선물위원회 또는 금융위원회가 결정하지만, 미국의 경우에는 연방법원이 관할한다.

두 나라의 회계감독에도 두드러진 차이점이 있는데, 미국의 회계감독은 상장사에 대한 감리와 그 회계법인에 대한 감리가 서로 다른 기관에 의해 이루어지고 있다. 우리나라는 크게 보아 외부감사대상 회사와 상장회사 감사인은 금융감독원이, 비상장회사 감사인은 한국공인회계사회가 담당했다. 구체적으로 보면 2016년 기준 우리나라의 상장사는 2천여 개이고 그중 과반수에 대한 감사는 이른바 빅4가 담당했다. 한국공인회계사회의 감리는 비상장회사 등 약 2만 개 회사에 대한 감사인을 대상으로 했다. 그리고 2017년 3월말 현재 금융감독원 내에서 상장사에 대한 감리를 담당하는 부서의 인원은 90명 내외인데 회계법인 품질감리를 담당하는 10명 내외와 관리업무와 기타 총괄업무를 제외하면 실제 감리업무를 수행하는 인력은 40명 정도에 불과하다. 대우조선해양 사태 이후 금융감독원은 조직개편을 통해 감리인력을 2016년 말 30명에서 10명 정도 증원했다. 보다 많은 상장회사에 대해 감리를 실시할 있도록 2016년 말 이후 상장사와 그 감사인은 금융감독원이, 비상장 외부감사대상 회사와 그 감사인은 한국공인회계사회가 담당하도록 규정이 개정되었다.

미국은 1995년 사적증권소송법을 제정했다. 주요 내용은 감사인이 고의로 분식회계를 용인한 경우를 제외하고 피고 감사인은 손해배상과 관련하여 연대책임이 없다는 점을 명확히 한다는 것이다. 우리나라의 경우 피고 감사인은 다른 피고와 함께 연대책임을 지고 있었으나 2014년 외감법과 자본시장법 개정에 의해 피고 감사인은 고의인 경우를 제외하고 법원이 정하는 책임비율에 따라 손해배상책임을 지도록 하고 있다.

영국의 회계감독제도

영국에서는 통합 금융감독기관인 금융감독청(FSA)이 상장법인의 공시

서류에 대한 심사와 조사권한을 보유하고 있으나 별도의 전문감독기관인 재무보고위원회(FRC)가 대부분의 회계감독 업무를 담당한다. 관련 법이 회계감독업무를 FRC에 위임하여 FSA는 FRC와 양해각서를 체결했고 이에 근거, FSA는 공시서류에 대해 형식적 심사를 실시하고 실제 회계감독은 FRC가 주도하고 있기 때문이다.

FRC는 크게 3개 산하 위원회로 구성되어 있다. FRC는 기준 및 준칙위원회(Codes and Standards Committee)와 행위위원회(Conduct Committee)를 통해 주요 업무를 수행한다. 나머지 1개의 위원회인 지배구조위원회(Governance Committee)는 감사위원회(Audit Committee), 지명위원회(Nominations Committee), 보수위원회(Remuneration Committee)등 3개의 하부 위원회로 구성되어 있다. 각 산하위원회는 각각 독립적으로 업무를 수행하고 업무내용을 FRC 위원장에게 보고한다. 기준 및 준칙위원회 산하의 감사 및 보증위원회(Audit & Assurance Council) 등 3개 하부위원회는 기준 및 준칙위원회의 회계기준 및 감사기준의 제정 및 개정이 효과적으로 이루어질 수 있도록 조언하는 기능을 수행한다. 행위위원회 산하에는 기업보고심의위원회(Corporate Reporting Review Committee), 감사품질심의위원회(Audit Quality Review Committee), 사례관리위원회(Case Management Committee) 등 3개의 하부 위원회와 재무보고검토패널(Financial Reporting Review Panel)과 재판소(Tribunal)가 있다. FRRP는 상장회사의 사업보고서 등 공시서류의 적정성을 심사하고 AQRC는 감사품질 검토결과를 토대로 감사인에 대한 징계 및 처벌 여부 등에 대해 결정한다. 감사품질 검토는 대형 회계법인에 대해서는 매년 수행되나 그렇지 않은 경우는 3년에 한 번 정도 수행된다.

FRC는 FSA와 협의하여 사업보고서 심사 또는 회계법인에 대한 감리 시 분식회계 위험이 높은 부문을 선정하고 이에 감리자원을 집중하는 방식으로 감리를 수행한다. 이것은 우리나라와 다르지 않다. 상장회사 등의 분식회계 혐의가 나타나는 경우 바로 감리에 착수한다. 감리팀 구성원은 주로 공인회계사, 변호사 등의 전문가들인데 FRC는 분식회계 기업에 대해서는 소송절차까지 진행하여 책임을 철저하게 묻는 것으로 알려져 있다. 책임추궁이 기업이나 회계법인에 실질적인 부담으로 작

영국 재무보고위원회 조직도

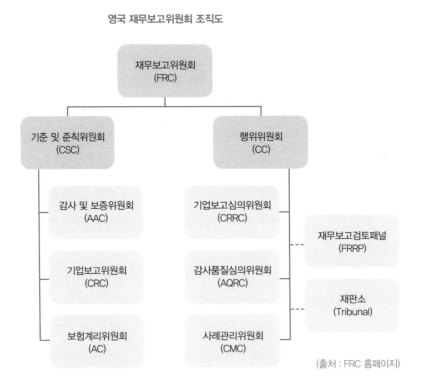

(출처 : FRC 홈페이지)

용하여 기업은 분식회계를 상상할 수 없을 정도라고 한다.

분식회계 혐의가 밝혀진 경우 관련 개인은 최고 7년의 징역에 처할 수 있다. 벌금을 부과할 경우 분식회계로 인한 재무제표 조작규모(harm figure)를 기초로 하여 최고 4배까지 부과할 수 있다. 조작규모를 알 수 없는 경우 법원은 관련 매출액의 10~20%를 기준으로 벌금을 부과할 수 있다. 벌금의 상한선을 설정하지 않고 운용하고 있기 때문에 천문학적인 벌금이 부과되기도 한다. 2004년 영국 에너지기업 로열더치셸은 분식회계 혐의가 밝혀져 1,700만 파운드의 벌금을 납부했다.

FRC는 자체 감리인력을 활용하기도 하지만 저명한 회계연구소와 계약을 맺고 감리를 실시하기도 한다. 이들 연구소는 전문성에 따른 분식회계 적발 실적이 높이 평가되어 자주 고용된다. 반면 우리나라는 금융감독 당국이 자체 인력만을 활용하여 감리에 임하고 있다.

일본의 회계감독 제도

일본 금융청은 외부감사를 받아 증권거래법에 따라 제출된 재무제표를 조사하며 정기 또는 수시 보고서에 포함된 재무제표의 허위기재 유무에 대한 감사활동을 수행한다. 금융청은 공인회계사, 회계법인 및 회계사회에 대한 감독권이 있으며 필요한 경우 공인회계사와 회계법인에 자료 보고와 제출을 요구할 수 있다.

2004년 미국의 PCAOB를 따라 금융청 내에 별도 독립기구인 공인회계사감사심사회(CPAAOB)를 설립했다. 일본회계사회는 회원들의 감사업무에 대한 전반적인 관리 상태를 감시하고 개별 감사업무에 대한 감리업무를 수행하는데 CPAAOB는 그 결과를 검토한다. 검토는 평가, 검사, 그리고 제안의 순으로 이루어진다. 평가는 일본공인회계사회가 수행한 품질감리와 개별감리의 적절성 여부를 따지는 것이다. 그 결과 CPAAOB는 검사를 결정할 수 있고 금융청에 공인회계사회와 감사인의 징계를 제안할 수 있다. 일본의 경우 공인회계사에 대한 자율규제 경향이 강하다고 볼 수 있다.

회계부정 관련 책임을 물을 때에는 다음과 같은 특징이 있다. 감사인이 선의이고 중대한 과실이 없을 때 주총결의 또는 책임한정계약에 의해 감사보수의 2배를 한도로 하여 회사에 대한 책임을 제한할 수 있다. 손해배상책임에 대해서는 해당회사의 이사, 회계참여자, 감사, 감사실무자도 책임이 있는 경우 연대책임을 진다. 외부감사인이 주의를 게을리 하지 않았음을 증명했을 때는 제3자에 대한 손해배상책임이 면제되

주요국가의 회계제도 차이점

구분	미국	우리나라	영국	일본
회사 감독	SEC	증선위/금감원	FRC (FSA)	금융청/증권거래 등 감시위원회
감사인 감독	PCAOB	증선위/금감원	FRC	금융청 /CPAAOB
감사인등록제	PCAOB	해당 없음	회계사협회	회계사협회
회계기준 권한 (위탁단체) 감사기준 권한	SEC (FASB) PCAOB	금융위 (회계기준원) 공인회계사회	FRC (−) FRC	금융청 (기업회계기준위 원회) 금융청
회사 과징금 한도	한도 없음	위반행위별 20억 원	한도 없음	한도 없음
외부감사 대상	증권공모법인	외감법에 특정	소형사, 휴면회사, 비영리법인을 제외한 모든 회사	상장회사와 관계사

(출처 : 금융감독원 2006. 12)

나 악의, 중과실, 중요사항의 허위 기재 또는 기록이 있는 경우 책임을 면하지 못한다.

일본은 분식회계에 대한 처분으로 과징금제도를 도입했다. 과징금 금액에 대한 한도액은 없다. 주식 관련 증권신고서 위반의 경우 공모금액의 4.5%를 한도로 부과할 수 있고 채권 관련 증권신고서 위반은 공모금액의 2.25%가 한도다. 사업보고서 위반의 경우 관련 시점의 시가총액의 10만분의 6과 600만 엔 중 큰 금액으로 과징금을 부과할 수 있다.

___

독일의 회계감독제도

독일은 우리나라와 마찬가지로 특정 요건을 충족하는 회사는 외부감사를 받도록 규정하고 있다. 회계감독 측면에서 미국과 비슷하게 기업에 대한 회계감독과 감사인에 대한 감독이 이원화되어 있다. 기업에 대한 회계감독은 금융감독청(BaFin)이 담당하고 감사인에 대한 감독은 회계감사인감독위원회(AOC)가 담당한다. 회계부정에 감사인이 책임이 있다면 기업감독기관이 감사인감독기관에 통보해 감사인에 대한 조사를 실시한다.

회계감사인감독위원회는 미국의 PCAOB에 상응하는 기관으로 금융감독청 산하 기관이 아니고 법무부에 소속되어 있다. 그런데 회계감사인감독위원회 위원은 재무부가 임명하는 독특한 구조를 보인다. 회계감사인감독위원회는 다수의 공인회계사단체를 감독한다. 공인회계사단체는 회계법인과 공인회계사에 대한 검사, 등록, 제재, 감사품질 등에 대한 통제활동을 수행한다. 회계법인과 공인회계사는 공인회계사단체에 소속되어야 한다. 이에 비해 우리나라에는 하나의 공식적인 공인회계사 단체, 즉 한국공인회계사회만 있다.

독일도 기업의 분식회계에 대해 과징금을 부과한다. 과징금 한도는 OECD의 권고를 받아들여 2013년 6월 1천만 유로로 올렸다.

감사인의 독립성에 대한 규제는 미국과 비슷하나 이중으로 구성되어 있다. 상장기업과 일반기업으로 나누어 규제하고 있다는 뜻이다. 당연히 일반기업보다는 상장기업에 대한 독립성 요건이 더 까다롭다. 이해관계자가 더 많기 때문이다.

감사인은 상장사와 다음과 같은 관계에 있는 경우 감사를 수임할 수 없다. 직전 5년간 매출의 15% 이상을 같은 회사로부터 취하는 경우, 회계정보시스템의 개발 등에 참가한 경우, 세무 또는 법 위반 여부에 대한 재판에서 대리하는 경우, 감사 담당 공인회계사가 연속하여 직전 7년간 감사한 경우 등이다.

일반회사에 대해서는 다음과 같은 경우 감사를 할 수 없다. 기업과 밀접한 업무관계나 인적 관계가 있는 경우, 감사대상 회사의 재무제표를 작성하는 경우, 내부감사를 담당하는 경우, 보험계리 서비스를 제공하는 경우, 감정평가 서비스를 제공하는 경우, 금융관련 서비스를 제공하는 경우 등이다.

독일 상법은 결산 감사인의 배상책임과 관련하여 한도를 규정하고 있다. 이 점은 우리나라와 다른 부분이다. 감사인으로서 정당한 주의의무를 게을리 한 자의 손해배상의무는 100만 유로가 최대다. 특히 상장사에 대한 감사인으로서 정당한 주의의무를 게을리 한 자의 배상의무는 400만 유로가 최대다. 이러한 배상의무는 계약을 통해서 배제하거나 낮출 수 없다. 배상청구권의 소멸시효는 5년이다.

각국의 회계감독제도는 그 나라의 경제적 상황에 맞게 발전해온 제도이므로 그대로 본떠 입법한다고 해서 바로 우리 현실에 들어맞는다고 볼 수는 없다. 말하자면 참고사항일 뿐이다. 외국으로부터 새로운 제도를 도입할 때 기대한 만큼의 효과가 발현될 수 있도록 하는 것이 중요하다. 우리는 몇몇 외국제도를 도입할 때 이런저런 이유를 들어 입법취지를 형해화해온 건 아닌지 돌아볼 필요가 있다.

깨끗한 돈이 흘러넘치게 하라

더 많은 기업들이 어디서 돈을 벌고 어디에 투자하는지 공시할수록
더 많은 투자자들이 회사의 펀더멘털을 신뢰하게 된다.
기업의 재무보고서가 성장동력을 명확하게 보여줄수록 더 좋다.
회계투명성은 기업가치분석을 쉽게 하고 투자위험을 감소시켜준다.
그럼으로써 투자자들은 불편한 투자상황을 덜 겪게 된다.
벤 매클루어(경제전문 사이트 '인베스토피디아' 기고자)

세계은행과 UN 통계에 따르면 우리나라의 2015년 국내총생산은 1조
3,800억 달러로 세계 11위다. 이에 대해 자부심을 가질 만하다. 우리나
라보다 인구, 영토, 지하자원 등이 우위에 있음에도 국내총생산이 뒤지
는 국가가 많기 때문이다. 오스트레일리아, 러시아, 스페인, 멕시코, 인
도네시아 순으로 우리나라의 뒤를 따르고 있다.

하지만 잊을 만하면 터지는 회계 스캔들은 한국경제의 암초로 작용
하고 있다. 경제학자들은 한국의 주요 산업경쟁력이 악화되고 있다고
지적한다. 이런 상황에서 한국의 회계투명성이 경제 규모에 걸맞게 개
선된다면 '코리아 디스카운트' 현상이 해소되고 시장원리에 따른 투자
가 효과적으로 이루어져 산업경쟁력이 강화되고 정부는 실효성 높은

경제정책을 펼칠 수 있게 될 것이다. 그렇게 되면 국내총생산 규모가 지금보다 더욱 상향될 것이 확실하다. 회계투명성이 우리경제에 미칠 긍정적인 효과를 생각해보자.

회계투명성은 기업가치를 높인다

회계투명성이 높을수록 기업가치는 제대로 평가된다. 또한 기업 경영 실적에 대한 신뢰도가 높을수록 해당기업에 대한 투자는 안정적이다. 반면 회계투명성이 낮아 투자자의 신뢰를 얻지 못하는 기업은 투자를 받기 어렵다. 믿지 못할 기업이라면 1원의 투자도 아깝다.

실제로 회계투명성과 기업가치의 상관관계는 어느 정도일까? 중앙대 장지인 교수는 2002년 10월 기업지배구조개선지원센터가 주최한 '기업투명성과 기업가치'라는 주제의 세미나에서 「한국기업의 회계투명성과 기업가치」라는 제목으로 주제발표를 했다. 보고서에 따르면 불성실공시법인, 즉 회계투명성이 낮다고 간주되는 기업의 주가수익률은 시장 전체의 평균보다 낮고, 불성실공시의 내용에 따라 주가도 차별적으로 반응했다. 이와 같은 결과는 회계투명성은 기업가치와 관련이 있으며 회계투명성이 낮은 기업의 경우 시장에서 가치가 낮게 평가되고 있음을 의미한다. 이 연구는 1996년 1월 1일부터 2002년 6월 30일까지의 기간 중 불성실공시법인으로 지정된 기업을 대상으로 회계투명성과 기업가치의 상관관계를 분석한 것이었다.

2005년 충남대 최수미 교수도 비슷한 연구결과를 발표했다. 각 기업의 회계투명성 점수를 산출하고 그것이 기업가치에 어떤 영향을 주는지 검증했다. 검증결과 회계투명성 점수가 높은 기업일수록 기업가치가 높은 것으로 나타났다. 회계투명성 점수 산출 지표로 재량적 발생액 비율, 매출액 순이익률, 현금흐름비율, 부채비율, 매출채권 변화, 매출총이익 변화, 자산의 질 등 7개를 선정했다. 각 지표가 전년도보다 개선되면 1점, 그렇지 않으면 0점을 부여했다. 또한 각 지표를 산업평균과 비교하여 투명성이 높은 경우 1점, 그렇지 않으면 0점을 주었다. 결과적으로 각 지표가 전년도 및 산업평균과 비교하여 우량하면 2점을 받게 되므로 총점은 14점이 된다. 이를 1995년부터 2002년까지 측정한 결과 1998년부터는 전반적으로 회계투명성이 향상된 것으로 나타났다.

회계투명성이 높은 기업은 투자유치에 유리하다. 기업은 자본을 조달하기 위해 증권시장을 포함한 금융시장에서 경영실적과 향후 사업계획을 발표하고 투자금을 조달한다. 회계투명성이 높고 경영실적이 좋은 경우 어렵지 않게 투자를 유치한다. 회계투명성은 투사의 전제조건이다.

반대로 회계투명성이 낮은 경우, 좀 더 구체적으로 설명하자면 과거 분식회계로 금융감독 당국이나 사법기관에서 조치를 받은 전력이 있는 기업의 경우 투자자들이 외면한다. 금융감독 당국은 해당기업에 대한 투자위험을 부각시키도록 유도하고 있다. 예를 들어 분식회계 기업이 주식, 사채 등 유가증권을 불특정 다수에게 발행하기 위해 증권신고서를 제출한 경우 과거 분식회계 또는 금융범죄 등의 이력이 있다면 금융감독 당국은 대체로 이를 증권신고서에 기재할 것을 요구한다. 투자위험을 충분히 알려야 한다는 이유에서다. 분식회계 이력이 있는 기업은 시장에서 자금조달하기가 하늘의 별따기처럼 어렵다. 이런 기업은 연고자를 통해서 투자를 유치할 수밖에 없다.

회계투명성과 국제 투자자금은 어떤 상관관계가 있을까? 외국인 투자자금도 마찬가지다. 결론부터 말하면 회계투명성이 높은 국가와 기업으로 국제 투자자금이 흘러들어간다. 이는 연구결과에 의해 입증되었다. 2002년 IMF 연구원 개스턴 젤로스(R. Gaston Gelos)와 샹진 웨이(Shang-Jin Wei)는 「투명성과 국제투자자 행위(Transparency and International Invester Behavior)」라는 제목의 연구결과를 발표했다. 이 연구에 따르면 국제 투자자금은 좀 더 투명한 자본시장의 자산에 좀 더 많이 투자되고 있고 자본시장이 투명한 국가에서는 이동성이 약한 것으로 관찰되었다. 또한 러시아 금융위기와 아시아 금융위기 당시 국제 투자자들은 좀 더 불투명한 국가로부터 투자자금을 더 많이 회수했다.

외국인 직접투자는 회계투명성이 높을수록 증가하고 회계투명성이 낮을수록 감소한다. 2012년 6월 미국의 세계적인 중장비업체 캐터필러는 중국 소재 광산장비회사 ERA와 그 자회사를 인수합병했다. 캐터필러는 중국에서 석탄 수요가 클 것으로 예상하고 광산장비회사를 인수한 것이었다. 인수가액은 7억 달러였으나 인수 이후 ERA의 가치를 검증해보니 실제 가치는 1억 2천 달러에 불과했다. ERA가 장기간 매출과 이익을 과대계상한 결과였다. 이런 사기거래가 발생할 때마다 그 기업이 소재한 국가에 대한 외국인 투자는 감소하게 마련이다. 우리가 반면교사로 삼아야 할 사례다.

외국인 투자자는 회계투명성을 평가함에 있어서 국내 투자자보다 까다로운 입장이다. 다른 나라에 자금을 투자할 때에는 국가위험 같은 변수도 감수해야 하므로 현명한 투자자라면 그렇게 하는 게 당연하다. 또한 외국인 투자자는 국내 주식에 투자할 때 회계투명성뿐만 아니라 회계상 이익의 질을 많이 고려하는 것으로 알려져 있다.

중앙대 전영순 교수는 2003년 논문 「외국인 투자자 및 국내 기관투자자의 투자의사결정과 회계이익의 질」을 발표했다. 분석결과 외국인 투자자는 국내 기관투자자보다 투자대상 기업의 회계이익을 더 철저히 분석하여 질적으로 우수한 회계이익을 선호하는 것으로 나타났다. 이익의 지속성이 클수록, 이익 변동성이 작을수록, 일반적인 기업활동에서 자주 발생하지 않는 비경상적 항목이 차지하는 비율이 낮을수록, 그리고 경영진이 임의로 조작할 가능성이 작을수록 이익은 질적으로 우수하다. 이들은 국제적인 정보망과 뛰어난 정보 수집 및 분석 능력을 가지고 기업의 내재가치에 기초해서 투자한다. 외국인 투자자의 이러한 투자행태가 어떻게 구현되는지는 상장주식의 외국인 투자비율을 보면 쉽게 알 수 있다. 외국인은 유가증권시장 상장기업의 이익이 코스닥시장 상장기업의 이익보다 질적으로 우수한 것으로 분석한 것으로 판단된다.

이런 측면에서 회계정보의 투명성을 검증하는 감사인의 역할은 투자활성화 또는 외국인 투자촉진에 매우 중요하다. 감사인은 회계정보 생산자와 이용자 사이에 생길 수 있는 정보의 비대칭을 상당부분 조절하는 역할을 수행하고 있기 때문이다. 그러므로 회계감사 품질은 투자활동의 하부구조를 이룬다. 우리나라에서 부실감사 문제는 투자활성화 나아가 외국인 투자유인의 아킬레스건이었다. 잊을 만하면 터지는 부실감사 이슈는 국내외 투자자들이 한국 증권시장에 진입하는 데 경계

심을 심어주었다. 회계투명성은 투자의 전제조건이자 필요조건이다. 결국 회계투명성은 기업가치 제고로 이어진다.

회계신뢰도 증가는 국가경쟁력을 향상시킨다

회계투명성은 국가경쟁력 향상의 전제조건으로 여겨져왔다. 구체적으로 회계신뢰도 증가는 코리아 디스카운트 해소, 국내 금융시장의 지속적인 성장, 나아가 국제 금융허브로의 발전에 기초가 된다.

앞서 살펴본 바와 같이 코리아 디스카운트란 한국기업이 다른 외국기업과 똑같은 현금창출력이 있다고 하더라도 기본적으로 신뢰도가 낮아 비슷한 선진국 기업보다 낮은 가치로 평가되는 것을 말한다. 한국기업이 국제금융시장에서 자금을 조달하려 할 때 전반적으로 낮은 신뢰도 때문에 이자 등의 자본비용을 더 지급하는 현상도 포함한다.

본문에서 언급했듯 2010년 고려대 정석우 교수 등이 발표한 보고서 「불투명성으로 인한 경제적 손실 추정」에 따르면 2008년 기준으로 한국증시는 회계투명성으로 인한 디스카운트 금액이 연간 40조 원이며 이자비용 측면에서 한국기업이 추가 부담하는 금액은 15조 원에 달한다고 한다. 대우조선해양 분식회계 등 대형 회계 스캔들이 여전히 발생하고 있는 상황을 고려하면 현재 한국기업이 부담하는 디스카운트 금액이 해당 보고서가 나온 시점보다 감소했다고 보기 어렵다.

많은 학자들이 코리아 디스카운트의 원인으로 가장 먼저 지목한 것은 회계기준의 후진성이었다. 이는 IMF 외환위기 시절부터 언급된 문제다. 이에 따라 국제회계기준을 빨리 도입할 필요가 있다는 주장이 설득력을 얻었다. 국제회계기준은 2~3년 정도 준비기간을 거쳐 2011년부터 전면적으로 시행되었다. 이는 미국이나 일본보다 훨씬 앞선 것이었다. 새 회계기준이 도입된 지 얼마 지나지 않아 우리나라 회계전문가들은 코리아 디스카운트가 획기적으로 낮아진 것으로 평가했다. 즉 국가경쟁력이 향상되었다고 본 것이다.

물론 국제회계기준에 따라 기업의 회계처리가 이루어져 투명성이 강화된다면 코리아 디스카운트는 점차 해소되는 단계에 진입할 수 있다. 국제회계기준이 제대로 기업 회계처리에 적용된다면 투자자들은 기업의 상황을 재무제표와 상세한 주석을 통해 좀 더 자세하게 파악할 수 있다. 국제회계기준에 따를 경우 기업이 재무상황 등 경영실적을 실질에 따라 판단하고 공시해야 하기 때문이다.

사실 국제회계기준이 도입되기 전 한국기업이 해외에서 자금을 모집하거나 해외 주식시장 등에 상장을 할 경우 국세회계기준에 따라 회계감사를 다시 받아야 하는 경우가 많았다. 그래서 회계감사 비용이 추가로 발생했다. 그 비용은 국내회계기준에 따른 감사비용보다 많게는 10배 이상인 경우도 있었다. 지금은 국제회계기준을 적용하여 회계처리를 하기 때문에 이러한 비용은 감소한 것으로 보인다.

이와 더불어 회사의 회계처리 내용에 대한 외부감사 때 적용되는 감사기준도 변경되었다. 변경된 주요 사항은 다음과 같다. 첫째, 경영전략, 경영진 특성 등 기업의 사업위험 전반을 먼저 검토한 후 재무정보 왜곡 가능성(위험)을 파악하여 감사절차를 수행하는 하향식(top-down) 위험접근방식을 도입했다. 기대효과는 재무제표 왜곡 가능성이 큰 부분에 감사역량을 투입하여 감사의 효율성과 효과성을 개선하는 것이다. 둘째, 지배회사 감사인의 책임 하에 연결감사업무를 수행(종속회사 감사인이 수행한 감사절차에 관여함)하고, 연결감사의견은 지배회사 감사인 명의로만 표명하도록 하였다. 이는 연결 중심의 국제회계기준(IFRS) 체제에 부합되며, 연결감사인의 책임 강화에 따른 투자자 보호와 연결감사보고서의 신뢰성을 증대할 것으로 기대된다. 셋째, 감사조서의 형식·내용·범위 및 보관절차(보관기간 : 법정감사 8년, 임의감사 5년)를 상세히 제시하고, 대체적 절차 수행 시 그 사유도 기재토록 하는 등 문서화기준을 강화하였다. 새로운 회계감사기준도 2012년 도입하여 2014년부터 시행하고 있다. 새로운 감사기준이 우리나라 감사환경에 제대로 안착하면 회계감사 관행이 선진화되고 결과적으로 회계투명성 개선과 국가신인도 제고에 기여할 것으로 기대된다.

회계투명성이 개선되면 국내 자본시장이 크게 발전할 것이라는 것은 구체적인 예로 확인할 수 있다. 미국 금융시장은 2000년대 초 엔론 등의 회계 스캔들과 2008년 금융위기로 인해 세계 제일의 금융시장이라는 명성에 타격을 입었다. 그럼에도 불구하고 미국 금융시장이 현재의 세계 일류 자본시장이라는 위상을 유지하고 있는 것은 회계투명성을 확보하기 위한 조치에 힘입은 바 크다.

미국 증권시장에 주식을 상장하고 거래를 유지하기 위해서는 감사품질에 의심의 여지가 없는 회계법인의 외부감사가 기본이다. 감사보수는 우리나라와는 비교가 되지 않을 정도로 높다. 미국 소재 회계법인이 상장사에 대해 회계감사를 수행할 때는 먼저 감사계획에 많은 노력을 기울여 감사상 이슈 중 상당 부분을 현장감사에 임하기 전에 미리 포착

한다. 또한 감사현장에서도 많은 회계사가 장기간 인증작업을 수행한다. 부실감사의 경우 회계법인에 가혹하다 싶을 정도의 조치가 따른다. 그래서 회계법인은 무엇보다도 투자자 보호라는 핵심가치를 앞세울 수밖에 없다.

미국 금융감독 당국의 사업보고서 심사는 실제적이라고 평가받는다. 미국 SEC는 상장회사의 회계정보 신뢰성 확보를 위해 매년 사업보고서를 심사한다. PCAOB는 15년 이상의 회계감사 경험이 있는 약 500명의 조사관에게 회계법인의 감사품질과 관련된 조사를 실시하도록 하고 그 결과를 누구든지 살펴볼 수 있도록 공시한다.

이와 같은 회계인프라 구축과 운용은 미국 금융시장의 지속적인 성장을 담보하고 있다고 평가받는다. 일류 금융시장의 전제 조건으로 많은 것이 언급될 수 있지만 회계투명성이 일차적인 조건이다.

금융산업은 선진국의 고부가가치 산업으로 자리 잡았다. 금융업은 법률과 회계 등 서비스산업의 성장에 중요한 인자로 인식되고 있고 제조업 등 실물경제 부문의 자금융통 기능을 수행하여 미래 전략산업으로 인정된다. 이러한 인식에 기초하여 현재 금융감독 당국은 우리나라 금융시장이 동북아 금융허브로 발전해나가길 기대하고 있다.

우리나라는 2003년 노무현 정부 출범 당시 금융허브 기반을 구축하고 자산운용에 특화된 금융허브로 도약하여 장기적으로 홍콩, 싱가포르와 함께 아시아 3대 금융허브로 발전하는 것을 목표로 추진했다. 이를 위해 외환규제와 금융규제를 점차적으로 완화하고, 금융감독업무를 개혁하는 등 금융인프라를 그 전보다 견고하게 구축했다. 금융산업 중 자산운용, 사모투자펀드, 투자은행 등을 특화업종으로 집중 육성함과 동시에 채권시장, 구조조정시장, 파생상품시장 등을 금융허브로 도약하기 위한 선도시장으로 선정하여 성장을 유도했다.

우리나라가 더 큰 국제 금융허브로 도약하기 위해서는 세계 최고 수준의 금융관련 서비스 제공이 전제 조건이다. 금융관련 서비스는 재무, 경영, 회계, 법률 서비스를 포함한다. 이중 회계서비스의 품질은 회계투명성의 다른 이름이다. 세계적인 회계투명성 확보를 위해 회계관행과 전문가의 업무수행 실력을 세계수준으로 끌어올려야 함은 누구도 부정할 수 없다.

성숙한 자본시장으로 발전하여 국제 금융허브로 평가되는 미국, 영국, 룩셈부르크, 홍콩, 네덜란드 등은 다른 중요한 제반 여건도 잘 갖추어져 있지만, 무엇보다 세계 최고 수준의 회계처리 및 공시기준을 실제로 구현하고 있다. 물론 이는 소액주주권의 보장 등 기업지배구조가 견실하며, 재산압류, 파산절차, 주주권리 행사에 관한 대리제도 등 법적절차가 적절할 뿐만 아니라 기업 인수합병 등과 관련한 인프라가 잘 마련되어 있음을 의미한다.

반면교사로 삼을 만한 사례도 있다. 일본 도쿄는 1980년대 세계적인 금융허브로 발전하는 것처럼 보였고 홍콩을 추월할 것 같았다. 하지만 일본 주식시장과 부동산시장이 붕괴된 이후 상당 기간 동안 도쿄가 금융허브로서의 역할을 제대로 수행하지 못하고 있다는 것이 지배적인 시각이었다. 그러다 2012년 아베 정부 출범 이후 경제성장을 저해하는 요인을 개선하기 시작했다. 당시 일본 자본시장에 대한 외국인의 접근을 사실상 제한하는 것은 경제 전반에 걸친 순환출자 지배구조였다. 일본 정부는 기업들로 하여금 스튜어드십코드(연기금 등 기관투자자들의 수

탁자를 위한 의결권 행사지침)와 기업지배구조 가이드라인을 채택하도록 유도했다. 이는 순환출자구조를 개선하는 데 도움이 된 것으로 평가된다. 현재 그 효력이 실제로 나타나고 있다. 2017년 들어 일본 주식시장 거래는 아시아 금융허브 홍콩을 넘어선 것으로 보도되었다. 2017년 3월까지 125억 달러로 전년 동기 대비 90% 이상 증가했다. 홍콩의 같은 기간 주식자본거래 규모는 54억 달러였다. 일본은 아직 국제회계기준을 도입하지 않았는데 국제회계기준 도입 등 금융인프라 개혁이 이루어질 경우 도쿄가 국제 금융허브로 도약하는 데 힘을 받을 것으로 예상된다. 일본은 국내총생산 세계 2위의 자신감으로 국제회계기준을 도입하지 않고 있다고도 평가된다.

한국의 회계투명성을 저해하는 근본적 요인으로는 건실하지 못한 기업지배구조가 지목된다. 한국기업은 대체로 지배주주가 경영권을 독식하여 전횡이 빈발하는데 이를 견제할 기구가 사실상 없다. 지배주주가 자신의 이익을 추구하고 회계정보를 왜곡하는 현상이 발생하면서 결국 한국기업 전체에 대한 외국인 투자자의 불신으로 이어진다. 그래서 감사위원회 위상 강화, 외부감사인의 독립성 강화 등이 회계정보와 회계감사의 품질을 향상시킬 것이라는 논의가 지속되고 있다.

만연한 부실회계 관행을 어느 하나의 조치로 일시에 개선하기는 불가능하다. 기업과 감사인의 행태가 그렇게 쉽게 구태에서 벗어날 수는 없기 때문이다. 장기간 지속적인 개선 노력이 필요하다. 그런 노력 끝에 국제회계기준의 안정적 운영, 사외이사제도의 내실 있는 운영, 감사위원회의 실질적 위상 강화 등이 기업의 중요한 관행으로 자리 잡을 수 있도록 한다면, 그럼으로써 기업지배구조를 점차적으로 개선해나간다

면 코리아 디스카운트가 해소되고 우리나라 기업의 국제경쟁력은 강화
될 것이다.

회계투명성은 자원을 효율적으로 배분하도록 한다

국가는 희소한 경제적 자원을 어떻게 배분할 것인지 늘 고민한다. 국가
는 경제의 안정적 성장을 통한 국민의 안정과 복지를 일차적인 경제목
표로 설정하고 나라 살림을 운용하고 관리한다. 이를 위해 희소한 자원
이 경제 전반에 제대로 분배되도록 유도한다.

보유 자원이 효율적으로 배분된다면 우리 경제에 어떤 현상이 나타
날까? 기업이 창의적인 생각을 상품으로 전환하면 경제가 성장하고 평
균적으로 삶의 질이 높아진다. 어떤 사람이 혁신적 기능을 가진 상품
아이디어를 창출했다고 가정해보자. 이를 상품화하려면 생산시설과 인
적자원이 필요하고 그것을 마련하기 위한 자본이 필요한데 자본시장
이 효율적이면 창조적 아이디어와 그것을 실현할 수 있는 자원이 원활
하게 연결된다. 문명의 이기라고 할 수 있는 발명품들은 대부분 이처럼
효율적인 자본시장에 힘입어 꽃피웠다.

반면에 자원이 비효율적으로 배분되면 어떤 현상이 발생할까? IMF
외환위기 시절 자원이 필요한 곳에 배분되지 않아 국가경제에 큰 타격
은 준 사례로 한보철강 사태를 들 수 있다. 회사는 1993년 실제이익이
11억 원에 불과함에도 1,312억 원으로 조작했으며 1994년부터 손실을
축소하기 시작했는데 1996년의 경우 상반기 손실 1,606억 원을 899억

원으로 조작했다. 1997년에는 회사가 조작한 분식회계 규모가 6,920억 원에 달했다. 1997년 1월 한보철강은 부도처리되었다. 분식회계에 기초한 5조 원 이상의 차입을 통해 철강설비를 구축한 것이 국가경제 상황이 나빠지면서 극복하기 어려운 짐이 되었다. 5조 원 채무는 결국 구조조정을 통해 장기간 묶여 다른 유용한 용도에 쓰이지 못했다. 이를 관리하기 위해 많은 인력과 행정력이 낭비되었다. 한보철강은 2004년 10월 9,100억 원에 당시 INI스틸·현대하이스코 컨소시엄에 팔렸다. 자산관리공사를 포함한 한보철강 채권단은 매각 대금 등을 포함하여 1조 1천억 원을 회수했다. 채권 규모가 5조 9천억 원 수준이었으므로 채권단의 투자금 4조 8천억 원은 손실로 귀결되었다. 주거래은행이었던 당시 제일은행 등에 정부의 공적자금이 투입되었기 때문에 손실액 4조 8천억 원은 고스란히 국민 부담이 되고 말았다.

한 기업이 부도처리되면 여기에 고용된 사람들은 대부분 실업을 경험한다. 실업이 증가하면 국가경제에 타격을 줄 뿐만 아니라 피고용인인 국민의 후생은 낙후된다. 이에 따라 사회적 불안이 증가한다. 생산과정의 전후방에서 활동하는 기업이 불안하면 나아가 경제도 불안해진다. 그만큼 자원분배의 효율성은 중요하다.

자본주의 경제에서 자원분배의 역할을 맡는 것은 자본시장이다. 즉, 자본시장은 자본을 공급하는 투자자와 자본이 필요한 기업을 연결해주는 자본 분배의 장이다.

자본시장의 효율성을 방해하는 요인은 무엇인가? 투자자와 기업을 연결할 때 항상 발생하는 문제가 있다. 바로 기업가치나 재무상황, 미래 실적예상에 관한 두 집단 간의 정보 비대칭이다. 정보를 제공하고 자본을 받으려는 기업가는 왜곡된 정보를 제공하려는 유인이 있다. 이런 가능성을 미리 차단하지 못하면 역선택이 발생하고 자본시장 불신 또는 실패가 나타난다.

역선택을 설명하기 위해 흔히 중고차 시장이 예로 언급된다. 중고차 시장에는 차를 팔려고 하는 사람과 사려고 하는 사람이 있다. 이때 차의 소유주는 중고차에 어떤 문제가 있는지 잘 알고 있지만 중고차를 사려는 구매자는 모른다. 따라서 구매자는 문제 있는 차를 고가에 사게 되는 경우에 대비해 평균 이상의 가격을 지불하지 않으려 하고 소유주는 좋은 차를 평균 이하의 가격에는 팔려고 하지 않는다. 결국 비교적 괜찮은 차는 거래되지 않고 좋지 않은 차가 거래되는 상황이 벌어진다. 이처럼 정보의 비대칭은 자원이 저품질 재화와 서비스를 목적으로 융통되는 상황, 즉 비효율적인 자본분배를 초래할 수 있다는 얘기다.

이러한 역선택의 문제는 정보의 비대칭을 되도록 해소하려는 노력에 의해 상당 부분 극복될 수 있다. 자본시장에서 기업가치 또는 투자가치에 대한 정보 비대칭을 해소하는 역할을 하는 주체는 두 종류로 구분된다. 증권사, 벤처캐피털, 뮤추얼펀드 등과 같이 투자자금을 모아 배분하는 금융기관과 기업가치를 분석, 보고서 등으로 제공하는 외부감사인, 신용평가기관, 애널리스트 등과 같은 중개인이다. 이들은 좋은 투자대상을 선별하는 데 기준을 제공한다.

그런데 이들의 활동은 기본적으로 기업활동에 관한 회계정보를 이용한다는 공통점이 있다. 대부분의 경우 이들에게 제공되는 회계정보의 품질이 관건이 된다. 회계정보가 왜곡된 것이라면 결국에는 좋지 않은 투자대상으로 한정된 자원이 배분되어 국민경제에 해가 될 수 있다. 그러므로 자원분배의 효율성 증대를 위해서는 무엇보다도 고품질 회계정보의 유통이 필수적이다.

정보 비대칭은 도덕적 해이로도 이어진다. 도덕적 해이는 자동차보험을 예로 들어 설명하는 경우가 많다. 자동차보험에 가입한 차주는 운전하다 사고가 발생하면 보험사가 해결해준다는 생각 때문에 차를 무모하게 운전하게 된다는 것이다.

기업의 대주주나 경영진이 자기이익을 우위에 두고 다른 주주와 채권자를 희생하는 경우도 도덕적 해이의 한 패턴이다. 주주를 무시하는 도덕적 해이의 행태로는 회사자금 횡령과 호화스런 집무실, 고급 비품, 고급 자동차 소유, 품위유지를 위한 사업 경영 등이 있다. 채권자를 무시하는 도덕적 해이로는 '모 아니면 도' 방식으로 고위험 고수익 사업을 수행하거나 주주에게 과도한 배당을 주는 행위를 포함한다. 이러한 행위가 지속되면 자본시장은 황폐화된다. 이런 상황이 만연한다면 투자자는 투자할 유인을 가지지 못하고 결국 자금흐름이 말라붙어 자본시장은 실패할 수밖에 없다.

이런 도덕적 해이를 방지하기 위한 방안도 발전해왔다. 첫째, 성과급제도, 스톡옵션 등은 기업경영진과 주주의 이익을 같은 방향으로 유도하는 성격이 있다. 이는 자본주의가 발전하고 성숙하면서 보편적으로 활용되고 있다. 둘째, 경영진에 대한 감시활동을 제도적으로 보장하는 조치다. 경영진의 독선이나 전횡을 방지하도록 감사위원회를 설치하거나, 내부통제제도를 일정 수준 이상으로 수립하거나, 일정 기간별로 금융감독 당국에 경영실적을 보고하도록 하는 것이 포함된다. 최근에 실시된 소액주주의 활동요건을 완화하는 경우도 여기에 해당된다. 셋째, 채권자의 이익을 보호하는 조치다. 채권자가 기업에 자금을 빌려주면서 자금의 용도를 실질적으로 제한하는 조치를 취하는 경우가 해당된다.

채권자 이익 보호조치로는 이외에도 금융기관이 자금을 빌려줄 때 다른 회사에 대한 출자나 대여를 제한하거나 일정 재무비율을 유지하도록 하거나 특정자산의 매각 또는 리스 시 자금을 회수할 수 있는 조항을 대출계약서에 명시하는 경우가 있다. 배당률을 제한하거나 자기 회사 주식을 취득하지 못하게 하거나 주주에 대한 대출을 제한하기도 한다. 채권자가 추가적인 자금차입을 제한하는 경우도 있는데 선순위 부채를 일으킬 수 없도록 하는 조항을 포함한다. 이러한 조치들은 채권자의 자금회수에 걸림돌이 될 만한 것을 미연에 방지하기 위함이다.

그러나 도덕적 해이의 문제를 해소하기 위한 이와 같은 조치도 투명한 회계정보가 없다면 불가능하다. 이익을 정확히 측정하지 않고는 성과급제도는 제대로 운영될 수 없다. 채권자의 이익을 보호하기 위한 조치나 차입계약상의 조항도 재무제표를 적절히 작성하지 않는다면 사상누각에 불과하다. 금융감독 당국의 기업에 대한 통제도 회계정보가 적절히 생산되어 제공되지 않는다면 큰 의미를 가지기 어렵다. 적절한 회계정보는 도덕적 해이 문제를 해소하는 데 기여하여 자본시장의 기능이 정지되는 것을 막음으로써 결국 자본을 효율적으로 배분하는 데 기여하는 중요한 요소다.

회계투명성이 투자활성화에 따른 자본배분의 최적화에 기여하는 것은 국내외를 막론하고 동일하다. 2014년 중국 저우커우(周口) 사범대학 진두(Jin Du) 교수는 회계투명성이 기업투자 효율성에 미치는 영향을 주제로 연구결과를 발표했다. "회계투명성이 높으면 과대투자 또는 과소투자 현상이 크게 감소한다. 그러면서 기업투자의 효율성을 촉진한다. 많은 유동자금이 있을 때 회계투명성이 높을수록 과대투자는 감소하며, 기업 외부에 많은 투자유휴 자금이 있을 때 투자투명성이 높을수록 과소투자는 감소한다. 그러므로 회계투명성이 높으면 높을수록 자본배분의 최적화가 효과적으로 촉진된다." 이는 회계투명성이 높으면 실적이 저조한 기업에 자금이 적게 흘러가고 전망이 좋은 기업에 충분한 투자가 이루어져 자본의 효율적 배분이 촉진된다는 의미다.

언론과 경제전문가들은 우리나라 경제가 저성장 국면을 벗어나지 못하고 있다고 한다. 어떤 이는 저성장은 불가피하므로 벗어나려는 노력은 무의미하다고도 한다. 이런 상황에서 가끔씩 발생하는 대형 회계 스캔들은 경제 구성원을 더 위축시키고 있다. 회계불투명성은 한국경제가 새로운 국면으로 나아가는 데 써야 할 자원을 낭비하게 하는 장애물이 아닐 수 없다. 투명한 회계정보는 자본시장에서 역선택과 도덕적 해이를 방지하여 효율적인 자원배분에 꼭 필요하며 나아가 한국경제 발전의 초석이 됨은 말할 것도 없다.

신뢰성 있는 회계정보는 경제정책의 실효성을 높인다

미국의 이론경제학자인 폴 새뮤얼슨은 이렇게 말했다. "국내총생산과 같은 경제지표가 없다면 경제정책 입안자들은 무질서한 자료 한가운데서 표류할 것이다. 국내총생산과 관련 데이터는 정책 입안자들로 하여금 주요 경제목표를 향해 국가경제를 운용할 수 있도록 하는 신호등이다."

회계정보는 정부가 경제상황을 고려하여 마련하고 집행하는 경제정책과는 어떤 관계가 있을까? 개별기업의 경영실적이 모여 한 국가의 국내총생산과 가처분소득을 이루기 때문에 개별기업의 실적은 국내총생산에 바로 영향을 미친다. 그러므로 이런 개별기업들의 실적에 오류가 생긴다면 거시경제지표, 즉 국내총생산과 가처분소득에도 오류가 생기는 것은 당연하다.

정부는 개별기업의 실적을 집계해서 나온 지표로 국내 경제상황이 어떤 추이를 보이는지 살펴본다. 분석결과 어느 경제부문이 다른 부문보다 빈약하면 이를 강화하기 위한 조치를 마련하고, 지나치게 과열된 부문은 조절하는 정책을 펼치기도 한다. 예를 들어 국내부동산 시장에 너무 많은 자원이 투입되면 거품의 소지가 커 이를 일정 수준으로 내리기 위해 부동산 관련 대출금리가 올라가도록 유도한다.

만약 개별기업의 실적에 오류가 많다면, 즉 분식회계가 있다면 상황은 간단하지 않다. 진실과 다른 실적은 경제정책의 오류를 가져올 수 있다. 개별기업들의 경영실적을 집계한 결과 특정 부문의 경제가 활성화된 것으로 관측되었으나 실제로는 다르다면 예측하지 못한 리스크를 짊어지게 된다.

우리나라는 1997년 IMF 외환위기로 한동안 어려운 시기를 보냈다. 많은 기업이 도산했다. 많은 사람들이 실업에 처했다. IMF가 요구하는 경제정책은 당시에 기업과 개인에게 상당한 시련을 맛보게 하였다. 그 원인은 무엇이었을까? 여러 원인 중 하나로 우리나라 기업의 전반적인 회계불투명이 지목되었다. IMF 외환위기 당시 도산한 국내기업은 대부분 재무상태를 왜곡해서 공시했다. 정부에서는 기업들이 공시한 대로 금융시장 상황을 분석하고 판단했다. 만약 분식회계 기업들이 기업회계기준에 따라 재무제표를 작성했다면 정부는 기업구조조정 작업을 서둘렀을지도 모른다. 또한 IMF로부터 굴욕적인 경제정책 개선 요구를 받는 일도 없었을지 모른다.

1999년 7월 한국 재계 서열 2위인 대우그룹의 김우중 회장이 퇴진했다. 당시 대우자동차는 다른 국내외 기업들이 투자를 꺼리던 폴란드 등 동유럽 국가들과 인도, 중앙아시아 그리고 중국에 자동차사업을 전개하여 당시 세계 10대 자동차 생산업체로 커가고 있었다. 김우중 회장의 세계경영 기치는 분식회계에 기초한 경영실적으로 은행, 증권사에서 대규모 자금을 차입해서 이루어진 것으로 드러났다. 경영실적이 제대로 재무제표에 표시되어 있었다면 금융기관이 지속적으로 자금을 공급하지는 않았을 것이다. 금융시장은 경영실적이 나쁘면 자금을 더 이상 공급하지 않거나 기존 자금을 회수하기 때문이다. 자금 공급이 제때 중단되어 막대한 적자를 내는 사업부문을 제때 정리했다면 대우그룹은 해체되지 않고 살아남아 한국경제에 다른 방식으로 공헌하고 있었을지도 모른다.

IMF 외환위기를 성공적으로 극복하고 우리나라 경제가 선진화되었다고 정부가 자화자찬하던 2002년 초 SK글로벌 분식회계 사건이 드러났다. SK글로벌은 외화매입채무를 누락시키는 방식으로 1조 5천억 원의 분식회계를 저질렀다. 이런 분식회계는 상당기간 지속되었는데 시장개방과 IMF 경제위기에 따른 수출감소와 누적손실을 감추려 했던 것으로 보인다.

만약 SK글로벌이 당시 회계처리기준을 적절히 따랐다면, 즉 큰 손실을 그대로 보여주었다면 거래 은행들은 기한부 환어음을 지속적으로 인수하지 않았을 것이다. 1조 원 이상의 채무가 누락된 재무제표는 부채비율이 낮게 나타나 은행들은 환어음을 인수하는 데 부담이 없었을 것으로 보인다. SK글로벌은 분식회계로 금융기관의 여신정책 변화를 피한 것이다.

2013년 말 대우건설 분식회계 혐의가 불거졌다. 2015년 9월 금융감독원은 대우건설이 3,900억 원 규모의 분식회계를 했다고 발표했다. 건설사는 건설계약을 체결하면 금융기관으로부터 자금을 차입해 공사를 진행한다. 건설사는 도급업자가 공사진행 상황을 확인하면 공사대금을 받게 되는데 이 자금으로 차입금과 이자를 상환하고 마진을 챙긴다. 대우건설은 도급공사 현장별로 회수가능한 공사대금을 실제 회수가능한 금액보다 부풀려서 회계처리했다. 금융기관은 건설사의 재무상태가 악화되면 차입금을 회수하는데 이런 정책도 국가의 경제정책 운용에 포함된다. 대우건설은 은행의 차입금 상환을 분식으로 피했다.

대우조선해양은 2015년 사업실적을 발표하면서 2013년에는 8,172억 원, 2014년에는 1조 2,089억 원 당기이익이 과대계상되었다고 재무제표를 수정했다. 이는 2015년 반기 실적을 발표하면서 어느 정도는 예상된 일이었다. 대우조선해양은 애당초 예상보다 공사원가가 많이 투입될 것으로 예상되면 손실을 미리 잡는 것이 회계원칙임에도 전체 공사원가를 조작하는 방법 등으로 이익 또는 손실을 회사가 원하는 숫자로 만들었다.

대우조선해양 사태와 관련해서는 회사에 대한 구조조정 정책이 잘못되었다는 점이 지적되었다. 이른바 '서별관회의'에서 잘못된 경제정책이 정해지고 집행되었다는 주장이다. 서별관회의는 청와대 서쪽 별관에서 열리기 때문에 붙은 이름이다. 경제부총리, 청와대 수석, 경제부처 장관 등 경제관료들이 참석하며 한국은행 총재와 산업은행장 등 국책은행장도 경우에 따라 참석하는데 김영삼 정부 때부터 시작되었다. 20년가량 경제정책을 좌우했으나 그 존재 자체도 최근에야 밝혀졌다. 회의개최 기록도 회의록도 없이 중요한 국가정책이 이 회의에서 결정되었다. 이 회의는 비공개성과 비밀주의에 더하여 관치금융의 온상이자, 실제 권한을 행사하고 있으나 책임을 지지 않는 권한과 책임 불일치의 표본이라는 비판이 일었다. 2015년 10월말에도 당시 당국자들은 여기에 모여 대우조선해양의 대규모 분식회계에 대해 논의했지만 일주일만에 대우조선해양의 최대주주인 산업은행은 4조 2천억 원 규모의 자금 지원을 골자로 '대우조선해양 정상화 방안'을 내놓았다.

2017년 4월 현재 대우조선해양의 경영정상화는 요원한 것으로 전망된다. 해양플랜트 사업 등의 시장상황이 좋아질 기미가 보이지 않기 때문이다. 한편으로는 대우조선해양이 장기 도급계약에 대해 분식회계를 장기간 저질러 구조조정 시기를 놓쳤다는 주장도 나온다. 이처럼 기업회계정보의 불투명성이 경제정책 운용에도 큰 차질을 빚고 있다.

해외에서도 분식회계에 따른 금융정책의 실패가 발생했다. 일본에서 도시바는 2조 2천억 원, 올림푸스는 2조 원의 분식회계가 드러났다. 미국에서 엔론은 1조 8천억 원, 월드컴은 4조 5천억 원을 분식회계하여 미국 금융시장을 흔들어놓은 바 있다. 그 기업들이 재무제표를 제대로 작성했다면 미국과 일본에서 각 기업에 대한 금융정책은 기존과 달라졌을 것이다. 엔론과 월드컴이 분식회계를 통해 자금을 융통할 수 있었던 상황을 보자. 당시 미국경제는 완전고용에 가까운 실업률을 유지하면서도 물가상승률은 1%가 되지 않아 이른바 신고전파 경제학 이론의 하나로 정립된 필립스곡선[24]을 무색하게 하고 있었다. 이른바 신경제(New Economy)다.

이러한 신경제를 이끌었던 것은 엔론과 월드컴이 주축사업으로 벌이고 있던 통신산업이었다. 실제로는 과잉투자와 실적악화가 두드러지고 있었으나 시장은 거침없는 지속성장을 기대하고 있어 두 회사 경영진은 분식회계의 유혹에 빠지기 쉬운 상황이었다. 또한 월스트리트로 표현되는 미국금융계는 통신산업을 포함한 각 산업계를 지배하고 있었다. 결과적으로 증권사 등의 요구에 맞춰 각 회사가 회계처리기준, 내부통제, 경영목표까지 설정하는 상황으로 치닫고 있었다. 더불어 회계기준상의 허점과 감사인과 회사의 유착 등은 분식회계를 문제없이 저지를 수 있게 도왔다. 만약 이러한 과정에서 엔론과 월드컴이 경영실적을 투명하게 회계처리하였다면 엔론과 월드컴에 대한 금융기관의 여신정책과 미국정부의 금융정책은 달라졌을 것이다.

대우조선해양 등의 분식회계 사건은 분식회계가 잘못된 경제정책 입안으로 연결될 수 있음을 보여준다. 회계정보가 투명할수록 적절한 경제정책이 제때 마련될 가능성이 높다.

---

24 영국의 경제학자 윌리엄 필립스가 임금 혹은 물가상승률과 실업률이 역관계를 띤다는 것을 실증조사한 그래프. 이에 따르면 '실업률이 낮으면 물가상승률이 높고 실업률이 높으면 물가상승률이 낮다.' 즉 실업률을 낮추기 위해서는 더 높은 물가상승률을 감수할 수밖에 없다는 것이다.

김기식 전 국회의원은 "기업 회계투명성 제고는 우리 자본시장 발전의 전제조건이며, 외부감사 시스템은 이를 위한 인프라인 셈이다"라고 말한 바 있다.

최근 4년여 동안 우리나라 자본시장은 동양그룹 사태, 효성그룹 사건, 대우건설 분식회계, 대우조선해양 분식회계 등 크고 작은 회계 스캔들로 얼룩졌다. 이런 대형 사건 외에도 금융감독 당국은 매년 수십 건의 분식회계 사건을 처리하고 보도자료로 발표한다. 감독 당국이 분식회계 위험이 높은 기업 위주로 회계감리를 진행하기 때문에 분식률이 높게 나타난다는 의견도 많다. 하지만 이런 현상의 저변에 우리나라 회계문화의 후진성이 있음을 부정하기 어렵다.

많은 전문가들과 투자자들은 회계문화가 개선되지 않고는 "회계정보 이용자가 재무제표를 보고 투자한 결과는 그 자신의 책임이다"라고 말하기 어렵다고 지적한다. 자본시장이 발전하려면 투자결과는 바로 그 누구의 책임이 아닌 투자자의 책임이라고 말할 수 있어야 한다. 이를 위해서는 개별 기업 스스로가 고품질 재무제표를 작성해야 하고 감사인도 그 본연의 임무를 틀림없이 완수할 필요가 있다. 이는 자본시장 성숙의 증표다.

이런 측면에서 회계문화가 발전하고 자본시장이 성숙되어 자본의 흐름이 효율적인 선진국의 상황을 살펴보자.

영국 런던은 현재 뉴욕에 이어 세계 2위의 금융시장 규모를 자랑한다. 2006년 기준 런던 금융시장은 국가 간 대출, 외국주식 거래, 장외파

생상품거래, 국가 간 채권거래, 해상보험료 수입 등에서 세계 1위이며 자산운용업과 헤지펀드 자산규모에서 세계 2위를 차지했다. 런던 금융시장은 'City of London'[25]이라 불리는 1평방 마일 정도에 불과한 작은 지역에 집중되어 있다. '스퀘어마일'이라고도 한다. 브렉시트에도 불구하고 런던은 고도로 숙련된 금융종사자들, 세계 공용어인 영어, 세계 1위 금융시장에 걸맞은 금융인프라와 교육제도 등 많은 장점을 갖추고 있다. 런던은 규제없는 도시 또는 원칙 중심의 금융감독으로 정평이 나 있다. 금융기관에 대한 감독은 금융감독청이 담당하지만 실제로는 발전된 회계시장 덕분으로 회계법인이 업무를 수행한다. 말하자면 회계법인의 서비스를 이용하여 금융감독을 수행하는 것이다.

런던 금융가에는 상업은행을 비롯, 국내외 금융기관이 즐비하다. 금융기관에 세계적인 서비스를 제공하는 로펌, 회계법인, 컨설팅회사 등도 성업 중이다. 이들은 금융기관에 원스톱 서비스를 제공하여 금융시장의 효율을 제고하고 금융기관이 규모의 경제를 실행할 수 있도록 촉진시켜주고 있다. 영국에서 금융업이 국내총생산에서 차지하는 비율은 10%를 초과하는 것으로 알려져 있다. 이른바 '황금알을 낳는 거위'라고 할 수 있다. 어떤 이는 런던 금융가가 없으면 영국인 중 굶는 사람이 많을 것이라고까지 말한다. 금융업, 회계산업, 법률서비스, 경영컨설팅을 합할 경우 2015년 기준으로 영국 국내총생산의 15%를 차지할 것이라고 한다. 이는 2006년 11월 City of London 존 스튜어드 시장이 런던

---

25 런던 중심가에 소재하는 면적 2.9제곱킬로미터의 작은 행정구역으로 런던 역사의 중심이다. 잉글랜드 은행 등 금융기관이 밀집하고 대헌장 제정 당시부터 독자적인 자치권을 가지는 자치법권 지역이다.

을 회계서비스를 포함한 세계적인 금융관련 전문인력 양성센터로 육성하겠다는 계획을 실행에 옮기면서 이뤄낸 성과라는 평가다.

　미국 뉴욕은 내수 중심의 세계 1위 국내총생산에 기반한 세계 1위의 자본시장이다. 세계 금융을 선도하는 뉴욕 증권거래소는 2016년 9월 기준 시가 총액이 19.69조 달러가 거래되는 세계 최대의 증권거래소라는 명성을 날리고 있다. 뉴욕 자본시장의 핵심은 투자은행의 발전과 궤를 같이한다. 투자은행은 주식이나 채권 등 증권을 발행하여 마련한 자금을 투자하거나 기업이 발행한 증권을 인수하는 거래, 자산유동화, 프로젝트 파이낸스, 기업의 인수합병 등을 영위하는 종합금융회사다. 투자은행 업무내용은 우리나라의 증권사와 매우 유사하나 은행이라고 칭하는 이유는 1999년 은행과 증권을 분리하였던 글래스-스티겔법이 폐지되면서부터다. 연방정부로부터 허가를 받으면 은행은 금융지주회사를 설립하여 모든 형태의 금융업을 영위할 수 있다.

　투자은행은 다양한 금융기법을 만들어내고 실행한다. 금융은 불특정 다수인을 상대로 하다 보니 위법행위가 발생하는 경우 위법효과가 광범위할 뿐만 아니라 손해액이 매우 큰 경우가 많다. 감독 당국은 이를 방지하기 위해 투자은행과 관련 기업에 심각한 타격을 주는 과징금 등 금전벌을 가하고 있다. 이와 관련해 법률적 검토를 담당하는 세계적인 로펌들도 뉴욕에서 수두룩하게 영업 중이다.

　이러한 투자은행의 기업가치 분석 역시 무엇보다도 재무제표 분석을 기초로 한다. 재무제표가 투명하지 않은 경우 기업가치 분석은 사상누각에 불과할 수 있다. 2002년 엔론과 월드컴 등의 회계 스캔들로 미국 회계산업은 신뢰도를 많이 훼손하였다. 그러나 바로 사베인-옥슬리법을 제정하여 신뢰도 회복을 위해 노력했다. 엔론 사태 이후 미국에서 파급력이 큰 분식회계 사건은 현재까지 발생하지 않고 있다. 미국 상장회사의 재무제표의 신뢰도는 현재 크게 의심받지 않는 상황이다. 기업과 감사인 그리고 금융감독 당국이 노력을 기울인 결과다.

독일의 경우 미국, 영국과는 달리 은행이 금융시장에서 가장 중요한 역할을 차지한다. 자본시장이 발달하지 않은 이유로 직접 자금조달을 통한 창업은 비교적 드물기 때문이다. 그러나 은행들이 가계나 기업과 긴밀한 관계를 형성하여 필요자금을 적시에 공급하므로 자본시장의 기능을 수행하고 있다. 주식 또는 채권이 거래되는 자본시장은 은행 등 간접금융시장보다 변동성이 큰 것으로 알려져 있다. 은행이 핵심적인 금융기관인 독일에서는 금융위기에도 금융시장의 동조화 현상이 비교적 적었다.

실제로 독일은 2008년 미국 금융위기에도 불구하고 신용경색이 발생하지 않았다고 한다. 은행들은 제조업을 포함한 금융수요가 있는 곳에 적시에 자금을 공급했다. 은행 중심의 금융시장이 흔들림 없이 작동하여 독일이 2010년 이후 유럽 소재 국가 중 최고의 경제성장률을 구가한 것으로 보인다. 다만 역동성이 적어서 국내총생산 중 금융산업이 차지하는 비율은 2008년 기준 3% 후반대로 영국의 9%, 미국의 7% 후반대보다 다소 낮다는 평가다.

독일의 관계형 금융이 가능한 요인은 무엇일까? 그중 하나는 회계투명성이 담보되었기 때문이라는 분석이 있다. 관계형 금융이란 재무제표를 심사하되 회사 대표이사의 성실성과 도덕성, 기업경영에 대한 철학을 깊이 있게 심사하여 대출을 취급하는 경우를 말한다. 경영진의 성실성과 재무제표의 투명성을 동시에 확인하는 방식이기 때문에 회계투명성이 확보되지 않을 수 없는 구조다. 그러면서도 독일에서 외부감사인에 대한 회계감독위원회의 감독은 허술하지 않다. 독일은 미국의 PCAOB 관련 제도를 사실상 그대로 도입하여 명실상부하게 운용하고 있다고 평가된다.

끝으로 일본의 자본시장 성숙도와 기업의 회계투명성은 어느 정도로 평가되는지 살펴보자. IMD의 2016년 3월 발표에서 일본은 조사대상 61개 국가 중 회계투명성 순위 11위(미국이 1위)를 차지했다. 일본도 비교적 상위에 속하지만 과거에는 회계투명성이 높지 않았다. 올림푸스와 아이오제지의 회계 스캔들 이후 아베 정부는 회계투명성 제고를 위한 지배구조개선 조치를 신속하게 대대적으로 실시했다. 독립성을 확보한 사외이사와 감사위원 선임제도, 다중대표소송제, 기업지배구조 모범규준, 스튜어드십코드 등을 사실상 채택하지 않을 수 없게 만들었다. 일본의 자본시장은 세계 2위 국내총생산에 걸맞은 규모라고 할 수 있다.

그렇다면 우리나라의 회계문화와 자본시장 성숙도는 어떤 상황인가? 2011년 국제회계기준을 전면적으로 시행한 것은 고무적이었다. 2년 정도의 계도기간을 거치면서 국제회계기준이 조기에 정착할 수 있도록 한 것도 주효했던 것으로 평가된다. 하지만 좋은 제도라고 해서 바로 실효성이 있는 것은 아니다. 회계투명성 확보는 일차적으로 기업의 의무이고 기업이 투명성을 담보하도록 유도하는 것은 일정 부분 감사인의 몫이다.

우리나라의 자본시장 성숙도는 어떤 기준을 적용해도 후한 점수를 주기 어렵다. 집단소송제도, 내부고발자보호제도, 내부회계관리제도, 공정공시제도, 감리제도의 재구축 등 각종 제도가 마련되었음에도 여전히 갈 길이 멀다. 회계 스캔들이 계속 터지는 현실이 이를 반증한다. 현재에도 회계투명성 개선을 위한 규정 개정이 제안되고 있고 이후에도 계속될 것이다. 임기응변식으로 생색만 낼 게 아니라 회계투명성을 지속적이고 획기적으로 개선하여 자본시장 성숙도가 어느 국가와 비교해도 뒤지지 않도록 만들어야 한다. 그것이 이 시대를 살아가는 우리가 후손에게 떳떳해지는 길이다.

참고문헌

[논문과 연구보고서]

고승희, 「분식결산과 회계투명성」, 한국기업경영종합연구원, 2009. 12. 28.

권수영·김문철, 「감사보수의 결정요인과 감사보수체계 변화로 인한 효과분석」, 『회계학연구』, 제26권 제2호, 한국회계학회, 2001. 6.

권수영·손성규·이영한, 「한국 감사시장의 적정감사보수 산정에 관한 연구」, 『회계와 감사연구』 제41호, 한국공인회계사회, 2005. 6.

김기원, 「기업 지배구조 이론에 관한 연구」, 한국방송통신대학교, 2002.

김득갑, 「유럽의 분식회계 사례와 전망」, 삼성경제연구소, 2002. 8. 14.

김성남, 「감사품질의 측정기준-PCAOB의 품질지표」, 『상장』, 한국상장회사협의회, 2015. 8.

김순석, 「기업의 회계부정과 외부감사인의 독립성 제고방안」, 『증권법연구』, 제13권 제12호, 한국증권법학회, 2002. 12.

김유경, 「감사위원회 및 감사의 역할(1)-회계감독 및 외부감사인 감독」, 삼정KPMG, 2016.

김자봉, 「국제적 회계기준 도입과 회계투명성의 중요성」, 『금융포커스』 15권 45호, 2006. 11.

김재훈·이화령, 「사외이사제도의 문제점과 개선방안: 이사회 구성과 사외이사 행태를 중심으로」, 『KDI 포커스』 통권 제56호, 한국개발연구원, 2015. 5. 27.

김정주, 「국내외 회계감리제도 비교분석」, 국회입법조사처, 2013. 4.

김진경, 「비감사서비스의 제공이 감사인의 독립성에 미치는 영향」, 서강대학교 석사학위논문, 2006.7.

노순갑, 「미국기업의 분식회계 배경과 시사점」, 『증권금융저널』 제2권 1호, 2003. 2.

박상수, 「코리아 디스카운트의 핵심요인」, 『LG주간경제』, 2001. 1.

박성종 · 김동원 · 정준희, 「도산모형과 비재무적요인을 이용한 영화투자기업의 감사실패연구」, 『회계저널』, 제24권 제3호, 2015. 6.

박병원, 「기업지배구조 개선을 위한 노력과 향후 정책방향」, 『CGS 보고서』 제1권 제30호, 한국기업지배구조원, 2007. 1. 2.

박영진, 「IFRS 전면 도입과 효율적 내부감사업무 수행을 위한 제언」, 삼정회계법인.

박정훈, 「미국의 내부공익신고자보호법제, 그리고 평가와 시사점」, 『경희법학』 제48권 제4호, 2013

박종성, 「피감사회사 특성과 감사인 특성을 이용한 감리지적 예측」, 『회계학연구』, 제24권 제1호, 1999.

서애경, 「외부감사 관련법 주요 개정안에 대한 소고」, 『CGS 보고서』 제2권 제22호, 한국기업지배구조원, 2012. 12. 27.

서정원 · 심수연, 「코리아 디스카운트의 진단과 원인 분석」, 『증권학회지』 36권 제4호, 한국증권학회, 2007.

손성규 · 임현지, 「감사의견의 종류와 감사인 교체-계속기업의견을 중심으로」, 한국경영학회 통합학술발표논문집, 2015. 8.

손성규 · 이은철, 「경영자-감사인 간의 의견불일치와 감사인교체」, 한국경영학회 통합학술발표논문집, 2007. 8.

손혁, 「보수환수제도의 경제적 효과」, 『회계학연구』 제41권 제1호, 2016. 2.

송혜진 · 김상헌, 「기업지배구조가 감사품질 및 감사인 선임에 미치는 영향」, 『국제회계연구』 44, 한국국제회계학회, 2012. 8.

신상우, 「독일 외부회계 관리제도에 대한 고찰」, 『CGS 보고서』 73호, 2014. 3. 12.

신용인, 『국제적 회계신인도 개선 추진 경과와 향후 과제』, 제5회 국제회계포럼, 한국공인회계사회, 2013.

심호식 · 이우종 · 이재경 · 한승엽, 「회계투명성의 국가 간 비교 및 자본비용과의 상관관계에 대한 실증연구: 우리나라를 중심으로」, 『회계 · 세무와 감사 연구』 제58권 제2호, 한국공인회계사회, 2016. 6.

안수현, 「회계제도개혁법이 입법 현황과 실무상 몇 가지 고려점: 미국 Sarbanes-Oxely Act와의 비교를 통하여」, 『증권법연구』 제4권 제2호, 한국증권법학회,

2003. 12.

윤계섭, 「사외이사제도에 관한 연구-사외이사 평가를 중심으로」, 『연구논단』, 한국기
　　　업지배구조연구원, 2011. 5. 6.

이광상, 「엔론사태와 미국 회계감사제도의 개선방향」, 『주간국제금융동향』11권 6호,
　　　한국금융연구원, 2002. 1.

이경훈, 「미국 감사위원회의 현황과 시사점」, 『상장회사감사회 회보』, 제95호, 2007. 11.

이근수, 「외부감사품질 향상을 위한 기업내부감사 활용방안」, 한국상장회협의회,
　　　2008. 11. 14.

이기세·전성일, 「기업지배구조에 따른 감사인 강제교체와 감사품질: 코스닥시장을
　　　중심으로」, 『회계저널』제20권 제3호, 한국회계학회, 2011.

이명곤·이화득, 「회계실패의 원인과 해결 방안」, 『회계저널』제13권 제2호, 한국회계
　　　학회, 2004. 6.

이상돈, 「부실감사책임의 법제 현실」, 『규제연구』제13권 제1호, 한국경제연구원,
　　　2004. 6.

이성욱·이상열·오상훈, 「GDP 성장률에 대한 회계이익의 정보효과」, 『회계연구』제
　　　21권 제4호, 대한회계학회, 2016. 8.

이정호·김완희, 「외환위기 이후 우리나라 회계제도의 발전과정」, 『경영논집』제37권
　　　제3호, 서울대학교 경영대학 경영연구소, 2003. 12.

이준섭, 「감사인의 피감사회사에 대한 부실감사 책임」, 『증권법 연구』제7권 제1호,
　　　2006. 6.

이지선·김용식·박상훈, 「한국채택국제회계기준 도입 이후 외국인 투자에 영향을 미
　　　치는 기업특성 분석」, 『회계저널』제22권 제2호, 2013. 4.

이지수, 「사외이사제도 규율체계와 관련한 우리나라와 미국의 제도상 차이」, 경제개
　　　혁연구소, 2014. 5. 13.

이한득, 「PER 결정요인으로 본 주가저평가 정도」, LG경제연구원, 2002.

이효익, 「국제회계기준 도입과 자본시장의 발전」, 『자본시장 포럼』제14권 제1호, 한
　　　국자본시장연구원, 2007. 3. 5.

임재희·조병연, 「회계투명성 제고를 위한 분식회계 실태 분석」, 『국제회계연구』제28

집, 한국국제회계학회, 2009. 12. 31.

임형주, 「한국기업의 감사보수, 감사시간과 감사품질의 관련성에 관한 연구: Big4와 Non-Big4 비교중심 패널데이터 분석」, 『한국기업경영연구』 제22권 제6호, 한국기업경영학회, 2015. 12.

전영순, 「외국인투자자 및 국내 기관투자가의 투자의사결정과 회계이익의 질」, 『경영학연구』 제32권 제4호, 한국경영학회, 2003. 8.

정석우·곽수근·황이석, 「불투명성으로 인한 경제적 손실추정」, 『국가경쟁력 심포지엄』, 2010. 10.

정재규, 「사외이사의 독립성 제고를 위한 '인력뱅크'의 활용」, 『CGS 보고서』 제15호, 2012.

정재위, 「회계정보에 대한 기관투자자의 반응 연구」, 『세무회계연구』 13권, 한국세무회계학회, 2003. 10.

조연주, 「'한국공인회계사회' 공인회계사 윤리-개념적 체계 접근법」, 한국공인회계사회, 2010. 1.

지세현·이현수·박문서·송상훈, 「국내 공공공사 발주 및 낙찰제도 개선방안 : 미국, 영국, 일본 사례와의 비교를 중심으로」, 건설산업연구원, 2006.

지현미, 「동양그룹 사태를 통해 보는 회계정보와 회계감사의 중요성」, 계명대 포털, 2013. 11. 26.

채희율, 「독일 금융시스템의 특징과 시사점」, 한국금융연구원, 2014.

최관·주인기, 「외부감사보수의 적정성에 관한 연구 : 피감사회사의 특성별 분석과 외국과의 비교를 중심으로」, 『회계저널』, 7권 1호, 한국회계학회, 1998.

최관·최국현, 「회계부정기업의 특성에 관한 연구: 감리지적기업을 중심으로」, 『회계학연구』 제28권 제2호, 한국회계학회, 2003. 6.

최문원, 「회계감사는 공공재(Public Goods)인가?」, 한국공인회계사회, 2007. 8. 21.

최병현, 「투명회계 시대, 어떻게 대응할 것인가」, 『LG주간경제』 841호, LG경제연구원, 2005. 7. 15.

최성호·양해성, 「기업지배구조와 감사보수 및 감사시간의 관련성 분석」, 『회계정보연구』 제26 제1호, 한국회계정보학회, 2008.

최수미, 「회계투명성이 기업가치에 미치는 영향」, 『회계논집』 제6권 제2호, 충남대학교 회계연구소, 2005.

최수미, 「회계 투명성 측정과 제고방안」, LG경제연구소, 2004. 6. 1.

최승재, 「회계법인의 주식가치평가와 투자자에 대한 손해배상책임」, 『증권법 연구』 제11권 제2호, 한국증권법학회, 2010. 3.

최종학·정희선, 「감사의견 구매 목적의 감사인 교체와 감사품질 하락」, 『경영학연구』 제44권 제6호, 한국경영학회, 2015. 12.

하석태·이아람, 「청지기 관점에서 본 언론사와 SK글로벌사의 분식회계 사례 비교 분석」, 『로고스경영연구』 제7권 제1호, 한국로고스 경영학회, 2009. 5.

하승수, 「분식회계의 실태와 그 근절방안에 관한 검토」, 참여연대, 2001. 9.

홍순복, 「투자의사결정시 회계정보이용의 만족도와 장애요인에 관한 연구-외환위기(IMF)를 전후하여」, 『회계연구』 제9권 제1호, 대한회계학회, 2004. 6.

황인태·강선민·정도진, 「빅4 감사품질의 우수성은 모든 규모의 기업에 적용되는가」, 『경영학연구』, 제38권 제1호, 2009. 2.

[관련 서적]

김도년·유윤정, 『기업의 거짓말』, 시대의 창, 2016.

제이컵 솔, 『회계는 어떻게 역사를 지배해 왔는가』, 메멘토, 2016.

[기관자료]

경제개혁연대, 「국제변화흐름 못 따라잡은 낡은 회계감사기준」, 2007. 5. 3.

금융감독원, 「회계분식 기업의 특징 및 투자자 유의사항」, 2012. 10. 15일자 보도자료.

금융감독원, 「외부감사대상법인은 4월말까지 외부감사인을 선임해야 합니다」, 2016. 4. 1일자 보도자료.

금융감독원, 「주요국의 회계감독제도 비교 및 시사점」, 2006. 12.

금융감독원, 「회계법인 품질관리감리제도 도입 5년의 성과와 과제」, 2013. 1. 15.

금융감독원, 「2014년 외부감사제도」, 전국순회설명회자료, 2014. 1.

금융감독원, 「한국 회계투명성 평가 설문조사해보니」, 2012. 12. 10.

금융위원회·금융감독원, 「회계산업 선진화 추진 방안」, 2011. 11.

금융위원회·금융감독원, 「회계 투명성 및 신뢰도 제고를 위한 종합대책」, 2017. 1. 20.

금융위원회·금융감독원·한국공인회계사회, 「공인회계사의 미공개정보 이용 불공정
　　　거래 행위 방지를 위한 회계법인의 주식거래 관리체계 개선방안」, 2015. 8. 26
　　　일자 보도자료.

금융위원회·금융감독원·한국공인회계사회·한국회계기준원, 「수주산업 회계투명성
　　　제고방안」, 2015. 10. 28일자 보도자료.

대검찰청 중앙수사부, 「공적자금비리 합동단속반 최종 수사결과」, 2005. 12. 30일자
　　　보도자료.

동양종합금융증권, 「미국 공적자금 투입의 배경과 시사점」, 2008. 9.

서울남부지방검찰청, 「대형 회계법인 회계사들의 감사정보 이용사건 수사결과-기업
　　　회계 감시자에서 내부정보 이용자로 전락」, 2015. 11. 18일자 보도자료.

서울파이낸셜포럼, 「아시아 국제금융중심지로서의 한국: 비전과 전략」, 2003. 10.

이원식(재정경재부 금융허브기획과장), 「'나라경제' 동북아 금융허브 추진 전략」,
　　　2005. 7.

재정경제부 등, 「감사원의 공적자금 감사결과 관련 설명자료」, 2001. 11.

전국경제인연합회, 「Korea Discount와 기업의 투명성 검토」, 2002. 10.

㈜프론티어 M&A, 「회계장부를 조작하거나 분식회계를 하는 목적」, 2014. 4. 26.

참여연대, 「분식회계에서 자유로운 회계법인 있나?」, 2003. 8. 1.

한경 경제용어사전, 「모뉴엘 사기」

한국기업지배구조연구원, 「기업투명성과 기업가치 세미나」, 2002.

한국법제연구원, 「회계감독제도 개편 등에 대응한 감리조치기준 개선안 연구」, 2010.
　　　12. 15.

한국상장회사협의회, 「우리나라와 주요국의 감사제도」, 2007. 3.

한국증권연구원, 「우리나라 회계 관련 제도의 평가와 향후 개선 방안」, 2008. 3.

Daniel M. Goldberg, 「'ARA(감사위험평가)의 중요성' & '문서화가 가져다주는 장점'」,
　　　ISACA Journal V4, 2012.

Intermediate Financial Accounting, 제1장 : 재무회계의 본질과 제도적 측면

KMAC, 「[연중기획 세계10대 강국의 산업 경쟁력]-런던 금융 시장의 성공요인」,
　　　2014. 7. 11.

Naver blog, 「내부고발자(Whistleblower) 포상제도」, 2010. 11. 22.

Youguide, 「영국 금융 시장의 위상과 성공요인」, 주 영국대사관.

[신문기사] - 신문사 이름순

김인영 기자, 〈[2002년 미국 회계부정사건①] 월가의 총체적 위기〉, 《공감신문》, 2016.
　　　7. 11.

편집국, 〈분식회계충격. SK글로벌 분식 충격〉, 《경제풍월》, 2003. 4월호.

백철 기자, 〈내부고발자의 삶은 만신창이가 됐다〉, 《경향신문》, 2013. 11. 16.

박종진 기자, 〈김선동 의원, 내부고발 분식회계 신고포상금 20년 연봉 지급〉, 《국제뉴
　　　스》, 2016. 7. 13.

김대성 기자, 〈회계·지배구조 투명성 제고 통해 코리아 디스카운트 극복해야〉, 《글로
　　　벌이코노믹》, 2016. 6. 27.

이춘선(한국생산성본부 상무), 〈[경제시평] 코리아 디스카운트 극복하려면〉, 《내일신
　　　문》, 2009. 9. 24.

이경기 기자, 〈[무용지물 전락한 증권집단소송제 ① 투자자 보호는 먼길] '사실상 6심
　　　제' 소송허가 기다리다 지쳐〉, 《내일신문》, 2015. 10. 20.

범현주 기자, 〈회계부정 내부고발 포상금 미국 300억 원대, 한국은 1억 원〉, 《내일신
　　　문》, 2016. 7. 15.

신건웅 기자, 〈을이 된 회계사… "슈퍼갑 기업 눈치에 '떨이' 감사비용"〉, 《뉴스1》,
　　　2015. 4. 5.

편집국, 〈분식회계와 전문직 종사자의 자세〉,《대한변협신문》, 2001. 2. 20.

강유현 · 이건혁 기자, 〈분식회계 기업 처벌 강화 최대 수백억원대 과징금〉,《동아일보》, 2016. 7. 8.

전광우(객원논설위원), 〈[동아광장]-문제는 지배구조야, 바보야!〉,《동아일보》, 2014. 9. 26.

조은국 기자, 〈눈치보기 · 덤핑수주에 '감사품질' 바닥…외인, 한국 기업 재무제표 신뢰 못해〉,《디지털타임스》, 2016. 6. 12.

편집국, 〈내부고발자 보호제도, 오히려 고발자 파괴 함정〉,《레디앙》, 2016. 5. 13.

정소람 기자, 〈부실 감사 회계법인, 연기금 및 기관 첫 배상 사례 나와…삼일, 55억 원 배상금 지급〉,《마켓인사이트》, 2016. 5. 9.

최재원 기자, 〈금감원 회계감독 설문조사…"분식회계 과징금 높여야"〉,《매일경제신문》, 2015. 11. 26.

서태욱 · 유준호 기자, 〈대형 금융사건마다…회계사 '숫자 도둑질' 심각〉,《매일경제신문》, 2016. 6. 17.

김헌주 기자, 〈[도입 15년 사외이사제도] 도입 15년 사외이사제…임기 제한하고 책임 엄중하게 물어야〉,《매일경제신문》, 2013. 4. 22.

손성규 기고, 〈분식회계, 회사 내부서 먼저 걸러야〉,《매일경제신문》, 2016. 6. 23.

설진훈 기자, 〈워치독 짖게 하려면〉,《매일경제신문》, 2016. 6. 12.

편집국, 〈사설-투자자 신뢰 추락시킨 대우건설 3,900억 분식회계〉,《매일경제신문》, 2015. 9. 25.

이진명 기자, 〈회계부정 폭로 내부고발자 '돈벼락 포상금'〉,《매일경제신문》, 2016. 8. 31.

백지수 기자, 〈회계학회장 '감사위원회를 원로 퇴임위원에 맡겨서야…'〉,《머니투데이》, 2016. 9. 9.

임상연 · 정영일 · 배소진 기자, 〈[런치리포트] 위기 키운 회계법인 부실감사〉,《머니투데이》, 2016. 6. 22.

이재규 기자, 〈"회계 투명성, 올바른 평가받길" [지역리더에게 듣는다-황인태 한국회계학회장]제대로 대우받기 위해선 투명한 사회에 대한 갈망 있어야〉,《머니투데이》, 2015. 9. 9.

이봉준 기자, 〈[회계법인 잔혹사](上)-부실 감사와 비리로 얼룩진 회계법인〉, 《메트로서울》, 2016. 6. 6.

장원석 기자, 〈'못믿을 회계법인'…작년 전체 감사보고서중 절반이 '엉터리'〉, 《미디어펜》, 2014. 2. 7.

변환봉 변호사, 〈회계법인 부실감사로 인한 피해에 대한 제도적 보완방안〉, 《법률신문》, 2011. 11. 7.

백승재 변호사, 〈감사실패에 대한 판례의 동향과 문제점〉, 《법률신문》, 2007. 9. 27.

이상원 기자, 〈부실감사 징계 1위 회계법인은 대주〉, 《비즈니스워치》, 2016. 6. 12,

이상원 기자, 〈[분식회계의 창]①소프트웨어 개발업체 가장 많아〉, 《비즈니스워치》, 2015. 12. 23.

방글아 기자, 〈안진회계법인, 소송 리스크에 '우울'…750억대 피소〉, 《비즈니스워치》, 2016. 7. 14.

임명규 기자, 〈회계법인 'Top20' 순위를 공개합니다〉, 《비즈니스워치》, 2015. 1. 7.

안준형 기자, 〈[회계톡톡] '분식의 추억'…알고도 또 당한다〉, 《비즈니스워치》, 2015. 5. 6.

지민구 기자, 〈감사인 등록제 재추진…상장법인·금융사 '회계쇼밍' 막는다〉, 《서울경제》, 2016. 7. 7.

박시진 기자, 〈[기업-회계법인 '검은 공생'] 감사정보로 주식 투자…허술한 차이니즈 월〉, 《서울경제》, 2016. 6. 5.

편집국, 〈[사설] 대우조선 분식 알고도 지원 결정한 것 사실인가〉, 《서울경제》, 2016. 7. 4.

지민구 기자, 〈[이슈&워치] 조선 구조조정 비극 뒤엔 기업-회계법인 '검은 공생'〉, 《서울경제》, 2016. 6. 5.

고병기 기자, 〈[자본시장의 뿌리, 회계 투명성을 높이자] 엔론과 월드컴의 교훈〉, 《서울경제》, 2014. 10. 14.

고병기 기자, 〈[자본시장의 뿌리, 회계 투명성을 높이자] 회계사는 공공재〉, 《서울경제》, 2014. 10. 16.

고병기 기자, 〈[자본시장의 뿌리, 회계 투명성을 높이자] 영국 회계시장은〉, 《서울경제》, 2014. 10. 16.

고병기 기자, 〈[자본시장의 뿌리, 회계 투명성을 높이자] '정보 생산자' 기업 관리·감독 강화도 중요〉, 《서울경제》, 2014. 10. 15.

오상민 기자, 〈한국 회계투명성 세계 31위…공인회계사회 설문조사〉, 《세정신문》, 2014. 2. 13.

송웅철 기자, 〈'감사'는 않고 '감사'만 연발한 회계법인〉, 《시사저널》, 2016. 7. 7.

김기환(서울파이낸셜포럼 회장), 〈서울을 동북아 금융 허브로 만들자〉, 《신동아》, 2003년 1월호.

이규성 기자, 〈임석식 회계기준원 원장, "국제회계기준…코리아디스카운트 해소 계기될 것"〉, 《아시아경제》, 201. 6. 29.

박선미 기자, 〈[증권] 공인회계사 주식 보유현황 전수조사…왜?〉, 《아시아경제》, 2016. 1. 4.

황진영 기자, 〈[증권] 믿을 수 있나…국내상장법인 99.4%가 감사의견 '적정'〉, 《아시아경제》, 2016. 7. 19.

이진규 기자, 〈부실 감사보고서로 투자자 손실…대법 "회계법인 손해배상 책임"〉, 《아시아투데이》, 2016. 4. 20.

편집국, 〈핵심 키워드로 보는 미국금융 시장의 이해〉, 《아젠다넷7》, 2008. 9. 19.

이수경 기자, 〈금감원 설문조사, 국내 회계투명성 작년보다 나빠져〉, 《아주경제》, 2014. 12. 15.

김남권 기자, 〈'갑을 관계' 기업-회계법인…감사 보수 뒷걸음질〉, 《연합뉴스》, 2015. 1. 20.

차대운 기자, 〈"내가 위기 해결 적임자"…공인회계사회장 선거 2파전 양상〉, 《연합뉴스》, 2016. 6. 17.

차대운·이지헌 기자, 〈[문제는 경쟁력]⑥ 부동자금 1천조 시대…투자 활성화 호기로〉, 《연합뉴스》, 2016. 7. 15.

차대운 기자, 〈분식회계 신고포상금 최대 1억 → 5억…과징금도 강화〉, 《연합뉴스》, 2016.1.7.

김혜영 기자, 〈산업은행 허술한 관리까지⋯대우조선해양 '총체적 부실'〉,《연합뉴스》, 2016. 6. 15.

김수진 기자, 〈작년 기업 감사의견 '적정' 99%⋅'의견거절' 0.6%〉,《연합뉴스》, 2015. 7. 20.

윤종석 기자, 〈폐기될 '부실감사 회계법인' 초강경 제재안 어떻게 부활했나〉,《연합뉴스》, 2016. 6. 12.

김남권 기자, 〈한국, 문화적 유대감 강해 기업 내부고발 적어〉,《연합뉴스》, 2013. 7. 22.

곽세연 기자, 〈회계감사 수임료 '덤핑경쟁'⋯부실감사 우려〉,《연합뉴스》, 2011. 8. 23.

조영환 기자, 〈대우조선해양에 부실한 공적자금 관리〉,《올인코리아》, 2016. 6. 14.

금융감독원 SNS지킴이 금조사역, 〈한국 회계투명성 평가 설문조사해보니〉,《위키트리》, 2013. 12. 10.

김도년 기자, 〈"감사의견 쇼핑 막자"⋯의견 제시전 감사계약 체결 추진〉,《이데일리》, 2016. 6. 16.

이승현 기자, 〈금융당국, 대우건설'분식회계 결론⋯업계 관행 바뀔까〉,《이데일리》, 2015. 9. 24.

박수익 기자, 〈회계부정 적발 373건인데 과징금은 고작 16억⋯"솜방망이 처벌"〉,《이데일리》, 2016. 10. 13.

최고야 기자, 〈"정부 공적자금회수율, 사실상 분식회계나 다름없어"〉,《이지경제》, 2013. 10. 27.

이용성 기자, 〈"실적 압박감 높을수록 회계조작 유혹 느껴 포드⋯GE는 투명 회계로 위기 때도 신인도 유지"〉,《이코노미플러스》, 2016. 7. 17.

편집자, 〈공인회계사의 백년대계⋯'6대 장기발전 과제' 추진〉,《일간NTN》, 2013. 5. 9.

편집자, 〈회계사회 상장기업 '회계투명성' 조사 결과〉,《일간NTN》, 2014. 3. 27.

최형석 기자, 〈국가경쟁력 부실의 원인은 지배구조, 회계 불투명성〉,《조선일보》, 2015. 6. 19.

유윤정 기자, 〈금융당국, 회계법인 33곳 '엉터리 내부통제' 적발〉,《조선일보》, 2016. 6. 15.

김재곤 기자, 〈기업은 갑, 회계법인은 을⋯감사 신뢰도 조사서 61개국 중 꼴찌〉,《조선일보》, 2016. 6. 3.

남민우 기자, 〈기업 범죄는 개인보단 잘못된 관행의 문제, 기업의 탐욕 감시할 법·제도 개혁이 관건〉, 《조선일보》, 2016. 10. 1.

김승범 기자, 〈기업 비리 내부 고발 임직원 82%가 해고·따돌림 당했다〉, 《조선일보》, 2008.1.25.

유윤정 기자, 〈[기자수첩] 회계법인의 엉터리 내부통제〉, 《조선일보》, 2016. 6. 16.

이신영 기자, 〈[기자수첩] 분식회계 '쥐꼬리 과징금'〉, 《조선일보》, 2015. 9. 2.

김종호 기자, 〈[데스크칼럼] 분식회계의 유혹〉, 《조선일보》, 2016. 2. 6.

이선목 기자, 〈도이체방크 내부고발자, 포상금 184억 원 거절…"회전문 인사 부당해"〉, 《조선일보》, 2016. 8. 19.

윤주현 기자, 〈되살아난 '고섬 악몽'…국내 상장중국기업 불신 확산〉, 《조선일보》, 2016. 7. 13.

김강한 기자, 〈미, 내부고발자 보상금 늘리자…기업 비리 신고 급증〉, 《조선일보》, 2012. 3. 14.

최순웅 기자, 〈[믿을 수 없는 한국경제]① 회계사 290명 설문 "비정상적 관행, 내가 작성한 것도 못믿는다"〉, 《조선일보》, 2014. 2. 21.

이경민 기자, 〈오픈토크3 "분식회계 기업과 회계법인에 페널티 강화" vs. "회계법인도 보호 필요"〉, 《조선일보》, 2016 6. 12.

손혁, 〈[발언대] 분식 회계 막는 '보수환수제' 도입하라〉, 《조선일보》, 2016. 6. 29.

윤주헌 기자, 〈최은영, 안경태 회장과 통화후 한진해운 주식 전부 팔았다〉, 《조선일보》, 2016. 5. 26.

노자운 기자, 〈[회계업계 신뢰위기]⑦골드버그 PwC 부본부장 "학연·지연 문화, 금피아 문제 해결 막는다"〉, 《조선일보》, 2016. 7. 15.

유윤정·연지연 기자, 〈[회계업계 신뢰위기]⑤ 손성규 교수 "회계법인 이사회에 외부인 개입 필요"〉, 《조선일보》, 2016. 6. 21.

유윤정 기자, 〈[회계업계 신뢰위기]⑪ 부실회계 경고벨 울릴 '한국판 PCAOB' 설립해야〉, 《조선일보》, 2016. 8. 12.

연지연 기자, 〈[회계업계 신뢰위기]⑩ 회계 독립성 왜 무너지나〉, 《조선일보》, 2016.

8. 11.

연지연 기자, 〈[회계업계 신뢰위기]④ 김기식 전 의원 "부실한 회계·신용평가가 자본
　　시장 도박판 만들어"〉, 《조선일보》, 2016 .06. 19.

이국영(전 은행감독원 은행검사역), 〈[금융비화②] IMF 경제통치 I (1997~2000년)〉,
　　《조세금융신문》, 2016. 8. 16.

편집국, 〈감사인 지정제 도입 부실감사 방지해야〉, 《조세금융신문》, 2014. 4. 4.

이희정 기자, 〈"감사보수, 사전공탁으로 외부감사 공정성 확보 필요"〉, 《조세일보》,
　　2014. 12. 5.

백성원 전문위원, 〈미국 회계법인, 회계감사 정확도 상승세〉, 《조세일보》, 2013. 2. 28.

박윤종, 〈[박윤종 칼럼] 회계감사는 고속도로 같은 절대 공공재〉, 《조세일보》,
　　2016. 8. 17.

백종훈 기자, 〈손성규 "감사위원회 전문성·독립성 보장돼야 회계 투명해져"〉, 《조세
　　일보》, 2016. 9. 9.

조혜정 기자, 〈재무제표 작성 '감사인 의존 관행' 없앤다〉, 《조세일보》, 2011. 8. 26.

한승호 기자, 〈"韓증시, 회계 불투명에 38조원 디스카운트"〉, 《조세일보》, 2010. 10. 10.

한용섭·김노향·조은국 기자, 〈[회계감사품질 대토론회] 비합리적인 감사보수, 경제
　　근간 뒤흔든다〉, 《조세일보》, 2014. 9. 30.

김동원(안진회계법인 상무), 〈[회계감사품질 대토론회] "감사인 독립성에 상처 주는
　　것은 교체 위협"〉, 《조세일보》, 2014. 9. 30.

김기식 의원, 〈[회계감사품질 대토론회] "회계 투명성 보장돼야 자본시장 성숙 가
　　능"〉, 《조세일보》, 2014. 9. 30.

조은국 기자, 〈회계법인, 투자자 소송에 몸살…4대 법인도 '속앓이'〉, 《조세일보》,
　　2015. 4. 23.

김영진(금융투자협회 실장), 〈[회계감사품질 대토론회] "회계분식 투자자 손실 초
　　래…외부감사 철저해야"〉, 《조세일보》, 2014. 9. 30.

채이배(경제개혁연대 연구위원), 〈[회계감사품질 대토론회] "회계정보는 공공재, 감
　　사인 독립성 확보돼야"〉, 《조세일보》, 2014. 9. 30.

권수영(고려대학교 경영대 교수) 발제, 〈[회계감사품질 대토론회] "회계 투명성 위해

감사보수에 대한 인식 제고해야"),《조세일보》, 2014. 9. 30.

한효정 기자, 〈회계투명성 제고, 자유수임제 → 지정제 전환시급〉,《조세신문》, 2014. 4. 3.

조은국 기자, 〈"회계투명성 제고 해법 있다"…전문가들 갑론을박〉,《조세일보》, 2014. 11. 17.

김수빈 기자, 〈'장부 마사지' 유혹에 빠지다〉,《주간동아》 1016호, 2015. 12. 9.

윤영호, 〈회계법인들, "나 떨고 있니"〉,《주간동아》 245호, 2000. 8. 3.

편집국, 〈[커버스토리] 사외이사 제도의 본고장 미국에선…CEO 출신 사외이사가 이사회 장악〉,《중앙시사매거진》, 2014. 4. 21.

오영환 기자, 〈"사흘내 이익 만들라"…도시바 1조 4,000억원 분식회계〉,《중앙일보》, 2015. 7. 22.

심동준 기자, 〈[분식회계 막으려면①] 회계부정 왜 근절 안되나…제대로 된 내부제보 없어〉,《중앙일보》, 2015. 12. 7.

심동준 기자, 〈[분식회계 막으려면②] '휘슬블로어' 늘려야…'비밀·생계' 보장이 관건〉,《중앙일보》, 2015. 12. 7.

박기수 기자, 〈재무제표상 수치 고의 왜곡…주주·채권단에 큰 피해〉,《코리아 데일리》, 2016. 7. 27.

조석장 기자, 〈노대통령 "회계 선진화 더 노력해야"〉,《파이낸셜뉴스》, 2004. 12. 10.

김용훈 기자, 〈[상장사 '감사위원회'의 한계와 과제] (하) 감사위원, 구체적인 업무규정 마련해야〉,《파이낸셜뉴스》, 2015. 5. 4.

신현상 기자, 〈[제3회 국제회계기준 포럼] 사후처벌 중심 회계감독 문제, 회계감사 관행 대대적인 수술〉,《파이낸셜뉴스》, 2011. 11. 23.

박소연 기자, 〈[제5회 국제회계포럼] 투명한 회계 통해 '코리아 디스카운트'를 '코리아 프리미엄'으로〉,《파이낸셜뉴스》, 2013. 11. 26.

특별취재팀, 〈[제7회 국제회계포럼] "분식회계 기업, 모든 위반행위 각각에 과징금 부과해야" 회계부정 제재 강화〉,《파이낸셜뉴스》, 2015. 11. 27.

김영권 기자, 〈[한국, 기업 투명성을 높여라(1)] 기업들 회계투명성을 비용으로 생각…회계절벽 초래〉,《파이낸셜뉴스》, 2016. 5. 22.

김용훈 기자, 〈한국 회계사 뿔났다⋯IMD·WEF에 투명성 평가개선 요구〉, 《파이낸셜
　　뉴스》, 2014. 10. 27.

곽정수·김영배 기자, 〈대형 회계법인 '먹이사슬' 분식회계 악순환 키운다〉, 《한겨레신
　　문》, 2003. 4. 6.

김효진 기자, 〈'사실상 6심제' 비판받는 증권집단소송 바꾼다〉, 《한겨레신문》,
　　2016. 8. 29.

라현주, 〈[시론] 저축은행·씨앤케이 사태와 공인회계사〉, 《한겨레신문》, 2012. 2. 8.

정남구 기자, 〈회계감사 "좋은 게 좋은 거지"〉, 《한겨레21》, 1998. 6. 18.

김경락·송경화 기자, 〈청와대는 대우조선의 분식회계 문제를 알고도 쉬쉬하며 나랏
　　돈 4조를 지원했다〉, 《한겨레신문》, 2016. 7. 4.

백광엽 기자, 〈[강화된 사외이사제도 10년] 미, 이사회의 80% 구성⋯자격요건은 엄
　　격〉, 《한국경제신문》, 2009. 3. 15.

하수정 기자, 〈황인태 회계학회장 "감사보수 반토막⋯고품질 감사 어렵다"〉, 《한국경
　　제신문》, 2015. 8. 4.

조영(앤트롭J인베스트먼트 대표), 〈[백상논단] 정도경영은 시대적 요구〉, 《한국미디어
　　네트워크》, 2013. 11. 4.

권순원(숙명여대 경영학부 교수), 〈[아침을 열며] 분식회계와 구조조정〉, 《한국일보》,
　　2016. 6. 29.

편집국, 〈[사설] 회계법인 부실감사 뿌리 뽑을 방법 찾아야〉, 《한국일보》, 2016. 6. 6.

김동욱 기자, 〈1원도 환수 못하는 '분식회계 성과금'〉, 《한국일보》, 2016. 6. 24.

변태섭 기자, 〈'자본주의 파수꾼' 공인회계사의 추락〉, 《한국일보》, 2016. 9. 19.

김동욱 기자, 〈제2 대우조선 사태 막는⋯부당 성과급 환수제 도입 추진〉, 《한국일보》,
　　2016. 6. 29.

허완 기자, 〈IMF 경제위기, YS의 책임은 어디까지였나?〉, 《허핑턴포스트》, 2015.
　　11. 23.

김덕만(전 국민권익위 대변인), 〈휘슬블로어 정신과 정의사회〉, 《화성신문》, 2014.
　　7. 16.

양대근 기자, 〈"회계 불투명 인한 경제손실 55조⋯회계비용은 미래투자로 생각해야"〉,

《헤럴드경제》, 2014. 2. 27.

강남규 기자, 〈엉터리 회계감사 '망신살'〉, 《이코노미21》, 2002. 1. 3.

김경희 기자, 〈'공적자금 먹는 하마' AIG⋯분식회계 의혹 제기〉, 《SBS》, 2008. 11. 1.

지혜롬 기자, 〈 [열린아침 김만흠입니다] 홍익표 "공개된 문건은 분명한 서별관회의 자료"〉, 《TBS》, 2016. 7. 6.

[외국 논문]

Dan A. Simunic, "The Pricing of Audit Services: Theory and Evidence", 1980.

Daniel Beneish, "The Detection of Earnings Manipulation", *Working Paper*, Duke University, Durham, NC. 1994.

Daniel Beneish, "Detecting GAAP Violation: Implication for Assessing Earnings Management among Firms with Extreme Financial Performance", *Journal of Accounting and Public Policy 16*(Fall), 1997.

Daniel Beneish, "Incentives and Penalties Related to Earnings Overstatements that Violate GAAP", *The Accounting Review 74*(October), 1999.

David B. Hardison, Paul H. Pashkoff, "United States: An assessment of the PCAOB's Enforcement Program To Date Under Sarbanes-Oxley", January 2012.

Dwight R. LEE, "On the Pricing of Public Goods", July 1982.

Ed Dehaan, Frank Hodge, Terry Shevlin, "Does Voluntary Adoption of a Clawback Provision Improve Financial Reporting Quality", *Contemporary Accounting Research*, April 2012.

Ilona Babenko, Benjamin Bennet, John M. Bizjak and Jeffrey L. Coles, "Clawback Provisions", April 2015.

James R. Doty, "The Role of Audit in Economic Growth", *PCAOB*, December 2014.

Jin Du, "Research about the influence of transparency of accounting information on corporate investment efficiency", *Journal of Chemical and Pharmaceutical*

Research, 2014.

John Abernathy, Michael Barnes, Chad Stefaniak, "A Summary of Ten Years of PCAOB Research: What Have We Learned", January 2013.

Kevin Swanson, "The Determinants of Audit Prices of Financial Services Institutions in the United States", Spring 2008.

Kurt A. Descender, Miguel A. Garcia-Cestona, Rafel Crespi, and Ruth V. Aguilera, "Board Characteristics and Audit Fees: Why Ownership Structure Matters?" September 2009.

L. Paige Fields, Donald R. Fraser, Michael S. Wilkins, "An Investigation of the pricing of audit services for financial institutions", 1-2004.

Lin Yu-Chih, Huang Shaio Yan, Chang Ya-Fen, Tseng Chien-Hao, "The Relationship Between Information Transparency and The Informativeness of Accounting Earnings", *Journal of Applied Business Research*, January 2011.

Mansi, A. S., W. F. Maxwell, and D. P. Miller, "Does auditor quality and tenure matter to investors? Evidence from the bond market", *Journal of Accounting Research*, 2004.

Mark Defond, "How should the auditors be audited?: Comparing the PCAOB inspections with the AICPA peer reviews", *Journal of Accounting and Economics*, Volume 49, Issues 1-2, February 2010.

Mark Peecher and Ira Solomon, "PCAOB's 'Audit Failure' Rate Is Highly Suspect", February 2014.

Max H. Bazerman, George Loewenstein, and Don Moore, "Why Good Accountants Do Bad Audits", *Harvard Business Review*, November 2002.

Nathalie Gonthier-Besacier, "Determinants of Audit Fees for French Quoted Firms", March 2006.

Nemit Shroff, "Real Effects of Financial Reporting Quality and Credibility: Evidence from the PCAOB Regulatory Regime", August 2015.

Nicole Ratzinger, "Audit and Non-audit Fees in Germany- Impact of Audit Market

Characteristics", *HEC Paris*, November 2011.

Noam Noked, "Best Practices for Preparing a Clawback Agreement", November 2012.

P. M. Dechow, R. G. Sloan and A. P. Sweeney, "Detecting Earnings Management", *The Accounting Review 70*(April), 1995.

P. M. Dechow, R. G. Sloan and A. P. Sweeney, "Causes and Consequences of Earnings Manipulation: An Analysis of Firms Subject to Enforcement Actions by the SEC", *Contemporary Accounting Research 16*(Spring), 1996.

Qi Chen, Xu Jiang, Yun Zhang), "Does Audit Transparency Improve Audit Quality and Investment Efficiency?", September 2014.

R. Gaston Gelos, Shang-Jin Wei, "[IMF Working Paper] Transparency and International Investor Behavior", October 2002.

Richard Houston, Chad Stefaniak, "Audit partner perceptions of post-audit review mechanisms: An examination of internal quality reviews and PCAOB inspections", Accounting Horizons, Vol. 27, No. 1, March 2013.

Robert G Eccles and Jean Rogers, 『The SEC and Capital Markets in the 21st Century: Evolving Accounting Infrastructure for Today's World』, 2014.

Robert M, Bushman and Abbie J. Smith Transparency, 『Financial Accounting Information, And Corporate Governance』, 2003

S. P. Kothari, "The Role of Financial Reporting in Reducing Financial Risks in the Market", Sloan School, 2000

Shyam Sunder, "Audit Failures: Why and What Can We Do?", May 2004.

Yaniv Konchitchki and Panos N. Patatoukas, "Accounting earnings and gross domestic product", *Journal of Accounting and Economics* V. 57, Issue 1, February 2014, p.76-88.

Zhang Guan-jun · Jhang Lin, "An analysis on dealing with audit failure", 2009.

[외국 연구보고서와 기사 등]

Anna Oehmichen and Thomas C. Knierim, "Financial Crime in Germany: overview",
    Practical Law, Global Guide, 2017. 1. 2.

Audit Analytics, "Analysis of Audit Fees by Industry Sector", January 2014.

Ben McClure, "The Importance Of Corporate Transparency", *Investopedia*.

Big4audit Carousel, "Fortune 100 Audit Fees-2014", November 2015.

Center for Audit Quality(2011), "In-Depth Guide to Public Company Auditing: The
    Financial Statement Audit", May 2011.

CFO, "Fortune 100 disclosing more about audit committees", September 2014.

FERF, "2015 Annual Audit Fee Report", October 2015.

Financial Director, "Audit fees survey", March 2014.

Jonathan N. Eisenberg, "Calculating SEC Civil Money Penalties", *Harvard Law School
    Forum on Corporate Governance and Financial Regulation*, January 24, 2016.

Kimberly-Clark Professional, "The true cost of audit failure".

KPMG, "1998 Fraud Survey", Montavale, NJ.

Stephen Pollard, "Sentencing of Corporate Offenders in the UK", Wilmerhale, 1
    October 2014.

Wikipedia, "Auditor Independence"

Wikipedia, "Clawback or clawback provision"

Floyd Norris. "Regulator Expresses Doubts About an Auditor's Procedures", The New
    York Times, 2013. 3. 8.

농사지어 오 남매를 부양하셨던 아버지 조점동 선생님과 어머니 양순덕 여사에게 감사한다. 그들은 논과 밭에서 쉬지도 서두르지도 않고 일하셨다. 삶의 모든 면에서 항상 본보기가 되어 주셨는데 그것은 이 책의 씨앗과 마찬가지다.

삼일회계법인과 금융감독원의 선배, 후배, 그리고 동료에게도 감사한다. 대학졸업 이후 경험과 지식은 그들의 도움이 없었더라면 불가능하였다. 날로 발전하는 후배들의 예리한 안목은 값진 자극이었고 선배들의 중요한 사안에 대한 다양한 분석은 발전의 기초였다.

건국대 경영학과 정환 교수와 ㈜인사이드정보 ICT 사업본부 이오영 본부장은 초고를 정독하고 아낌없이 조언하였다. 그들에게 감사의 말을 전한다.

흐름출판의 모든 임직원에게 무한한 감사를 드린다. 특히 백지선 주간이 없었더라면 이 책은 세상에 나오지 못했을 것이다. 책의 전체적인 구성을 제대로 해주었다. 또한 세세한 부분을 살피며 내용의 수정보완에도 도움을 주었다. 이에 감탄하지 않을 수 없다. 어떻게 감사의 말씀을 다 드릴 수 있을지 알 수 없다. 꼼꼼하게 교정교열을 봐준 정진숙 선생과 내용에 꼭 맞게 책의 형태를 잘 잡아준 정의도 디자이너에게도 감사를 표한다.

이 책은 장기간 주말에 취재와 집필 작업을 반복하는 과정을 통하여 이루어졌다. 이 모든 과정을 묵묵히 지켜보았던 사랑하는 아내 송미희 정에게 감사한다. 그리고 같이 놀아줄 시간이 간절히 필요한 아들 조성익! 고맙다.